岭南中医药文库·产业系列

百年潘高寿治咳之路

——潘高寿药业股份有限公司发展史

主编 魏大华 郑 楠

广东省出版集团

广东科技出版社

·广 州·

图书在版编目（CIP）数据

百年潘高寿治咳之路：潘高寿药业股份有限公司发展史/魏大华，郑楠主编. —广州：广东科技出版社，2016.1

ISBN 978 - 7 - 5359 - 6463 - 2

Ⅰ. ①百…　Ⅱ. ①魏…②郑…　Ⅲ. ①制药厂—工厂史—广东省　Ⅳ. ①F426.7

中国版本图书馆 CIP 数据核字（2015）第 287898 号

责任编辑：吕　健
封面设计：友间文化
责任校对：陈素华
责任印制：吴华莲
出版发行：广东科技出版社
　　　　　（广州市环市东路水荫路 11 号　邮政编码：510075）
http：//www. gdstp. com. cn
E - mail：gdkjyxb@ gdstp. com. cn（营销中心）
E - mail：gdkjzbb@ gdstp. com. cn（总编办）
经　　销：广东新华发行集团股份有限公司
印　　刷：广州伟龙印刷制版有限公司
　　　　　（广州市从化太平经济开发区创业路 31 号　邮政编码：510900）
规　　格：889mm×1 194mm　1/32　印张 11.125　字数 300 千
版　　次：2016 年 1 月第 1 版
　　　　　2016 年 1 月第 1 次印刷
定　　价：46.00 元

内 容 提 要

　　潘高寿药业股份有限公司（以下简称
"潘高寿药业"）诞生于清光绪十六年
（1890年），开业时为一个手工业作坊式的
制药企业。历经100多年的历史洗礼，发展
至今，潘高寿药业已成为享有"凉茶秘方及
其专用术语""潘高寿传统中药文化"两项
国家级非物质文化遗产，集"中华老字号"
"高新技术企业""广东省著名商标"等荣
誉于一身的现代中成药制药企业。

　　在一个多世纪里，潘高寿药业经历了
20世纪20年代"商团叛乱"的兵燹战火、
30年代的日寇轰炸，均被毁为平地。50年
代大跃进期间，该厂又毁于一场无情大火。
但是，一次又一次的毁灭性打击，都没有
抹平潘高寿人的"做好药，济世人"的意
志，反而造就了潘高寿人特有的坚守精神。
正是由于有了这种坚守精神，潘高寿药业

的经营文化和企业文化得以传承至今。

　　本书用大量翔实的资料图片，演绎着这个企业百年来的光辉历程，弘扬着潘高寿人的这种坚守精神。本书资料丰富，内容真实，是一部不可多得的具有志书性质的著作。

序

岭南，在传统上是指越城、大庾、骑
田、都庞、萌渚五岭以南的地区。这个地
区的地理和人文环境富有特色，是我国地
域文化中的重要分支。广东是岭南地区的
核心地域，近代以来社会经济和科技文化
发展均走在地区的前列。在这里，传统中
医药以独特的作用深得人们信赖，一直呈
现生机勃勃的局面。

2006 年以来，广东省委、省政府先后
出台了多个促进广东中医药发展的重要文
件，提出要将广东从"中医药大省"建设
成为"中医药强省"，这无疑为广东中医药
的腾飞增添了巨大的推动力。其中，《岭南
中医药文库》（以下简称《文库》）的出版
就是一项具体的措施。遵《文库》编委会
之嘱作序，略述感言如下。

从中国文化发源来看，中国文化的主流发源于中原一带。中医药学是从中原传入岭南的。晋代有葛洪、支法存、仰道人等活跃于广东，唐代开始有李暄《岭南脚气论》等以岭南为名的方书，可见医学与岭南挂钩，岭南医学成为中医药学科的一个分支，为时至少已有千多年了。

晋唐时期，岭南的中医学就已经体现出自身的特色，例如在研究当时流行的脚弱病（脚气病、维生素 B_1 缺乏症）方面成果突出。唐代《千金要方》卷七论风毒状第一："论曰，考诸经方往往有脚弱之论，而古人少有此疾，自永嘉南渡，衣缨仕人多有遭者，岭表江东有支法存、仰道人等，并留意经方，偏善斯术，晋朝仕望多获全济，莫不由此二公。"可见岭南医学善于创新。另外，从《千金要方》、《外台秘要》、《肘后备急方》等书中还可见葛洪、支法存等对蛊毒、沙虱热（恙虫病）、疟疾、丝虫、姜片虫等传染病有不少治疗方药，对岭南热带地区传染病的研究成就亦较为突出。这些成就不是由中原带来，而是吸取多地民间医药精华，加以总结得之。

宋代开始，岭南医学界人才辈出。先有陈昭遇，开宝初年至京师为医官。陈昭遇与王怀隐等3人历时11年编成《太平圣惠方》；又与刘翰、马志等9人编成《开宝新详定本草》20卷。绍兴年间（1137年），潮阳人刘昉著的《幼幼新书》为岭南儿科学的发展奠定了良好的基础。可见宋代岭南已有国家级的医家出现。元代释继洪撰《岭南卫生方》，其中就收录了不少宋代医家的经验方，标志着具有岭南特色的方药学已初步形成。

明清时期是岭南中医学大发展的年代。明代，有丘濬、盛端明等有名望的医家出现；还有浙江人王纶所著的《明医杂著》，是其在广东布政司任内完成的；一代名医张景岳的《景岳全书》，亦是在粤地一再印行方传世。上述著作对岭南医学的影响很大。清代，对全国有较大影响的医家何梦瑶，被誉为"南海明珠"；儋州罗汝兰著《鼠疫汇编》，丰富了对急性传染病的诊治经验；清末，西洋医学传入我国，岭南首当其冲，出现了朱沛文等主张中西汇通之医家。岭南医学的中医小儿科继续取得突出成就，在清代中期刊行了罗浮山人陈复正的《幼幼集成》后，清末又有程康甫著《儿科秘要》，由博返约，把儿科证候概括为八门（风热、急惊风、慢惊风、慢脾风、脾虚、疳积、燥火、咳嗽）；治法约以六字（平肝、补脾、泻心），举一反三，给人以极大的启发。民国时期儿科名医杨鹤龄继承程氏学说，著《儿科经验述要》。杨氏在育婴堂从17岁起独立主诊病婴，每天巡视、处理危重病婴数次，故育婴堂可称儿童医院之雏形。他积累了丰富的治疗危重病儿的经验，后来自己开业，日诊两三百人。西医张公让曾不断观察其诊证，亦深为佩服其医术之精也！

而广东草药在清代至民国时期也得到很好的整理，名作有何克谏的《生草药性备要》、《增补食物本草备考》和萧步丹的《岭南采药录》等，为中药材增加不少岭南草药品种。

上述可见，岭南医学至清代挟其岭南之特色已达相当高的水平。光绪三十二年（1906年）广州就有医学求益社之成立，相当于今天的医学会，以文会友，每月一次。被评得第一名者，发表论文于报端。上月头名即为下一届论文的主审员，无形中开展学术之竞争。后继者有广州医学卫生社。但岭南医学之发展达到高峰则是在民国时期后，主要是在医学教育培养人才方面成绩突出。民国时期，学校教育开始举办，著名的有广东中医药专门学校与广东光汉中医专门学校，均为岭南中医学界培养了许多人才。虽然民国时期受国民党政府消灭中医的压迫，但岭南医学学术仍然日益繁荣，影响至香港和东南亚一带。中医药为岭南人民健康事业立下了不朽的功勋。

回顾岭南医学发展的脉络，晋代中原移民带来的先进医术与岭南地区医药相结合；宋代以后，长江流域的医药学术带入岭南，又促进岭南医药学的发展，加上自身的成就，岭南医药学成为有浓郁的岭南特色的医药学派。历史同时也表明，医药事业与地区社会经济发展状况紧密相关。当代广东改革开放已先行多年，经济文化各方面都打下了厚实的基础，在有力的政策推动下，聚集人才。可以寄望今后，岭南中医药学必将产生飞跃式的发展，实现中医药强省的目标。

二

研究地方医药学，其实也是为中医药学事业整体做贡献。自 1977 年美国恩格尔教授提出医学模式理论以来，西方医学正在由"生物医学模式"向"生物—心理—社会"医学模式转变。其实我国传统医学一开始就重视心理因素、环境因素，中医药学研究还不能脱离地理环境、社会环境、个人体质、时间因素，故应该因时、因地、因人制宜地去研究疾病预防和治疗。

对于环境与人类社会的关系，古今中外都有过各种讨论。我国伟大的历史学家司马迁，在《史记》中分别论述了 4 个主要经济区域与人的性格和社会风俗的关系。西方的亚里士多德也将地理环境与政治制度相联系，认为地理位置、气候、土壤等影响个别民族特征与社会性质。德国哲学家黑格尔的《历史哲学》也将地理环境看作是精神的舞台，认为是历史的"主要的而且必要的基础"，不同的环境会有不同的历史进程。至于自然科学，虽然研究的是事物普遍的客观规律，但科学也具有社会性的一面，客观规律在实际应用中总是有着对特定时间、地点与人群的针对性，不同地区的客观条件也对科学实践与发展有不同程度的影响。

医学既属于自然科学，又具有很强的社会性。医学技术的基本规律是一致的，但其实际应用必须考虑到个体的特点。中医自古以来就深刻地认识到这一点，注意地理环境、气候与人的体质对疾病和医药的影响，提出了"因时制宜、因地制宜、因人制宜"的原则。唐代《千金要方》指出："凡用药，皆随土地所宜，江南岭表，其地暑湿，其人肌肤薄脆，腠理开疏，用药轻省，关中河北，土地刚燥，其人皮肤坚硬，腠理闭塞，用药重复。"就是具体的例子。

我国幅员辽阔，由于地理环境的差异和历史上开发的先后，各个地区医学发展水平不一。而每一个地区医学水平的提高，往往也充实了中医药学理论的实际内涵。元代朱丹溪对南方人体质和疾病的认识，就很好地补充了此前以北方经验为主的医疗知识。明清时期江南瘟疫流行，又促使了温病学派的形成。岭南地区的气候、地理环境和疾病谱也有特殊性，药材资源又相当丰富，若加以认真研究，完全有可能产生创新性理论。每一个地区中医药特点的形成，必然是对传统医学理论的继承性与实际运用的创造性相结合的结果。小的突破，至少丰富了中医临床的风格，增加了地方性的应用经验；大的突破，有可能形成新学说，带来整体性的变革。所以，研究地方医药学，其意义同样是相当深远的。

现代中医药研究，必须坚持以临床为出发点。近代岭南有许多临床水平出众的名医，饮誉国内外。现代岭南中医药发展应继承这一良好传统，抓好临床学术的传承。建设中医药强省的文件中很重视对名医学术的整理和对基层中医的培训，是十分有远见的。本套《文库》也注重对当代名中医学术经验的整理，这种整理就是学术传承的一种方式，并可为更多临床中医提供参考。

另外，岭南中医药的发展也应加强理论的研究。岭南医学发展历程如果横向比较，有全国影响或有重大突破的中医学理论著作还是不多的。这也许与以前岭南远离北方的传统政治文化中心有关。但在学术交流频繁、信息渠道通畅的今天，要想中医药理论有大的发展，关键还是要加强研究，提高水平，要对临床经验进行凝练和升华，对中医药理论进行务实的思考。近年，我们提出的"五脏相关学说"就在全国引起较大的反响，并被纳入国家"973计划"中医药理论基础研究专项。在处于思想解放前沿的广东，完全应该迈出更大的步伐，促进中医药理论的现代化。

现代中医药的研究，又完全可以应用最新科学技术。葛洪《肘后备急方》记载的青蒿治疗疟疾，经过多年的不断研究实践，目前已发展成为世界最先进的抗疟新药。中医药治疗艾滋病、SARS，在临床有效的基础上，对其机制的深入研究有助于阐明其科学原理。但这种研究必须坚持中医药学主体性和中医药理论的主导性。

同样，现代中医药的发展也离不开产业的支持。广东中药产业有着非常好的基础，中药的种植和中成药的生产销售

百年潘高寿治咳之路

成为许多地方的支柱产业之一。正像民国时期创立广东中医药专门学校的前辈所说："中国天然之药产，岁值万万（现在已远不止此数了），民生国课，多给于斯。"产业的发展既带动了地方经济，又为中医药的研究提供了良好的条件。研究中医药产业的发展策略，也是重要的课题。

《文库》囊括了前述各方面。这些学术、临床、科研及产业等的成果和经验得以系统整理出版，是岭南中医药界的盛事。岭南先贤梁启超先生诗云："世纪开新幕，风潮集远洋。"相信《文库》能以海纳百川的气魄，汇集新知，刊布精义，成为21世纪岭南中医药腾飞的基石！是为序。

邓铁涛

2008 年 4 月

前　言

　　中药产业系列丛书是《岭南中医药文库》板块之一，是广东建设中医药强省的重大文化工程，由广东药学院和广东省食品药品监督管理局负责，组织数百人，充分调研，深入挖掘，精心策划，依据丰富的档案史料编纂而成的一套具有标志性意义，集中反映广东中药产业发展历史和水平的系列丛书。

　　广东中药产业历史悠久，中成药生产有1 300多年历史。早在东晋时代，海幅禅院制造的金汁水是岭南中成药的原始产品。明万历元年（1573年），佛山梁仲弘蜡丸馆的创立标志着岭南药业正式诞生。明清时期涌现了前店后作坊形式的药铺，有些发展成为了今天的药厂，其中200年以上历史的药铺就有陈李济药铺（1600年）、冯了性药铺（1659年）、黄中璜药铺（1662年）、保滋堂药铺（1669 年）、敬修堂药铺（1790 年）、采芝林药铺（1806 年）。新中国成立后，广东逐渐形成了独立的、较为完整的中成药工业体系，特别是改革开放以来，广东中成药工业发展迅猛。2006 年，广东省委、省政府作出"建设中医药强省"的决定，广东中药产业继续保持增长态势，中成药产量近 12 万吨，占全国 13%，名列全国第一，广东已成为名符其实的中药大省。为充分挖掘广东中药产业的企业文化内涵，扩大企业影响力，促进广东中药产业的可持续发展，我们组织编纂了《岭南中医药文库·产业系列》丛书，这对提升广东中医药产业的地位和水平具有现实和深远的意义。

本丛书内容真实可靠、图文并茂，具可读性、趣味性和参考性，既紧扣岭南传统中医药特色，又兼具新兴中药产业的代表性。该系列组织了 11 家广东知名品牌中医药企业：广州中一药业有限公司、广州王老吉药业股份有限公司、广州潘高寿药业股份有限公司、广州白云山和记黄埔中药有限公司、广州白云山制药股份有限公司、白云山何济公制药厂、康美药业股份有限公司、广州敬修堂（药业）股份有限公司、佛山冯了性药业有限公司、广东一方制药有限公司、广州采芝林药业有限公司、佛山德众药业有限公司，每家企业自成书稿 1 部。这些中药企业中，有历经百年、基业常青的中华老字号，也有近年诞生崛起的药业新秀。它们独特的品牌优势、卓越的产品质量、严谨的科研态度、科学的现代管理、不懈的创新精神、准确的市场定位、有效的营销推广、顾客至上的服务理念以及清晰前瞻的发展思路渗透在每本书的字里行间。读者在研读中将得到享受和启迪，掩卷萦思，回味无穷，收益良多。

丛书编写工作量较大，前后历经近 10 次会议交流、讨论

百年潘高寿治咳之路

岭南中医药文库

和修改，特别是材料收集筛选方面，有些企业发展历史悠久，历史资料有所失散或断层，这些都给编写带来很大难度。由于编写时间紧迫，难免出现错误和不妥之处，欢迎各位同行和广大读者提出宝贵意见和建议。

朱家勇

2010 年 2 月

编 者 的 话

潘高寿药业股份有限公司（以下简称"潘高寿药业"）自19世纪90年代问世至今已125年，其间经历了晚清光绪、中华民国、中华人民共和国几个历史时代，潘高寿人一直秉承着"积功累德，良药济世"的宗旨，以凝聚力与务实的精神走在历史的大潮中，使潘高寿挺过了一个又一个难关，创造了一次又一次奇迹，"潘高寿"品牌不断发扬光大，成为南药文化的杰出代表。

潘高寿药业100多年历史中，流传着许多传奇人物的精彩故事，凝聚着潘高寿人的智慧灵光与人文精神，凡此种种，一直伴随着潘高寿药业的成长、壮大，使企业不断发展，传承至今。

通过各方面的大力协助，《百年潘高寿治咳之路——潘高寿药业股份有限公司发展史》这部具有志书性质的著作终于面世了。这是一部系统地记述了潘高寿药业历史的书，为人们认识和研究潘高寿药业提供了尽可能翔实的资料。本书力求详尽地再现潘高寿药业这100多年发展历史，反映潘高寿人"积功累德，良药济世"的制药理念和"立足传统，锐意创新"的文化精神，展现南药文化的精髓。

由于企业的历史跨度较长，且许多珍贵资料在1959年的厂房火灾中被烧毁，因此编纂工作困难重重。为了顺利完成本书，潘高寿药业专门从企业内部召集了有写作经验和能力的人组成编纂队伍，特意到潘高寿药业创始人的故乡——广东开平实地考察、采风，多次采访当事人，包括老干部、老工人及其他知情人，并到档案馆、博物馆、图书馆翻查资料等，尽可能真实地还原潘高寿药业的历史原貌，展现潘高寿人特有的坚守精神和企业的特色。

本书在编写过程中，得到了广东省食品药品监督管理局、广东药学院领导和各方专家悉心指导以及江门市华侨博物馆、开平市政府、开平市委宣传部和开平市地方志办公室工作人员的热情帮助，提供了大量翔实的第一手材料，在此表示衷心的感谢。

由于编写人员的水平有限，书中疏漏与不妥之处在所难免，诚恳欢迎各位同行和读者批评指正。

编　者
2015年9月

岭南中医药文库

目 录

岭南中医药文库

百年潘高寿治咳之路

岭南中医药文库

第一章
企 业 概 况

广州潘高寿药业股份有限公司成立于1993年3月18日，其前身广州潘高寿药厂始创于清光绪十六年十一月初一（1890年12月12日），历史悠久，是"中华老字号"企业。潘高寿药业曾先后隶属于广州医药工业局、广州医药总公司、广州医药集团有限公司，现为广州医药集团有限公司（以下简称"广药集团"）属下上市公司广州药业旗下的骨干企业之一。

潘高寿药业厂区综合楼

1

潘高寿药业素以生产治咳药著称。1929年，潘高寿药行（潘高寿药业当时的名称）自主研制出的第一个治咳产品——潘高寿川贝枇杷露，堪称中国咳嗽类糖浆剂中成药的鼻祖。此后，潘高寿蛇胆川贝液、蛇胆川贝枇杷膏、蜜炼川贝枇杷膏等名牌产品陆续问世。多年来，由于这4个产品疗效可靠，深受广大医患的信任和喜爱，成为潘高寿药业四大拳头产品。从20世纪90年代开始，潘高寿药业在以四大拳头产品为核心的治咳系列产品的基础上，再次延伸治疗范围和使用人群，开发出小儿止咳糖浆、杏苏止咳口服液等治咳新品，全力打造治咳化痰第一品牌。此外潘高寿药业还开发出妇科、儿科、肿瘤辅助制剂以及清热消炎各类名优产品40多个，包括口服液、煎膏剂、胶囊剂、糖浆剂、合剂、颗粒剂六大剂型。

进入21世纪，潘高寿药业制定了差异化挺进全国的战略。为了进一步扩大消费人群的范围，拓展品牌，潘高寿药业始终围绕着呼吸类疾患，特别是以"治咳"作为品牌核心，积极挖掘传统古方，开发天然保健食品，陆续推出川贝枇杷糖、潘高寿润喉糖、潘高寿凉茶等产品，形成了药品和保健食品比翼齐飞的产品格局。

在硬件设备方面，潘高寿药业坚持与时俱进，不断进行厂房改建，设备更新。经过100多年的发展，潘高寿已从昔日前店后场的作坊式药铺发展成为今天的现代化制药企业。其生产中心坐落在广州市番禺区东升工业区，占地面积5万平方米，拥有近8万平方米的现代化GMP药品生产基地，其下属子公司广州市潘高寿天然保健品有限公司是国家首批通过保健食品GMP认证的企业。潘高寿药业一贯重视技术的革新与进步，多年来不断更新设备。20世纪80年代，潘高寿药厂购入提取罐和浓缩罐，引进了全国第一条液体灌装自动线，并先后更新设备 100 多台（套），实现了自动化生产。2004 年，潘高寿药业又从德国引进了目前国内最先进的全自动液体灌装生产线，该生产线是专为潘高寿药业拥有专利的包装瓶量身订造的，国内只此一家，抬高了防伪门槛，有效杜绝了假冒伪劣产品。

潘高寿药业从德国引进的目前国内最先进的全自动液体灌装生产线

潘高寿药业秉承"优质重效、真材实料"的经营理念，坚持规范管理，在创立之初便以"积功累德，济人济世"为己任，一直坚持老老实实做好药。20 世纪 80 年代，改革开放之风吹遍中国大陆，潘高寿药业开始引入现代管理理念，提出"以质量求生存"的口号，实行全面质量管理。1995 年，潘高寿药业把握异地重建之机，按照 GMP 标准建造生产厂房，开展 GMP 认证工作，于 1996 年通过澳大利亚 TGA 的 GMP 认证，2004 年通过国家 GMP 认证。潘高寿药业坚持"企业是产品质量第一责任人"的责任意识，规范生产，不断加强人员的培训和 GMP 考核，确保人民群众用药安全。

潘高寿药业坚信"科技是第一生产力"，重视新产品的研发。1982年潘高寿药厂（潘高寿药业当时的名称）成立研究所，先后与中国医学科学院、中国药科大学、中山大学、广州中医药大学、广东药学院、暨南大学、成都中医药大学、河南省中医药研究院、香港浸会大学等众多一流科研院校合作，研制出多个广受消费者青睐的新产品：蛇胆川贝液、蛇胆川贝枇杷膏、蜜炼川贝枇杷膏、小儿止咳糖浆、杏苏止咳口服液、清热化湿口服液、小儿清热利肺口服液、丹鳖胶囊、炎热清胶囊、升血调元汤、润喉糖A型和润喉糖B型等。其中，蛇胆川贝枇杷膏、蜜炼川贝枇杷膏、清热化湿口服液、小儿清热利肺口服液、炎热清胶囊、升血调元汤等成为中药保护品种；润喉糖A型、润喉糖B型和丹鳖胶囊获得发明专利；杏苏止咳口服液获"广东省重点新产品"称号；清热化湿口服液获"广东省及国家重点新产品"称号。同时，潘高寿药业还将研究方向延伸至防治肿瘤领域，与河南中医药研究院合作，研制出治疗子宫肌瘤、盆腔炎性包块的新药丹鳖胶囊，该产品于2005年获"广东省重点新产品"称号。2007年，潘高寿药业对丹鳖胶囊进行二次开发。

广州中医药大学与潘高寿药业签订合作协议（2006年）

为有效控制药材质量，2005年，潘高寿药业与中国医学科学研究院药用植物研究所、四川省康定县恩威高原药材野生抚育基地有限责任公司等单位合作进行了"川贝母GAP种植及指纹图谱质量控制"等研究工作。2007年，潘高寿药业又承担国家药典川贝母项目的专题研究工作，与中国医学科学研究院药用植物研究所、中国药科大学合作，对川贝母优良品种做深入研究，确保道地药材质量。

潘高寿药业的川贝母GAP规范药材种植基地

　　潘高寿药业坚持在创新中求发展，不断进行市场开拓。20世纪20年代，潘高寿人面对西药的冲击，求新求变，自主研制出符合市场需求的治疗感冒咳嗽产品——潘高寿川贝枇杷露。因该产品选材正、用料足且疗效确切，加之潘氏族人巧于宣传，潘高寿药业最终赢得市场，祖业得以振兴。20世纪70年代末80年代初，国家实行国民经济调整，通过经济体制改革，打破了企业长期以来实行的财政统收统支、产品统购统销的局面。一向"独抱琵琶"的潘高寿药业面对新的经济模式（计划指导下的市场经济）一下子陷入困境，产品滞销，"琵琶断弦"。面对困境，潘高寿人再次求新求变，进行自主销售，采取"请进来、走出去"的战略，自办展销会；20 世纪 90 年代，又以文化经营的方式，让产品初步走出广东大本营。2005 年，面对日益激烈的市场竞争，潘高寿药业不以老字号品牌固步自封，确立了差异化挺进全国市场的战略，积极向外拓展市场，通过创新的营销模式——"野狼行动"北上拓展全国市场。"野狼行动"在巩固一、二、三级市场的基础上深入第三终端，使潘高寿药业成功地从区域市场向全国市场推进。2006 年初，潘高寿药业高调结盟中央电视台，在黄金资源招标会上连中四元，夺得"医药第一标"。此外，潘高寿药业又与湖南卫视、安徽卫视以及其他省级电视频道合作，从品牌、产品、市场、营销等多角度在全国主流媒体上对潘高寿药业进行了系统的宣传报道，较好地借助媒体强大的传播力，实现了市场和品牌的升级。目前，潘高寿药业已经彻底改变了原来"固守岭南、南热北冷"的销售格局，新疆、西藏的销售亦实现了零的突破，形成了基本覆盖全国的营销网络。

出席"潘高寿野狼战略客户英雄会"的著名演员唐国强（右五）、刘蓓（右六）与潘高寿药业营销中心的"野狼精英"合影

近年，潘高寿药业还与美国 Sunsweet 公司、美威行公司、澳大利亚新资源投资集团、神农公司、香港余仁生公司、新加坡科艺公司等建立了国际合作关系，产品除畅销全国外，还远及美国、澳大利亚、东南亚等国家和地区。

潘高寿药业在发展生产的同时，还不忘进行中药文化传承的使命，始终坚持"积功累德，济人济世"的道德理念，引领着岭南中药文化的发展，并不断地把它发扬光大。2007年潘高寿凉茶秘方及其专用术语成为"广东省非物质文化遗产"，紧接着"潘高寿中药文化"也被列入"广东省第二批非物质文化遗产"名录中。2008年，潘高寿药业这两项省级"非物质文化遗产"均成为"国家级非物质文化遗产"。

经过多年的发展，潘高寿药业的销售连年保持两位数的增长，名列中国中药制药企业 50 强。2006 年，潘高寿在中国品牌研究院公布的"中华老字号品牌价值百强榜"中，集"中华老字号""广州老字号""治咳老字号""广东省著名商标""广州市著名商标"等称号于一身，全国排名第 28位，品牌价值 4.65 亿元。

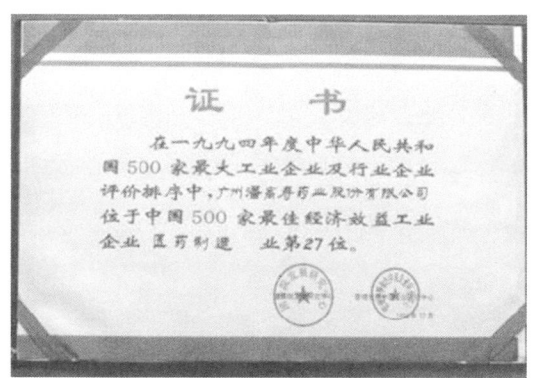

1994 年潘高寿药业位列中国 500 家最佳经济
效益工业企业（医药制造业）第 27 位

潘高寿药业被商务部认定为"中华老字号"

2006 年 8 月 24 日的《广州日报》报道了潘高寿药业进入"中华老字号品牌价值百强榜"的新闻

第二章
企业发展史

　　潘高寿药业股份有限公司（以下简称"潘高寿药业"）自19世纪90年代问世至今已125年，其间经历了晚清光绪、中华民国、中华人民共和国几个历史时代，潘高寿人一直秉承着"积功累德，良药济世"的宗旨，以凝聚力与务实的精神走在历史的大潮中，使潘高寿挺过了一个又一个难关，创造了一次又一次奇迹，"潘高寿"品牌不断发扬光大，成为南药文化的杰出代表。

　　潘高寿药业100多年历史中，流传着许多传奇人物的精彩故事，凝聚着潘高寿人的智慧灵光与人文精神，凡此种种，一直伴随着潘高寿药业的成长、壮大，使企业不断发展，传承至今。

第一节 身怀赤子心 功德济世人

一、诚心济世 回国创业

鸦片战争后，五口通商，清政府被迫允许华工出洋，闽粤被辟为"华工贩卖出洋"的主要口岸，西方殖民者大举掠骗、贩运大批华工充当廉价劳动力。潘高寿药业的创始人之一，广东开平人潘应世生逢乱世，自幼便被贩卖出洋到美国充当苦力。他深感国势衰弱，期望以医药报国，一直希望回国实现"济人济世"的梦想。但是当时的中国还不允许华侨回国兴办新式工商业，归国的华工、华侨常常遇到种种诬陷和不幸：指称归侨勾结海盗，给其运送军火；诬陷归侨是人口贩子，把华工卖到外洋；流氓群起掳夺归侨财物，进行瓜分。因此，与潘应世一起在美当华工的人都劝说他不要贸然回国。但立志报国的潘应世始终坚定信念，坚持着自己的梦想，期望以中医药一雪"东亚病夫"之耻。终于，潘应世在1890年初回到家乡广东开平县月山镇桥头乡。

潘应世家乡——广东开平县月山镇桥头乡现貌

潘应世回乡后马上筹划开设药店，他首先遇到的问题是资金短缺。潘应世虽出洋数十年，但在美国只是充当廉价劳动力。出洋华工的生活可谓苦不堪言、血泪交织，经常遭受虐打，工钱微薄。他多年来千辛万苦虽存下来一些积蓄，但还是不足以租店、雇工和置办器材。为了实现梦想，潘应世四处奔走，向潘氏族人筹集资金。经过潘应世的几番游说，族人都被他的报国之心与真诚所感动，加之其兄长潘百世多年来精究方术，勤求古训，对中医中药颇有造诣，在族内也很有名气，在一定程度上坚定了族人的信心，最终同意出资，使资金问题得到解决。

潘高寿药业创始人的故乡——开平县月山镇桥头乡萃龙村门楼

潘高寿药业创始人故乡的祠堂，现在已成为当地一家小学校舍

为了不辜负乡亲们的期望，潘应世在店铺的选址上也煞费苦心。经过对多个地区中医药发展情况进行多番比较，他最后把目光锁定在当时岭南中药文化的中心——广州城。广

州是清朝对外通商口岸之一，商业繁华。早在鸦片战争以前，广州中医药就已发展成为清代一个举足轻重的大行业。光绪年间，广州中药制造业虽然未与熟药和医疗完全分离，但广州制药工业已具雏形，中医药发展迅速，行业十分兴旺，药铺林立，处处商机，潘应世便决定把店铺设在广州。

清光绪十六年十一月初一（1890 年 12 月 12 日），经过一番准备，潘应世偕同兄长潘百世、弟潘平世雇工 10 多人，在广州城内的商业中心之一——古广州城中轴线上的南关高第街开了药铺。潘氏兄弟于开设药铺之始，便怀着济世之心，亦有感于民众普遍有"长春不老、益寿延年"的良好愿望，因而把店号命名为"长春洞"。他们又有悟于潘氏族人多以高寿辞世，便灵机一动，将店名结合家族姓氏，以"长春洞潘高寿"为药店产品的标志而招徕客人。因"潘"字与"攀"字的官话谐音，故此标志既点出了店属谁家，又寄予了

潘高寿创始人
之一——潘百世像

潘氏家族旧居——五经堂

"长春洞里攀高寿"之意，昭明了潘氏兄弟办药铺存心济世之志。

"长春洞"是前店后场式的药铺，以前铺为药店，后铺为工场的方式进行作坊式生产经营，主要制作出售传统的中药膏、丹、丸、散，其中又以当时广药最出名的蜡丸为主。他们所制作的蜡丸有卫生丸、理中丸、保肾丸、白凤丸、宁神丸、镇惊丸、百应丹等，以治疗妇科、儿科诸疾。由于选料精良、遵照古法炮制、疗效卓绝、信誉良好，"长春洞潘高寿"的牌子逐渐在百姓当中传开，药店的蜡丸行销广东各地，还远销到秘鲁、暹罗、新加坡等国家。

潘氏兄弟秉性谦和无骄态，一直勤于治事，苦心经营，药店经过 20 多年的发展，到 20 世纪 20 年代初，已扎稳根基，业务也蒸蒸日上。

二、另辟蹊径　创制新药

20 世纪 20 年代，潘百世、潘应世、潘平世兄弟相继辞世，"长春洞"交给了潘百世之子潘逸流、潘应世之子潘楚持共同经营。潘逸流、潘楚持两人虽自小耳闻目睹父亲对中医药的执着与投入，但他们志不在此，无心经营。加之辛亥革命后，西药因携带、服用简便，又具有一定疗效，受到群众的欢迎，广为行销，传统中成药受到重大冲击，"长春洞"的生意也急速下滑。勉强经营了一段时间后，潘逸流、潘楚持两人相继转营他业，将药铺交由其弟潘郁生经营。

潘郁生，是潘百世第四子，人称潘四俶。与潘逸流、潘楚持不同，潘郁生对中医药有浓厚兴趣，也尽得祖上真传。他自小便从事成药推销，颇通市道，又善于经营。但 1924 年 10 月潘郁生接手药铺不久后，广州爆发了商团叛乱。黄埔军校师生与商团于大街小巷发生枪战，支持商团叛乱的英帝国主义军队也趁机将炮船驶入白鹅潭。位于广州南关"天字码头"附近的"长春洞"药铺惨遭炮轰，毁于兵燹战火。

潘高寿川贝枇杷露
创制者——潘郁生像

10月15日，商团叛乱被平定，潘郁生计划恢复祖业。由于高第街很多民房、店铺都被战火所毁，重建需时，一时难以恢复旧貌，要继续营业只能迁往他地。潘郁生首先想到的是广州十三行。十三行是当时广州城的一大商业中心，也是对外贸易的专业商行。民国初年社会动荡、战火不断，但十三行繁华依旧。在该地设店，还有利于产品输出和洋药原料的输入。经过多次奔走，潘郁生在十三行豆栏上街觅得一铺。他把叛乱时遣散的老师傅、工人召集回来，重新竖起"长春洞"的招牌，继续经营膏、丹、丸、散等传统的中成药。

在当时的广州，西药已基本普及，一些药效平平的中成药铺都是生意惨淡。重开的"长春洞"也没有之前的光景，生意一落千丈，入不敷出，岌岌可危。潘郁生意识到靠售卖蜡丸为主的守旧经营是难以持久的，于是决意另辟蹊径，着手创制新药，期望振兴祖业。

潘郁生认为，要振兴中医药，不仅要对传统的中药有所突破，也要继续秉承祖辈"积功累德，济人济世"的宗旨，创制出百姓所需的良药。什么是百姓所需的呢？潘郁生看到南方炎热多雨，春夏之交乍暖还寒，人们容易患伤风咳嗽，但市面出售的治咳药多是独味单方，治咳疗效并不显著，于是他便开始潜心钻研治咳的新方。

潘郁生不断翻查医书，向著名的老中医请教，凭着自己多年中医药学知识的积累，经过多次实验，最终创制出治疗感冒咳嗽的新方：将具有润肺化痰、清热散结功效的川贝母和有祛痰作用的桔梗、枇杷叶一同熬炼。为消除病人怕吃苦药的心理，潘郁生特意学习西药制剂的炼制方法，在药液中加上香料和糖浆，将汤剂改为糖浆剂，制成一个博采中西之长、老少咸宜、四季可服的治咳新药，定名为"潘高寿川贝枇杷露"。

新药虽已研制成功，但潘郁生却遇到一个大难题：之前为了重建"长春洞"，他已花费了不少积蓄，加之重建后药行生意惨淡，已经没有足够的资金用来生产潘高寿川贝枇杷露了。潘郁生四处求助，但当时列强横行，军阀混战，战火不断，正是多事之秋，谁都不愿意把资金外借，潘郁生呼救无门。眼看着良药在手无法生产，"长春洞"即将绝续，潘郁生把心一横，决定破釜沉舟，把家里可典当的典当，可卖的卖，倾尽个人资财，购买原料，在住宅内生产川贝枇杷露。为确保药品质量，潘郁生全程亲自监制。几经波折，潘高寿川贝枇杷露于1929年正式问世。

潘郁生善于经营，他深知新产品要打开销路，必须要进行广泛的宣传，把它介绍给世人。于是他亲自撰写文章在报刊介绍潘高寿川贝枇杷露，还通过各种渠道如刊登报刊广告、张贴街招等来引起社会人士的注意，产品逐渐为人们所了解。由于疗效确切，产品又没有中药苦涩之感，潘高寿川贝枇杷露开始畅销。潘郁生乘此势头，派人到韶关设立潘高寿药行，出口川贝枇杷露，产品一时远销海外，驰名遐迩。

随着潘高寿川贝枇杷露的走俏，1929年底，潘郁生在广州正式启用"潘高寿药行"的字号，专营川贝枇杷露，而原来的"长春洞"仍然以经营蜡丸业为主。

三、历尽艰辛　振兴祖业

民国初期西方科技文化大量涌入，西学东渐，西医向中医的冲击日渐猛烈，中西医药界之间的论战日趋激烈，但开始时这种论战仅属争鸣。

1927年，国民党政府定都南京，开始了一系列所谓的"改革"。时任国民党中央执行委员的褚民谊（留洋时获得医学博士学位）及其后台——时任行政院院长的汪精卫，借中西医药界的论战大做文章，鼓吹全盘西化。曾留学日本学习西医、时任国民党政府内政部卫生专门委员会委员的余云岫，是废止中医派的代表人物。他把中医贬为巫术，甚至直指"中医是杀人的祸首"，必欲清除而后快。留洋派占主流的国民政府领导班子，对"取消中医"表示了大力的支持。

1929年2月，国民党政府卫生委员会在南京召开第一次会议。会上，在褚民谊的授意及主持下，通过了余云岫等提出的《废止旧医以扫除医事卫生之障碍案》，提案把贫穷落后的旧中国医药卫生事业的不发达归咎于中医。

1931年，《关于废止中医药提案》在国民党政府卫生委员会会议上正式通过。此举激起了全国人民和海外华侨的义愤，中医界空前大团结、大觉醒，在全国掀起了一场声势浩大的反废止风潮。3 月 17 日，全国 17 个省市、242 个团体、281 名代表云集上海，召开全国医药团体代表大会。

潘氏族人一向以中医药报国为己任，潘郁生听闻国民党要废止中医，更是义愤填膺。3 月 19 日潘高寿药行全体同人参加了广州中医药界的集会。广州中医药界联合发出通电抗议，在全行业的努力下，最终迫使国民政府撤销此提案。从此，中医药界订立 3 月 17 日为中医药界大团结纪念日。

此事后，中医药虽得到保留，但在"全盘西化"的叫嚣声中，不少中药铺举步维艰。潘高寿药行也不时受到西药药商的攻击。

当时，有一种止咳西药药名为赫利斯弗，是德国某厂出品的。此药在 19 世纪 30 年代初进入中国市场，由于国民政府支持西医西药，该药经过几年的宣传推广，在华南一带拥有相当广的市场。但是随着潘高寿川贝枇杷露走俏，赫利斯弗的销量受到严重影响。为了夺回失去的市场，该药在华南的代理商不惜恶意攻击对手，在报上刊登所谓的征联启事，上联曰："穿背琵琶，焉能弹高调"，借以贬低潘高寿的川贝枇杷露。

面对赫利斯弗的挑衅，潘郁生见状也不甘示弱，马上在同一报章刊出下联："黑脷西佛，那得有良心"，给以睿智一击。经此一役，潘高寿川贝枇杷露不仅没有受到影响，还因此得到了很好的宣传效果，赢得了更多用户的信赖和拥戴，广为行销。

但好景不长，由于潘高寿川贝枇杷露畅销各地，许多药铺纷纷仿制。1937 年，在潘郁生创制川贝枇杷露约 10 年之际，市面上出现了不少仿冒伪药，尤以香港诚济堂药行为甚。当时，诚济堂药行推出川贝枇杷露，并在香港的各大报纸上大肆刊登广告。作为川贝枇杷露的独家创制者，潘郁生知道有人大张旗鼓地仿制生产，还大做广告，十分气愤。于是他亲自撰文，以"一二三四五六七，忠孝仁爱礼义廉"为题，在报章上撰文嘲笑诚济堂药行"忘八"（王八）和"无耻"，明斥其川贝枇杷露是冒牌货。

诚济堂药行的人见到文章后，到法院状告潘郁生。因为诚济堂药行的川贝枇杷露已在香港注册，故此法院判潘郁生以影射他人冒牌而败诉。但潘郁生并没有就此放弃，他在川贝枇杷露的包装盒上印上"劝人莫冒潘高寿，留些善果子孙收"等字样，以警示世人。尽管如此，市面的冒牌货却从未中断。

眼看冒牌货难以杜绝，在当时中国还没有专利保护法的情况下，潘郁生萌生了原始的知识产权意识，他认识到了防伪的重要性，于是便决定改良包装，抬高防伪门槛，杜绝鱼目混珠的现象。但是重新设计、印刷包装需要大量资金，当时潘高寿药行的流动资金并不足够，潘郁生便外出借贷。鉴于当时社会上反对中医的声音不断，很多人不是主张西化借机打击潘高寿药行，就是害怕惹祸上身，都不愿意借钱给潘郁生。潘郁生并没有就此放弃，他毅然将自己所有房产变卖，将筹得的资金用来改良包装印刷。为了突出川贝枇杷露是自己创制，他以父亲潘百世的真像和自己的画像作为商标，并特意在自己的画像旁注明潘四傲创制，印成精致的包装盒，使人容易辨认。直到 21 世纪的今天，在香港及境外行销的潘高寿川贝枇杷露仍然沿用这个包装。

香港潘高寿川贝枇杷露产品说明书

20世纪三四十年代潘高寿
在《商报》上刊登的广告

　　潘郁生除改良包装外，还发起一系列的宣传攻势：在报纸、电台做广告宣传，经常发表奇文怪论；拍摄宣传川贝枇杷露的电影广告，作为"画头"在各电影院放映；用薄铁片制作精美的"川贝枇杷露"宣传画片，钉在广州市各条马路的每一根电灯杆上；派员工带产品到各线轮船、火车上宣传，有时潘郁生还亲自出马，在炎热的夏天派人在广州市的长堤、太平南路一带交通要道摆摊设档，免费向过往的劳苦大众提供川贝枇杷露。为方便群众服用，他们还特意提供开水送服。这样的宣传活动既使群众受益，又收到了良好的宣传效果。

　　由于潘郁生为了推销潘高寿川贝枇杷露使出浑身解数，川贝枇杷露名噪一时，成为家喻户晓的治咳药，并行销省、港、澳以及台湾等地。

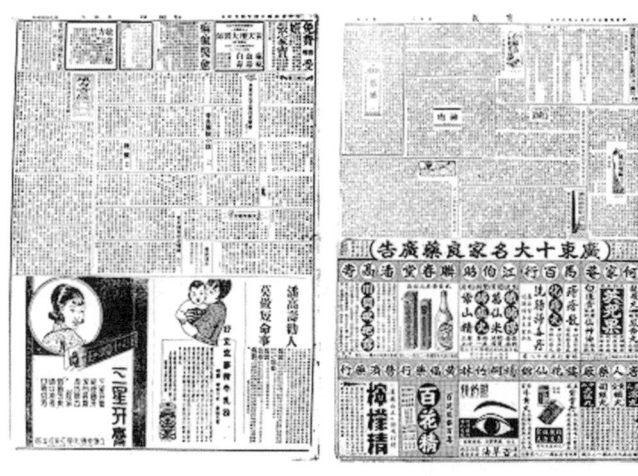

20 世纪潘高寿治咳川贝枇杷露广告

四、劫后余生 力扩经营

1937 年，日本大举侵华，中国开始了长达 8 年的抗战。1938 年 10 月 22 日广州沦陷。日军铁蹄所至，百姓遭受蹂躏，财物惨被洗劫，村庄顿成废墟，百姓尽变鬼魂。地处十三行的潘高寿药行被日军战火所毁。潘郁生与儿子潘祖馥、潘祖芗侥幸生存，分别避至香港、韶关等地，继续销售川贝枇杷露。

抗战期间，潘郁生父子并没有放弃祖业，始终心怀"积功累德，济人济世"的梦想，一直找机会重开药行。1945 年，抗战胜利，潘郁生父子马上回到广州，准备重开潘高寿药行。他们本想召集潘氏族人，集资经营，但由于抗战时期族人终日过着逃亡的日子，已无力筹集足够的资金恢复祖业。幸而潘郁生避至香港后，仍开店售卖川贝枇杷露，存了一点积蓄。潘郁生又再次倾尽所有，独资经营。由于资金有限，他们已不能同时重开"长春洞"和潘高寿药行，而且潘郁生父子考虑到，原来经营的蜡丸在市场上同类品种很多，竞争激烈，继续售卖这些传统蜡丸恐怕难以得到发展，而潘高寿川贝枇杷露是独家创制，市场前景较好，因此以潘高寿药行（是时药行又名"潘高寿川贝枇杷露药局"）专营川贝枇杷露，并放弃经营"长春洞"祖传药丸。后来，为了进一步扩大生产规模，他们又在广州杉木栏路豆栏上街购置新店铺以扩大生意。

经过潘氏父子的努力，加上数十年实行"文化经营"的经历，潘高寿药行通过几年的努力，生产规模和业务状况都有了很大的发展，1948—1949 年，潘高寿药行发展到了鼎盛时期，潘高寿川贝枇杷露销路很广，不但遍及省港澳，还远销到中国台湾、新加坡一带。为了扩大经营，潘郁生除在香港设厂之外，还在台湾、澳门设点经营。

新中国成立前，潘郁生去了新加坡，儿子潘祖馥在广州经营，潘祖芎在香港继续经营。

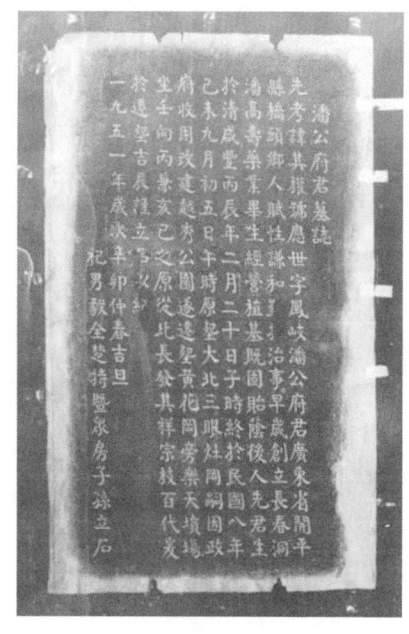

潘公府君墓志铭

22

第二节　几经波折路　起落总有时

一、苦尽甘来　顺利发展

　　1949年，新中国成立之初，因为仍然受着汪伪时期汉奸政府歧视中医中药政策和思潮的影响，中国仍明显存在着一股扼杀中医药之风，潘高寿药行的经营环境没有得到根本的转变。1950年，中央卫生部召开了第一次卫生行政工作会议，这次会议邀请了余云岫参加。他在会上发表讲话，提出"中医是封建社会产生的封建医"。当时卫生部的主要领导错误地轻信了余云岫的话，歧视和排斥中医药，并制定了"利用、限制和消灭中医药"的方针。这个错误的决定引起了党和国家领导人的特别关注。中央政治局专门对此进行了讨论，决定立即撤销卫生部党组书记兼第一副部长贺诚与副部长王斌的职务，并指示要做好团结中医工作。这个事件甚至惊动了毛主席，毛主席指出："中医对中国人民的贡献是很大的。中国人民能发展到六亿人口，应当首先归功于中医。真理的标准是实践，中医几千年来为中国人民治好了好多病，虽然有的道理讲得不清，或没讲出来，但是有效就符合真理。倘若说中国人民对世界人类有贡献的话，中医就算是贡献之一。"

　　此后，政府相关部门制定了以团结中西医和继承中医药学为核心的政策，采取了一系列有力措施发展中医药事业。几十年来备受摧残和歧视的中医，终于踏上了平坦的发展道路。

　　经营环境的改善，使得潘高寿药行有了较大的发展，工业总产值从 1952 年的 34.16 万元（以 1952 年不变价计算）上升到 1953 年的 66.36 万元。但由于多年来有不少店铺仿制潘高寿川贝枇杷露，为了防止配方泄露及保证药品质量，潘祖馥一般都亲自调配药液，或者叫自己的亲戚配药，因此限制了生产，使得生产规模未能得到进一步的扩大，潘高寿药行仍是沿袭作坊式工场的经营，川贝枇杷露的生产也基本依靠传统的手工生产方式来完成，其生产工艺较为落后，像民间"煲凉茶"一样，按配方精选整理好质量上乘的药材，洗净之后用铁锅和木柴，土炉明火煮至沸腾后提取有效成分，这个过程称为"水提"。浓缩药液也是烧柴用锅把药液加热蒸发浓缩，工人不时搅拌，浓缩至合适的程度后将药液储存起来自然冷却。煮糖也是以松柴燃火煮沸，用木桨搅拌，全过程都是靠手工操作。

虽然生产设备比较简陋，但潘祖馥始终秉承祖训，坚持真材实料，选用上乘的药材，因此潘高寿川贝枇杷露的质量、疗效都有口皆碑。当时潘高寿药行用于制作川贝枇杷露的主要药材是来自四川的野生川贝和桔梗，四川的川贝和桔梗都是非常有名的，桔梗更被称为"川桔梗"。枇杷叶则来自全国各个地方，其中以广东清远的质量最好，但是产量不多。而香料最早使用荷兰的香精，新中国成立后主要用来自上海的杏仁香精、杨梅香精。

二、公私合营 规模扩大

新中国成立初期，留在广州经营潘高寿药行的潘祖馥还一直与在香港经营的弟弟潘祖芎保持着联系。那时候从广州去香港还不需要复杂的手续，只需要以店铺作担保便可通行，限期为 3 个月。潘祖馥便经常到香港与弟弟团聚，交流经营心得。为了互相学习，兄弟俩每逢春节都会互换地方，潘祖馥到香港去，潘祖苈到广州来，照看对方的生意。这样的交流方式一直延续到国家实行公私合营，潘祖馥到香港之后就再没有回广州，潘高寿由他的表亲区煜光、区祥宗接管。

从1954年起，国家对资本主义工商业进行社会主义改造。1956年初，全国范围出现社会主义改造高潮，资本主义工商业实行全行业公私合营。2月1日，潘高寿药行与大同成药社、中华成药社三家合营，组成公私合营潘高寿联合制药厂（以下简称"潘高寿药厂"）。

大同成药社和中华成药社在合营前都是规模很小的药行。大同成药社成立于1946年，店铺在广州十八甫路100号，主要生产止咳枇杷露、止痛散、济众水等，合营前大同成药社已濒临结业，只有17名工人。中华成药社开业年份在1926—1927年，具体时间已难以考究。中华成药社后来由于抗日战争爆发曾中断经营了一段时期，直至1946年才复业。中华成药社主厂设在香港，分厂设在广州，主要生产白萝仙咳水和丹杜莲皮肤水，合营时只有10名工人。当时坊间流传了一首关于潘高寿药行、大同成药社、中华成药社合营的粤语歌谣，大致反映了合营前的主要情况："大同成药有能人，潘氏高寿大把银；若问中华成药社，抄（找）来抄（找）去一碌（根）棍（棒）（那时煮药要用一根木棒不断搅拌）。"

潘高寿药厂成立后，区祥宗任公方厂长，区煜光任私方厂长，职工人数为56人。药厂生产的品种以合营前原有的各种止咳糖浆为主，把潘高寿川贝枇杷露作为主体产品，保持了原潘高寿药行的传统特色。其他外用药则调出划归其他厂生产。

通过合营，潘高寿药厂在原料、信贷、市场等方面都享受与国营、合作社营企业同等的待遇，国家也注入资金，对药厂进行了扩建、改建，使得工厂规模有所扩大。

当时，药厂还没有成立车间，制药、锅炉、生药处理、调配等几个关乎产品质量的核心工序就由一人专门负责。合营后不久，区煜光、区祥宗的堂兄弟区欲想出任这几个工序的负责人。

区欲想于1950年经堂兄弟区祥宗的介绍进入潘高寿药行当制药工人，跟随区煜光、区祥宗学习枇杷露制作工艺。接管生产时，区欲想已有七八年的生产操作经验，熟练地掌握了枇杷露提炼、调配等全过程的制作

潘高寿联合制药厂生产的治咳枇杷露外包装

工艺。虽然经验丰富，但区欲想一人负责四大主要工序，担子也十分沉重。为了把好产品质量关，他在化验室门口放一张桌子，就坐在那里办公，活像当时在大同路专门替人写信的先生周时来，因此工人们平时都调侃地把他叫作"周时来"。

供销有保障，国家又有资金注入，加上区欲想和工人们的努力，潘高寿药厂的生产得到一定程度的发展，酊水糖浆的产量由公私合营前的7.92万升增长为13.47万升；工业总产值由合营前（1955年）的39.27万元增长为72.42万元，增长幅度为84%。

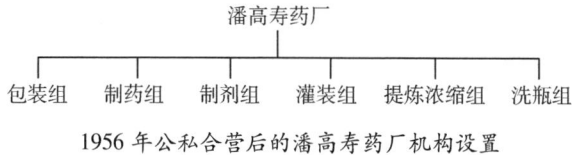

1956年公私合营后的潘高寿药厂机构设置

注：此设置一直沿用至1968年，广州中药七厂革命委员会成立后，在此基础上增加政工组、生产组、生活组。

三、祸从天降　易地求生

1959年10月23日凌晨，潘高寿药厂旁的一家木屐工厂失火，那时正值初秋时节，北风乍起，风助火势，火借风威，加之厂房都是砖木结构，火势很快蔓延到潘高寿药厂。在厂里值班和居住的几位工人马上协同公安、消防人员奋力扑救，家住工厂附近的员工闻讯也都赶来救火。但是厂里堆放了大量生药，极易燃烧，火势越来越大，越烧越旺，一夜之间，潘高寿药厂位于广州杉木栏的厂房被毁为焦土瓦砾。

虽然多年苦心经营的药厂毁于一旦，但潘高寿人并没有就此放弃。党组织负责人杨细和两位厂长区煜光、区祥宗马上召集工人们召开紧急党员大会和职工大会，号召工人化悲痛为力量，进行生产自救，重建工厂。号召得到了工人们的支持，也激起了工人们重建工厂的信心。他们组织起来，清理火灾现场，把还没有完全损毁的设备和用具拣出来修复待用。为了积累资金重建工厂和保障大家灾后的经济收入，工人们到当时的农林药厂借用生产场地，代包装该厂产品"肥猪菜"。为了尽快重建工厂，工人们都夜以继日地忘我劳动，一些女工还连续一个多月没有回家，但是她们毫无怨言，"以厂为家"在她们身上得到了最为朴素的诠释。

不久后，工人们物色了一块荒地作为临时生产地。这块荒地是 1950 年国民党"三三轰炸"后形成的废墟，地上杂草丛生。工人们花了几天时间清除杂草，整理场地，把此前在火场清理出来的用具存放在这里。但是没过几天，存放在这里用来装川贝枇杷露半成品的大木桶离奇失踪，而其他瓦缸、瓦罐却依然完好。大家都百思不得其解，后来一名工人在荒地旁的一座宿舍意外地发现了潘高寿的遗失木桶。原来，居住在这里的是广州土产进出口公司的工人，他们看到潘高寿的木桶堆放在荒地，便顺手牵羊，拿回去劈碎了当柴火烧。为了此事，潘高寿药厂的工人与他们发生了冲突，从此生产时经常受到滋扰。

为了尽快复产，潘高寿药厂领导与广州土产进出口公司协商，把潘高寿药厂位于杉木栏的房产与广州土产进出口公司位于广州黄沙同安里的宿舍交换，让该公司的工人搬到杉木栏，而该公司的宿舍归潘高寿药厂作重建之用。

虽然有了生产的场地，但潘高寿并没有资金重建厂房，只能把此前代包装"肥猪菜"所得到的一点钱买了一些质量较次、弯弯曲曲的竹竿，勉强撑起了几块油布作遮风挡雨之用。工人们头顶青天，脚踏烂地，用简陋的生产工具，生产起杀虫农药 DDT 来。

经过了一段艰苦的生产过渡时期，潘高寿人重新积累了一定的资金和生产资料，于是盖起了简易的工厂，砌起了炉灶，架起了铁锅，恢复了中药制剂的生产。

原位于广州和平西路159号的潘高寿药厂早期厂房旧照

四、浮夸风起 "铁破汤"败

1959年，也就是恢复生产中药制剂后不久，潘高寿药厂创制出了一个重要的产品"铁破汤"。它主要由铁包金、穿破石、阿胶、白及、甘草等制成，是一种对肺结核有一定疗效的中药产品。当时从何济公药厂调来的一个副厂长患有肺结核，他调到潘高寿药厂后每天都服用铁破汤，一段时间后病就痊愈了，这是说明此药疗效显著的一个好例子。

铁破汤问世之时，全国正进行着"大跃进"运动。中央制定了"鼓足干劲，力争上游，多快好省地建设社会主义"的总路线，提出了一系列不切实际的任务和指标，"高指标、瞎指挥、虚报风、浮夸风"风行全国。在工业生产上倡导"以钢为纲"，全国几千万人掀起了"全民大炼钢铁运动"。早在1958年，潘高寿药厂就有大批工人被调到十八甫路附近（现广州市中医院后）参加炼钢。

同样，铁破汤的生产也受到"大跃进"的影响，药厂一味追求产值，赶所谓的"卫星指标"。到后来，因为原料药材需求量过大，还出现了药材供应中断的现象，供销人员需要外出找原料，有时还得和生产同类产品的厂家展开原料争夺战。药材供应紧张，生药质量却急速下滑，当时的甘草流浸膏溶解后就发现了很多杂质。严重的重产轻质，使得铁破汤质量急速下降，最后被有关部门勒令停产，给企业造成了重大损失，也给潘高寿人留下了一个刻骨铭心的教训。

五、几经波折　走出困境

经过了两次重大挫折，直至1960年底，潘高寿药厂才正式恢复传统产品"川贝枇杷露"的生产。但是，这次复产也并不是一帆风顺。潘高寿药厂面对的问题首先是资金缺乏，其次是生产条件差。药厂遭大火之灾后，虽说经过一段时间的生产过渡，但要一下子完全恢复几乎等于白手兴家，这时又恰恰处在国家经济困难时期，国家压缩基本建设投资，物质供应紧缺，潘高寿药厂复产困难重重。

为了解决缺乏资金的问题，工人们尽量紧缩开支，修旧利废。他们白天工作，晚上靠替兄弟厂家粘纸袋、糊纸盒等来增加收入。资金短缺也直接影响到生产条件，潘高寿药厂甚至连制药最基本的炉灶也没有。虽然这样，工人们认为不能坐以待毙，他们自己动手，砌起简陋的炉灶，用作水提和煮糖。木柴不够烧，工人们就改用煤球，甚至药渣作燃料。当时，大家风趣地管这叫"煮豆燃豆萁"。至于每个工序间的运输工作就全靠人力完成，主要由陈居仁、张海枝等几名工人负责。他们先从包装现场把经洗净烘焙的玻璃瓶一盆一盆地捧到分装现场，灌液后又一盆一盆地捧到包装现场进行包装，每日不断往来穿梭。为了不影响生产进度，他们都必须一盆接着一盆地来回搬，因此运输工人的劳动强度十分大，每人每个班次等于负重走十几或二十里的路程。"陈居仁捧盆"就此在潘高寿药厂传开，后来被大家用来形容整天忙来忙去、走许多路的现象。

经过 2 年的艰苦奋斗，潘高寿药厂逐渐恢复了生机。但当时中国连续 3 年出现了前所未有的自然灾害，四川发生旱灾，川贝供应暂停，只有出口公司还有少量川贝。潘高寿药厂只能靠出口公司的川贝勉强维持川贝枇杷露的生产，但产量很少，而且此时期生产的川贝枇杷露只能供出口公司出口之用，国内基本没有川贝枇杷露售卖，市面上以川贝为主要原料的治咳药也锐减，咳嗽病人一时"无药可治"。

眼看治咳药供应紧张，病人久咳不愈，潘高寿人开始计划将川贝枇杷露改方。不久后，广州市卫生局、工商局、药材公司与潘高寿药厂代表开会，商量改方一事。潘高寿药厂马上组织专人研究改方，在原本的枇杷叶、桔梗基础上，加入润肺下气、止咳的百部与散风清热、降气化痰的前胡等，经过多次研究、临床实验，新药最后通过了卫生局的审批。为与川贝枇杷露相区别，潘高寿药厂把新药定名为"治咳枇杷露"。

治咳枇杷露的诞生，为当时的咳嗽患者带来了福音，也令潘高寿药厂度过了"川贝断供"的难关。后来药材公司恢复川贝的供应，潘高寿川贝枇杷露重新投产，治咳枇杷露转变为支农产品。1961年川贝枇杷露荣获"广州市一等名牌产品"称号；潘高寿药厂的另外两个产品红中牌白萝仙止咳露和崇业牌小儿咳糖浆同获"广州市二等名牌产品"称号。潘高寿药厂产品再度扬名，畅销各地。

1962年，走过重重困难的潘高寿药厂展露新颜，生产直线上升，酊水糖浆的年产量达34万升，比火灾前增长51.3%；工业总产值为275.63万元，比火灾前增长74.7%。

潘高寿药厂原位于广州市和平西路196号的
综合生产车间大楼

潘高寿药厂原位于广州市大同路丛台里5号的生产综合楼

潘高寿药厂原位于广州市和平西路159号的锅炉房正门

六、几许风雨　缓慢前行

1964 年，国家决定用"托拉斯"的组织形式来管理工业企业，国家医药工业"托拉斯"成立，中西药厂分开管理。紧接着，广州成立中药总厂，潘高寿药厂并入总厂。工厂的产、供、销由总厂统一计划安排。翌年，星群药厂位于和平西路的中药提炼车间并入潘高寿药厂，该车间原来的厂房、专业设备、劳动力以及生产的各中药练剂、出口酊水糖浆剂和中药片剂等产品悉数转归潘高寿药厂接管。后来中药片剂产品及有关设备、人员等又转移给中药三厂归口生产管理。这一调整，使潘高寿药厂从窝棚户中解放出来，规模得到扩大，人员也相应增多，生产设备也得到更新。

1966 年，中国开始了"文化大革命"，广州医药工业所有的老牌字号和名牌产品商标都一律取消，厂名按数码顺序编排，潘高寿药厂被取消了原来的厂名，改名为"广州中药七厂"，一度被命名为"中药七连"。1968 年成立了"广州中药七厂革命委员会"，直到 1981 年广州潘高寿药厂厂名才恢复。

1966—1976 年"文化大革命"期间，社会动荡，广州市医药工业受到极其严重的干扰。在整个行业中，有些企业仅能维持生产，有些企业处于半停产甚至停产状态，生产受到严重破坏。值得庆幸的是，潘高寿药厂在这场运动中没有受到很大的冲击和干扰，这得益于当时的一句口号"抓革命，促生产"。喊着这句口号，生产还能继续坚持。1972 年，潘高寿药厂成立了生产车间，1975 年又成立了"集体所有制"的医药生产合作社，这叫作"全民带集体"。但是，潘高寿药厂在这 10 年的发展是相当缓慢的。

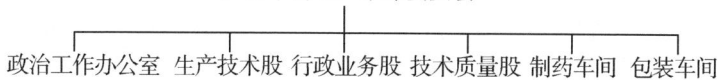

广州中药七厂革命委员会

政治工作办公室　生产技术股　行政业务股　技术质量股　制药车间　包装车间

1972—1973 年广州中药七厂革命委员会机构设置

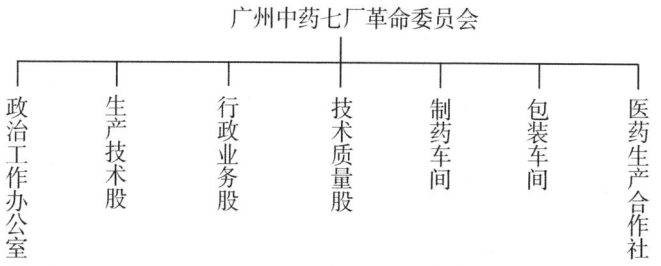

广州中药七厂革命委员会

政治工作办公室　生产技术股　行政业务股　技术质量股　制药车间　包装车间　医药生产合作社

1975—1978 年广州中药七厂革命委员会机构设置

第三节　风雨阳光后　展翅高飞日

一、琵琶断弦　荆棘满途

1976 年，"文化大革命"结束。1978 年，中国共产党召开十一届三中全会，确定了"解放思想、开动脑筋、实事求是、团结一致向前看"的指导方针，在工业战线上进行了整顿，制定了"调整、改革、整顿、提高"的八字方针。潘高寿人也逐渐走出了"十年浩劫"的阴霾，把工作的重心转移到生产中来。当时党中央提出"解放思想，为建设四个现代化的社会主义祖国而奋斗"的口号，极大地鼓舞了潘高寿人的积极性，他们热情高涨，致力发展生产。但是，由于"文化大革命"的影响，潘高寿药厂要迅速发展谈何容易。1977—1978 年，潘高寿药厂 1 个月的生产产值只有 10 ~ 20

万元，还比不上当时广东药厂 1 个月的利润。

1979 年，处于低谷的潘高寿药厂又遇沉重一击。改革开放以前，国家实行计划经济，医药工业企业"统购统销"，政府是一个巨大的"托拉斯"，企业的所有交易全部"内部化"，药厂基本只管生产，不需管销售。1979 年，国家实行经济体制改革，将企业长期以来实行财政统收统支、产品统购统销的模式逐步转变为市场经济条件下商业运作的灵活方式。广州市药材公司突然停止收购潘高寿川贝枇杷露。一向畅销各地、被戏称"皇帝女，不愁嫁"的川贝枇杷露一下子大量积压，被同行嘲笑为"皇帝女，嫁不出"。"独抱琵琶"（因只有川贝枇杷露一个畅销产品而得此称谓）的潘高寿药厂陷入困境，生产一度处于半停产状态，"琵琶断弦"。

二、琵琶续弦　奏响新乐

"琵琶断弦"的现实使潘高寿人认识到继续"独抱琵琶"已难以发展，通过认真研究，他们找到医治"琵琶断弦"症结的良方，就是以重点开发治咳系列药物为主，同时多品种、多剂型地发展其他治疗药物。为了自主研发产品，潘高寿药厂购置科研设备，以厂里一些制药经验丰富的老师傅和分配来厂的大学毕业生为主要科研人员，建立起研究所，从事新产品的研制。

潘高寿研究所建立之初，规模很小，设备简陋，只属于小型试验室。当时新产品的开发主要通过两个途径：一是将原出口产品转内销；二是联合科研机构、大专院校研发新产品。

出口产品转内销是快速改变潘高寿药厂"独抱琵琶"局面的一个成功举措。潘高寿药厂四大拳头产品中，除潘高寿川贝枇杷露外，其他三个产品——蛇胆川贝液、蜜炼川贝枇杷膏、蛇胆川贝枇杷膏，都是在这时期成功由出口转内销的。

（一）蛇胆川贝液诞生

20世纪70年代末、80年代初，为了增加企业的利润，进一步打入国际市场，潘高寿药厂从外商那里承接了大量生产出口产品的业务。这些外商长年在外做药品销售的生意，市场触角敏锐，十分了解市场的需要。他们根据市场的需要，要求潘高寿药厂研制出适销对路的产品，然后供他们出口销售。"琵琶断弦"后，为了快速开发新产品，走出困境，潘高寿人把目光投向了外销产品。第一个尝试出口转内销的产品是潘高寿药厂应香港德盛行要求研发的治疗风热咳嗽药物——蛇胆川贝液。

当时，在国内销售的蛇胆川贝类药物只有蛇胆川贝末。该药治疗风热咳嗽效果较好，但存在三个弊端：服用时容易呛喉，比较危险；味苦，小孩都不愿意服用；粉末状，服用起来很不方便。而蛇胆川贝液是液体制剂，人体易于吸收，止咳见效快；经过改良，口感好；口服液，服用方便。潘高寿人经过分析，认为此药在国内大有可为，他们又从香港德盛行了解到，出口的蛇胆川贝液在国外的华人里很受欢迎，这就进一步加强了潘高寿药厂在国内生产销售该产品的信心。

于是，潘高寿药厂利用生产工人下班后，或空班次的时间，以现有生产设备试制蛇胆川贝液。由于当时国家对药品出口转内销有优惠政策，潘高寿药厂试制成功后，很快获得了蛇胆川贝液的生产批文，该产品于1984年正式投产。

蛇胆川贝液推出市面后，由于疗效显著而畅销海内外，几乎可以说有华人的地方，就有潘高寿蛇胆川贝液。很多客户主动上门要求订货，潘高寿药厂蛇胆川贝液多次出现脱产

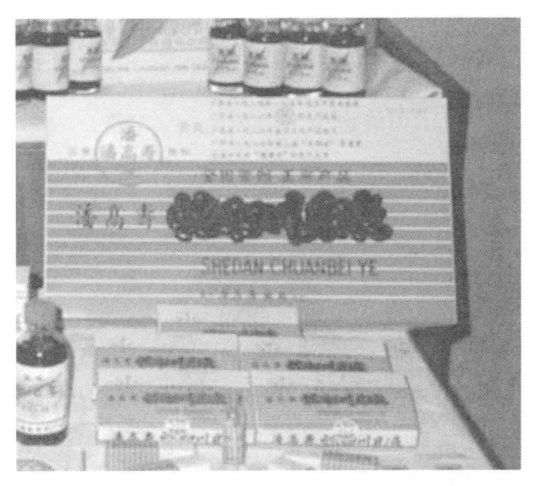

蛇胆川贝液是潘高寿药厂首创的产品，也是该厂第一个成功出口转内销的产品

现象。眼见有利可图，国内厂家纷纷仿制，最高峰时全国仿制厂家多达200多家，但仿制的厂家远没有潘高寿药厂长期生产液体制剂积淀下来的经验与优势。当时，有人做过一个比对实验：将潘高寿蛇胆川贝液和某品牌的蛇胆川贝液取相同分量，分别滴在水中，潘高寿蛇胆川贝液在水里并没有马上散开，而某品牌的却很快就溶解在水中，这个实验充分说明了潘高寿浓缩药液的工艺之高。

此外，还有不少厂家为了减低成本，使用价格较低的水蛇胆或加入其他动物的胆汁入药，以药效为代价，降低产品价格。潘高寿蛇胆川贝液在价格的竞争上明显处于劣势。当时，有人建议潘高寿药厂仿效其他厂家的做法。但这个提议马上遭到当时的领导班子否定，原因很简单，就像当时一位老工人所说："当年老板（潘祖馥）老叮嘱我们说：'我们做药的绝不能偷工减料。'老太爷（潘应世）创立潘高寿就是为了'济人济世'，潘高寿的招牌不能毁在我们这一辈手上，潘高寿要的是真材实料。"为了保证蛇胆川贝液的质量，潘高寿药厂于1987年建立起蛇胆的质量标准，从源头上把握药品的质量。

蛇胆川贝液的成功肯定了潘高寿人的自主研发能力，鼓舞着他们继续努力挖掘传统古方，进行自主研发。

（二）两膏面世

潘高寿药业的另外一个拳头产品——蛇胆川贝枇杷膏的创制之路比蛇胆川贝液曲折得多。当时厂里相当重视这个新产品，厂长特意指定了一个经验丰富的车间专门负责蛇胆川贝枇杷膏的试制。由于潘高寿药厂并无生产膏剂的经验，试制就像是"摸着石头过河"，试制之初便遇到了一个大问题——如何成膏。

刚开始时，他们接受外商的建议，简单地用淀粉作填充剂，像民间做菜勾芡一样，但冷却存放时，膏很容易发霉。之后他们改用糊精，糊精具有黏性大、增稠性强、发酵小、吸潮性低、无异味等特点，人体也易于消化吸收，比淀粉更胜一筹。但是，新的问题很快又出现了：用糊精成膏，会出现起粒的现象。潘高寿人一时束手无策。

为解决成膏问题，厂级领导和技术人员多次召开了技术研讨会议。经过商讨，他们都认为不应走"捷径"，要坚持采用古法炼膏，因为这是产品疗效和品质的保证。但是古法炼膏的总糖量、水分、火候都必须恰如其分，否则很容易出现结晶成核速度过快、烧焦、果糖损失严重等现象。

为了攻克这个难关，技术人员都自愿加班工作，不断地进行实验。功夫不负有心人，经过一段时间的努力，潘高寿人以蜂蜜作为辅料，炼制出药物浓度高、体积小、稳定性好的膏剂。

膏剂生产终于能顺利进行，潘高寿药厂随之建立了膏剂车间。1987年2月，蛇胆川贝枇杷膏获生产批文，正式投产。

蛇胆川贝枇杷膏推出市场后，却出现一个奇怪的现象。该产品面世后，在南方推广迅速，不久便名闻遐迩，但是在北方市场却业绩平平。为了搞清出现这种南北差异的原因，供销人员专门到北方市场了解情况。经过多方走访，潘高寿人发现问题竟然是由于药里用了蛇胆。

蛇胆是驱风、化痰止咳的良药，最早记载见于汉朝《名医别录》，在南方有很长的药用历史，但当时的北方对以动物胆汁入药存在抗拒心理，因此潘高寿蛇胆川贝枇杷膏在南方受到热捧，而在北方却遭到冷遇。

要获得消费者的青睐，产品必须符合他们的用药习惯，这是潘高寿人从蛇胆川贝枇杷膏的销售中得到的启发。他们又开始着手开发适销对路的产品。潘高寿药厂自主研发供外商出口的枇杷膏不只蛇胆川贝枇杷膏一个，还有另外一个品种——蜜炼川贝枇杷膏。由于是以天然蜂蜜炼制，蜜炼川贝枇杷膏较之蛇胆川贝枇杷膏有滋润咽喉、润肺润燥的特点，正好适合北方干燥的气候，在南方的干燥季节亦宜服用，于是潘高寿药厂又把这个出口产品转为内销。

有了蛇胆川贝枇杷膏的试制经验，蜜炼川贝枇杷膏的试制相当顺利，1990年1月，潘高寿蜜炼川贝枇杷膏获生产批文，正式投入生产。

潘高寿蛇胆川贝枇杷膏和蜜炼川贝枇杷膏，一个止咳祛痰效果佳，一个润肺润喉，两个膏剂实现了在治咳市场的差异化销售。

20 世纪 90 年代潘高寿蛇胆川贝枇杷膏、蜜炼川贝枇杷膏的外包装

（三）治咳鼻祖换新颜

在积极开发新产品的同时，潘高寿药厂也致力发展老牌产品川贝枇杷露。潘高寿川贝枇杷露自 1929 年创制以来，早已深深扎根于国民心中，国内销售已趋成熟。潘高寿人认为，要进一步发展，川贝枇杷露要走与蛇胆川贝液相反的路子——从内销走向出口。

其实，早在 20 世纪 50 年代，潘高寿川贝枇杷露通过有关外贸部门的协调，已成功出口于港澳和东南亚等地。但是由于当时潘家后人已在香港有关当局注册了"潘高寿"的商标，广州潘高寿出口的中成药与其他广州中成药一样都以"羊城牌"为注册商标出口。改革开放后，潘高寿人经过市场的历练，逐渐有了品牌意识，希望恢复"潘高寿"作为川贝枇杷露的出口商标，拓展海外市场。

但是香港潘高寿注册了商标的事实已不能改变，"此不变，则彼变"，为了发展，潘高寿人决意改良组方，重新报批。于是，他们利用当时的先进技术，在川贝枇杷露组方上研究改进，使药料的配伍更趋合理。在工艺上，针对川贝的特性，将传统的水煮法改为酒提的方法，制成川贝流浸膏，使有效成分充分释出，然后以半成品的形式加入药液，使治咳疗效更加显著。

改良成功后，经过临床测试，最后通过卫生局审批，定名"潘高寿治咳川贝枇杷露"重新走向市场。

改良后重新推出的潘高寿治咳
川贝枇杷露

此外，潘高寿药厂还联合科研机构研制出治疗胆囊炎、胆囊炎合并结石、胆管炎、胆管炎合并结石的舒胆胶囊，主治食滞及虫积的保儿安冲剂，治疗感染性高热的炎热清胶囊和清咽润喉的潘高寿润喉糖等广受欢迎的产品，几年时间便开发出了20多个新品种。

潘高寿药厂彻底改变了剂型少、治疗病种不多的状况，不再是"独抱琵琶",如今一些老工人抚今追昔,都不无激动地说:"新产品繁花似锦,何愁琵琶断弦。"

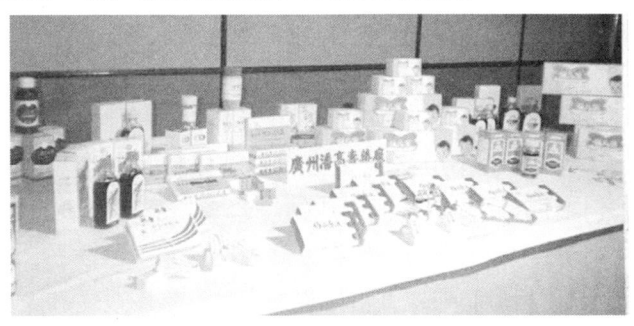

新产品繁花似锦

三、开拓创新　自主经营

"有了好产品,还要把产品卖出去才能实现其价值,才能走出困境,我们必须解放思想,自己找出路,进行自销。"这是潘高寿人面对"琵琶断弦"开出的另一个药方。

1985年,潘高寿药厂第一支专业销售队伍诞生了。这支队伍以原供销科的人员为基础,面向厂里的管理人员、工人,选拔了开票员、储运员、业务员和负责函购的业务员各1名。

销售队伍组建后,潘高寿药厂积极参加各省市交流会,进行产品自销。但是单靠这些交流会,难以满足企业的盈利需求。为了打开销路,潘高寿药厂采取了"请进来"和"走出去"的策略。

"请进来"即把客户请进来。潘高寿药厂从1985年开始自销新尝试,自办展销会,邀请市内各大医院负责人、药店老板参加。又趁广州市举行医药贸易中心开幕仪式之机,邀请出席该仪式的代表参加,产品以优惠价格出售。潘高寿药厂的新尝试取得了成效,1985年9月在珠海碧海宾馆召开产品销售及产品介绍会议首战告捷，订货高达 27 万元。同年 11 月，潘高寿药厂在顺德大良召开产品展销会议，销售额增加到 40 多万元。潘高寿药厂是改革开放后，在全国医药企业实行产品自销以来率先举办产品推广系列活动的企业。

"走出去"即走到消费者当中去。在不断地思考与总结中，潘高寿人逐渐明白到，在新的经济体制下要经营好企业，关键要把计划调节和市场调节结合起来，了解市场的需求。潘高寿药厂主动加强与诊所、医院等医疗单位的联系，直接听取产品使用者和外地直销单位的意见，不断改进和提高产品质量，加强产品在市场的竞争力。针对商业部门供应工作的不足，潘高寿药厂也积极扩大产品的销售区，填补商业部门供应的空白。

经过多番的努力，潘高寿药厂逐渐打开销路，不少客户主动上门要求订货。到 1986 年，潘高寿药厂自销额达 2 398.35 万元，占总销售额的 74%。

1989 年，潘高寿药厂于武汉召开"首次来汉宣传推广展示会"

1990 年，潘高寿药厂与成都药材公司联合召开"名优产品、新产品推广会"，计划供销科副科长任洁明（中）向到会代表介绍产品

同时，潘高寿药厂积极拓展海外市场，充分利用广交会和省市贸促会扩大出口。"七五"期间，潘高寿药厂出口创汇 134 万美元，创历史最高水平，产品出口到港澳台及东南亚、美国、加拿大等 10 多个国家和地区。1990 年，潘高寿药厂实现利润超 1 000 万，出口交货值增长 108%，利税总额比 1989 年增长 41%。

进入 20 世纪 90 年代，潘高寿药厂对产品销售模式进行了一个创新——以艺术

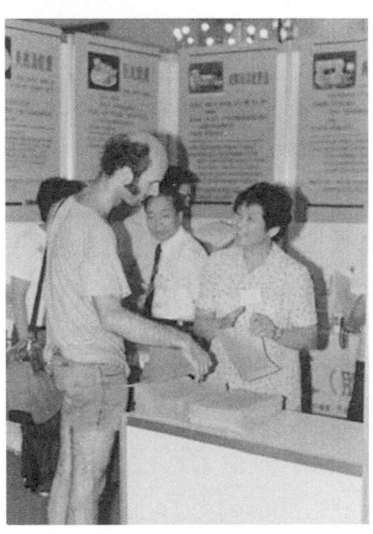

在 1987 年举办的中医药国际学术会议和展览会上，潘高寿药厂技术科科长袁碧英（右一）向外国友人介绍产品

带动产品销售。用 21 世纪的营销话语来说，那应该就是"艺术营销"了。这个创新开始于一个偶然的事件。

1990 年初秋，潘高寿药厂厂长彭文协收到一封患者的感谢信。这封信非同一般，来信者是全国人大代表、著名歌唱家郭兰英，她有感于潘高寿药厂的药品疗效确切，特通过广州市质量技术监督局转达她的赞扬和感谢。

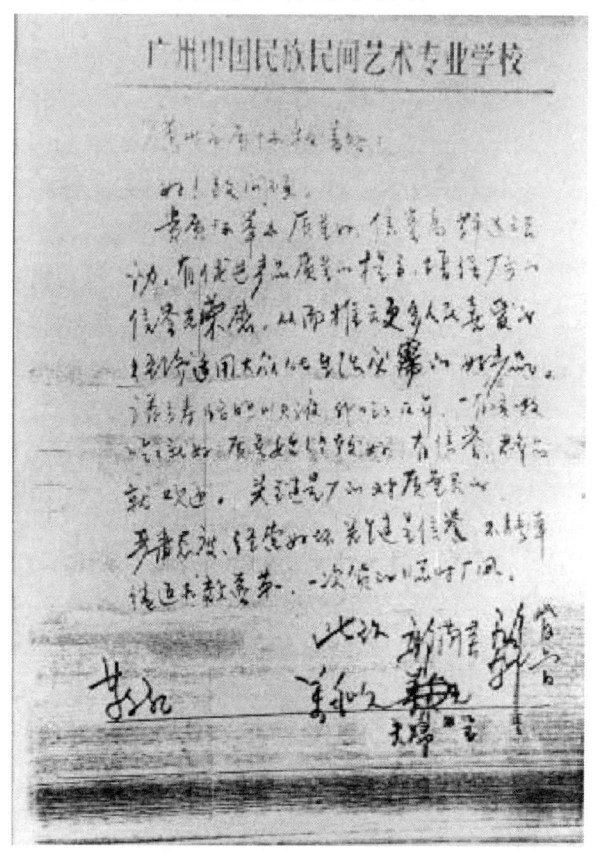

1990 年著名歌唱家郭兰英、万兆元夫妇对蛇胆川贝液的评价信

事情缘起 1986 年郭兰英南下广州。当时她为把民族艺术留传下来，便南下番禺创办了中国民族民间艺术专业学校（以下简称"郭兰英艺校"）。久居北方的郭兰英到广州后，一时未能适应南方炎热多雨、乍暖还寒的天气，经常感冒、咳嗽。在医生的推介下，郭兰英先后服用了潘高寿川贝枇杷露和蛇胆川贝液，结果她的气管炎治好了，而且影响她发声的咽炎也不知不觉地痊愈了。因此她写信将这个情况告诉了广州市质量技术监督局，并向潘高寿药厂表达了谢意。

受到了全国知名艺术家的青睐和肯定，潘高寿人广受鼓舞，在接到来信的第二天，彭文协厂长亲自带领了厂办公室、工会的工作人员到番禺飞鹅岭郭兰英的住处拜访致谢。这次会面，潘高寿药厂就与郭兰英结下了不解之缘。

面谈中，郭兰英从随行的工会干部中了解到潘高寿药厂也有许多爱好文艺、喜欢唱歌、跳舞和乐器的职工，十分高兴，随即表示愿意为潘高寿药厂的文艺爱好者和积极分子做较为规范的培训。于是在工厂大维修期间，郭兰英分声乐、器乐、舞蹈和美术 4 个专业对潘高寿药厂的员工进行专业培训。通过大半年的培训，潘高寿药厂拥有了一支能歌善舞、编演皆能的艺术队伍。1991 年 11 月潘高寿药厂企业文化艺术团（以下简称"潘高寿艺术团"）正式成立。

郭兰英艺校师生经常联合潘高寿艺术团赴各地表演。当时厂的领导班子认为这是宣传产品、推动销售的一个好机会，在表演的同时可以展示企业形象，于是潘高寿药厂的产品逐渐随着艺术团的演出走到全国多个地区，潘高寿品牌也逐渐享誉全国多个省市。

随着产品销售业绩的上升，潘高寿药厂面向职工招兵买马，扩大销售队伍。1988 年，企业选拔了一批有一定知识水平、善于与人沟通的职工调入计划供销股。1989年，潘高寿药厂将全国销售区以长江为界，划分为南北两区，实行包干负责制，加强了销售队伍建设，再次面向职工张榜招贤。此次选拔较之前更为规范，竞岗人员要有高中以上学历，而且都必须通过考试，考试内容包括政治、普通话、经济、地理、公共关系基本知识。经过选拔，新增了5人，当时负责南北两区的销售人员加起来也只有10人。1993年，潘高寿药厂又再一次扩充销售队伍，一批大专、中专毕业学生分配到潘高寿药厂，潘高寿药厂的销售团队不断壮大。

四、与时俱进 革故鼎新

（一）管理制度变革

在调整产品结构，积极进行产品自销的同时，潘高寿药厂也不断引进现代化管理理念，改革管理制度。自1983年3月起，潘高寿药厂根据中央（1982）2号文件及"四化"的要求和1982年11月省工交企业整顿经交会的会议精神，对各级领导班子进行了整顿，从原来7人调整为4人，成员平均年龄46.6岁，文化程度大学和初中各2人。按照要求，中层干部也作了相应调整，还改选了党支部委员和工会、共青团组织，各级领导班子基本达到了"知识化、年轻化、专业化"的要求。

为了激发职工的工作积极性，潘高寿药厂于1984年制定了岗位经济责任制度。在1984年以前，潘高寿药厂是实行百分计奖制度的，对能计算定额指标的车间、班组、工种和个人，按定额考核计奖，对不能计算定额考核的工种和管理部门、服务部门，实行按照定额指标的车间的平均数及出勤情况来考核计算。这个考核制度对生产和管理虽有一定的促进

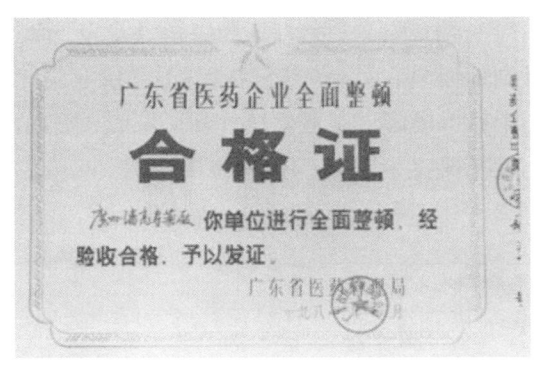

1984年，潘高寿药厂获得广东省医药管理局
颁发的"进行全面整顿，经验收合格"证书

作用，但在考核内容上不全不细，几年来进行了多次的修改补充，但分配上还存在着"吃大锅饭"的平均主义现象。为了改变这种状况，潘高寿药厂参照了先进单位的做法，结合厂的具体情况制定了岗位经济责任制。岗位经济责任制是责、权、利相结合的包括职责范围、确保指标、基本职责、考核标准、协同关系等内容的考核办法，实施岗位经济责任制后，每位职工都明确了职责范围和责任，加强了工作责任心，提高了工作效率，基本克服了过去工作上的拖拉扯皮现象，相互间也加强了沟通和协调。

在制定岗位经济责任制的同时，为进一步提高和加强企业的管理，潘高寿药厂还修订和健全了政治工作制度、技术管理制度、质量管理制度、计划管理制度、财务管理制度、设备管理制度、劳动工资管理制度、安全生产管理制度、文明生产管理制度、职工奖惩条例实施细则、保卫制度等13项管理制度以及物资管理等11项辅助制度，使每一项工作都有章可循，职责明确。

1984 年，潘高寿药厂把计划和供销合并为一个股，克服了过去计划部门只管计划安排生产、不管供应销售的现象，药厂开始根据市场需求制定生产计划，使产、供、销、储运能及时衔接平衡。

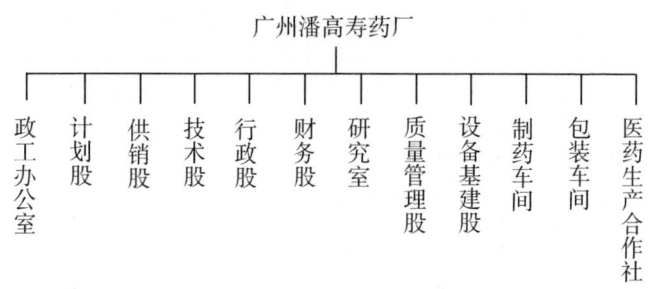

1981 年 1 月至 1983 年 6 月潘高寿药厂机构设置

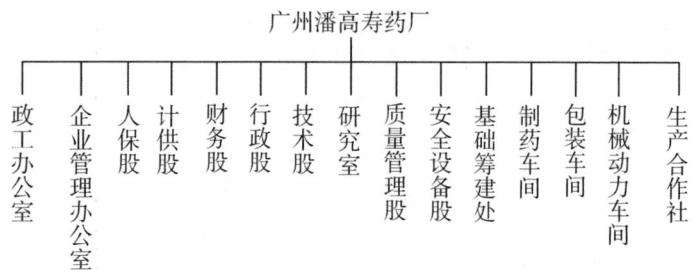

1983 年 6 月潘高寿药厂实行改革后的机构设置

1985 年，潘高寿药厂实行厂长负责制，改变以往以党支部书记统一领导和全面负责企业事务的领导制度，改由厂长全面领导企业的生产经营管理工作，副厂长协助厂长开展生产技术、业务经营、人事教育、生活福利等几个方面的工作，形成新的生产行政指挥系统。

此外，工厂还采用了新的企业管理技术，到 20 世纪 90 年代初，潘高寿药厂的工资管理、材料核算、财务发票管理、销售合同管理和销售发票管理都实现了电脑辅助管理。

（二）设备更新

"工欲善其事，必先利其器。""文化大革命"结束尤其是进入了 20 世纪 80 年代后，随着社会的发展，现代生产技术逐渐进入中药制药行业，潘高寿药厂的厂房、设备都进行了一系列的升级换代。

潘高寿药厂将原来的迥火管卧式大管船舶干背锅炉改革成具有前置炉膛水冷壁的锅炉，使原来的动力源从 0.5 吨/时增加到 1.4 吨/时。1980 年，潘高寿药厂又购置了一台SHF－13 型较先进的锅炉。但是中药生产仍是主要以手工操作的传统生产为主，整个中药行业较之拥有现代化设备的西药厂是极为落后的，仍然像民间煮药一样。

1982 年，彭文协从西药厂调到潘高寿药厂任党支部副书记，带来了西药厂先进的生产技术与管理理念。当时，潘高寿药厂药品制成后是采取自然冷却的，把川贝枇杷露盛在一个个的大罐内自行降温，这样降温需要几天时间，工作效率很低。而西药厂早已采用水循环冷却，只要几小时就可以冷却完毕。彭文协到厂后倡导改革，但是新技术的推行并不顺利，潘高寿药厂人员的思想十分守旧，执意固守传统，不愿意接受新生事物。为了药厂的发展，工厂领导只能强制执行。

1983 年，为了提高生产效率，潘高寿药厂购买了全国第一条液体灌装自动线，这条生产线可以一次性完成理瓶、输瓶、计量灌装、塞内积、拧盖、贴标签、印批号等工序，自动线的药液储罐及管道均采取密闭式，灌装机、塞塞机和拧盖机均安置在控制室内，既保证了产品质量，又使包装实现自动化。自动线安装后，川贝枇杷露的生产效率提高了 2 倍。

潘高寿药厂顶着困难，购入并装置了3立方米多能提取罐和1立方米真空浓缩罐，使中药提炼能力提高30%，生产周期缩短40%；采用了我国首台DJS8型小容量灌装塞塞机，使蛇胆川贝液从理瓶、灌装、塞塞工序形成自动线，效率比原来提高3倍。潘高寿药厂逐渐摆脱作坊式的生产，拥有酊水糖浆、口服液、膏滋剂等多条包装自动线。

潘高寿药厂于1984年推出全国首创的蛇胆川贝液后不久，发现全国有200多个厂家仿制。为了在激烈的市场竞争中站稳脚跟，潘高寿药厂加强了产品质量的监控，于1987年购置了PV－8700紫外可见光分光光度计和GS－9000双波长飞点薄层扫描仪等检测仪器，对蛇胆川贝液、蛇胆川贝枇杷膏、川贝枇杷露等产品的主要原料蛇胆、川贝等进行全面检测。以容量分析方法对川贝母总生物碱进行定量分析，以薄层层析的薄层色谱图对蛇胆进行定性分析，以薄层光密度扫描的定量分析方法对蛇胆中的胆酸含量进行定量分析，为保证原材料和产品质量提供科学的依据，提高了产品竞争力。

"七五"期间，潘高寿药厂先后投入资金750万元进行厂房设备和工艺技术改造，更新设备100多台（套），全部采用不锈钢制造，淘汰原有简陋陈旧的生产设备，建立自动化生产。1987年，潘高寿药厂高速建成一幢2 000平方米的综合制剂大楼，设有空调等符合净化要求的设备，保证了药品生产质量管理规范的贯彻，当时被评为广州市优秀技改项目。1988年，工厂扩建了膏剂车间。到1989年，潘高寿药厂的生产场地比"文化大革命"前扩大了3倍，昔日低矮潮湿、工艺落后的小作坊，已成为宽敞、洁净、能适应现代中药生产的现代化厂房，生产环境得到很大改善。

潘高寿药业番禺厂区膏露车间于1985年9月购入的旋盖机，型号规格：XG12

潘高寿药业番禺厂区膏露车间于1988年5月购入的煎膏剂生产线

潘高寿药业番禺厂区膏露车间于 1988 年 12 月
购入的方扁瓶贴标机（露），型号规格：TFJ15/50

　　随着销售额的上升，潘高寿药厂把部分生产工序向广州
郊县转移，先后与番禺维生制品厂和市桥药厂建立横向经济
联合，把蛇胆川贝液、首乌补汁、妇炎清、保儿安颗粒等产
品的部分生产工序转移给他们，实现产品的大幅度增产。
1989 年在番禺维生制品厂合资建立中药制剂车间，3 年增加
产值 5 000 万元，创利 671 万元。

　　（三）质量管理

　　进入 20 世纪 80 年代的潘高寿药厂开始强调产品质量，
潘高寿人逐渐认识到，解决"琵琶断弦"不仅仅要开发新产
品、进行自销，更重要的是保证产品的质量与疗效，秉承潘
氏祖训——"真材实料济世人"。

　　在 20 世纪 70 年代末 80 年代初，潘高寿药厂的中药质量
控制管理与国内其他中成药工厂一样，基本都是按传统中药
制药方式对药材与火候进行控制。对药材的品质、熬制的时
间等也只是依据经验来判别。而对于成品的检验，潘高寿药
厂在 1983 年以前是用"灯检"来完成的，质检员只需在灯
光下检查川贝枇杷露中是否含有杂质即可。

1983 年后，潘高寿药厂进行了一系列生产设备的更新，为产品质量的全面提高提供了保证。但是不少工人和领导干部的思想观念仍停留在手工生产阶段，对质量管理的认识不够深刻，因此在设备更新之后的几年中，仍没有建立起相应的先进管理体系。

随着新产品陆续研制成功和产品产量的扩大，潘高寿药厂质量管理的漏洞逐渐突显。潘高寿人开始自我反思，质量管理的意识逐渐萌生。从 1987 年开始，潘高寿药厂把质量管理的重点由硬件的建设转向软件的开发，提出"以质量求生存"的口号，开始实施全面质量管理（TQC），整合原有的与产品相关的多个环节和体系化质量管理工作。

1987 年下半年，潘高寿药厂围绕全面质量管理开展了一系列工作，改善质量管理中的各项落后环节：组织专门小组开展计量升级（定级）工作；健全质量管理体系，明确层级责任；安排专人负责"蛇胆川贝液"创优标准修订和检测。

1988 年，潘高寿药厂颁布了《全面质量管理制度》和《产品质量管理制度》，其中《全面质量管理制度》分为 6 章，建立以厂长为首的质量责任制，确认全面质量管理教育与培训，指定标准化工作流程，确立目标管理机制，规定了新产品开发与设计过程、生产与使用过程的质量管理，整合质量管理小组。

在生产过程的控制中引入清场制度，建立工厂、车间、班组三级质量分析制度，全面动员各级力量，层层分级，组成网络，深入质量相关的每一个角落；为了稳固提高产品质量，潘高寿药厂组织专门人员作定期分析，总结经验，提出改进措施。此外，还建立了用户访问制度、质量事故处理制度、产品档案管理制度、产品留样观察制度、延续质量责任期限等，力求最大限度地保护消费者的利益。

通过全面质量管理的实施，潘高寿药厂产品质量稳步提高，并开始奠定了以质量为先、以品质带动生产经营的基石。

1989年，供销科、经协办的个别人员因个人利益放宽了对主要药材采购的审核标准。幸而，潘高寿药厂已建立了药材质量检测标准，及时发现了不合格原料，产品的质量才得以保证。但是此事却给企业带来了负面的影响，消费者对潘高寿药厂的产品一度失去信心，药厂几近停产。

为了证明产品质量过硬，重新赢取消费者的信心，潘高寿药厂主动要求药监局查仓。"真金不怕红炉火"，检查结果公布，潘高寿药厂原材料、成品质量全部达标，潘高寿药厂挽回声誉，此事得以平息。

经过此事，潘高寿人更加注重对产品质量的监控。首先，全面细化了原材料的各项检验标准，避免因指标不明确而导致控制失效；其次，建立起质量监察制度与纪检监督机制，杜绝因权限过大产生贪污受贿事件。这些措施完善了全面质量管理制度，1989年9月28日，潘高寿药厂通过TQC检查验收。

此后，潘高寿药厂仍不断修订质量管理制度，先后多次获得广州市质量管理奖、"羊城杯"质量奖、中华医学会信得过产品奖、广州市优秀质量管理小组、中国名牌产品等多个奖项。至1995年底，潘高寿药厂质量等级品率已大大高于标准的85%，主要产品的一等品率分别达到98.1%、99.99%和99.6%。

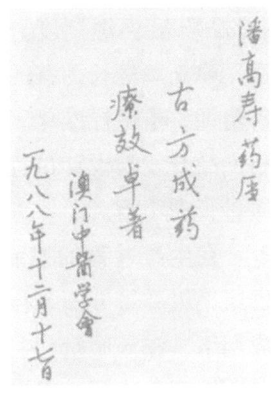

澳门中医学会赠给潘高寿药厂的题词

五、深化改革 转换机制

改革开放以来，国有企业的生产经营自主权和独立的经济利益从无到有，从少到多，极大地调动了企业的积极性，增强了企业的活力。1992 年春，邓小平同志视察南方，充分肯定了广东省改革开放取得的成就。以邓小平南行谈话为标志，中国国有企业展开了新一轮的改革热潮，进入了机制转换、制度创新的新阶段。国企改革的方向是建立"产权清晰、权责明确、政企分开、管理科学"的现代企业制度。

1992 年 12 月 26 日，潘高寿药厂改组为广州潘高寿药业股份有限公司（以下简称"潘高寿药业"），转换经营机制，建立现代企业制度。转制后机构设置如下：

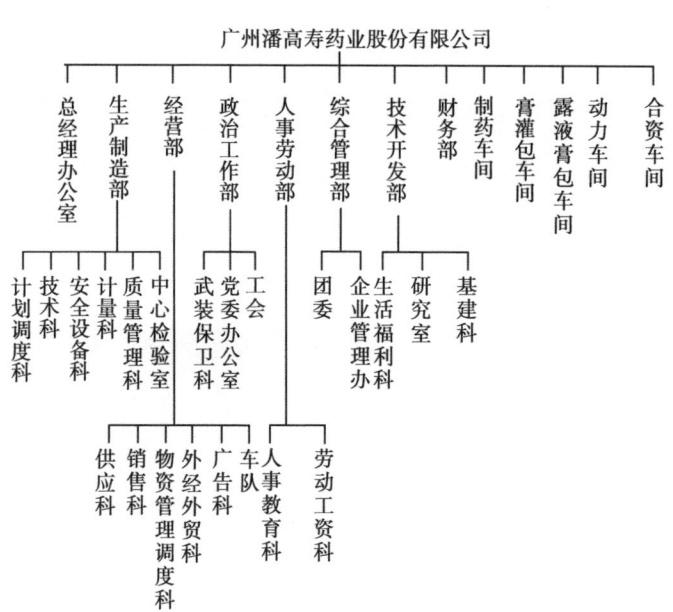

1993 年 2 月 22 日，潘高寿药业在平安大戏院召开了第一次股东大会，通过公司章程，选举产生第一届董事会成员和监事会成员。翌日，公司董事会召开第一次董事会会议，选举彭文协为董事长（兼任总经理），李正祥为副董事长。

潘高寿药业首届股东大会现场

在潘高寿药业成立庆典上，广州市副市长陈开枝（右二）、广州市人大副主席赖竹岩（右三）、董事长彭文协（左一）在主席台祝酒

在潘高寿药业成立庆典上，潘高寿后人潘祖芬（左二）、董事长彭文协（右二）与广州市人大副主席赖竹岩（右一）亲切交谈

著名表演艺术家郭兰英（左四）在潘高寿药业庆典大会主席台上

改制后，潘高寿药业进一步内联外引，扩充实力，全方位拓展海外市场，创办广州首家中药合剂外向型企业——广州康寿药业有限公司，在香港、泰国开设多家合资企业，产品直接进入东南亚市场。

此外，潘高寿药业还积极开发保健食品，向全方位健康品牌发展。1992年，潘高寿药业与市桥制药厂、广州市卫生服务公司合资经营"广州潘高寿天然保健品公司"，专门生产经营保健食品。由于增加了保健食品的生产，潘高寿药业处于闹市的生产厂房已不能适应发展要求，于是潘高寿药业另觅地方，计划建设保健品生产厂房。

当时广州市政府提出了"跨世纪的广州市总体规划"部署，计划将工业企业逐步向卫星城市转移。潘高寿药业配合市政府的部署，于1994年在番禺东升工业区内建成一座占地面积15 000多平方米、建筑面积12 000平方米的厂房，作为广州潘高寿天然保健品公司的生产场地，生产潘高寿润喉糖、川贝枇杷糖、银耳雪梨膏等保健品。

潘高寿天然保健品公司首期工程建成投产典礼剪彩仪式

潘高寿药业领导和广州市医药总公司领导在潘高寿天然保
健品公司生产基地建成投产典礼仪式上合影

六、异地重建　继往开来

　　1994年，广州市政府为适应城市发展的需要，决定兴建地铁。6月，市政府召开办公会议决定，征用潘高寿药业位于和平西路的场地，包括生产厂房、办公楼以及48户员工宿舍，1995年底要全部搬迁完毕。

　　在一年半的时间内，要完成新厂房的选址、征地、设计、施工工作已非易事，期间潘高寿药业还要全面考虑到持续的市场供应问题，必须做到停产不停供。加之当时国家开始实施《药品生产质量管理规范》（简称GMP），出于长远发展考虑，潘高寿药业要求重建的厂房必须按照GMP的高标准设计，这使得异地重建所需要的资金高达1.4亿元，与市政府的补资5 400万元形成巨大的现金缺口。时间紧，任务重，资金缺，使潘高寿药业面临着巨大的考验。

为了支持广州城市发展和地铁建设的需要，顺利完成异地重建任务，潘高寿人以大局为重，一方面大力筹措资金填补异地重建所需要的资金缺口，另一方面为忍痛撤让家园的职工重觅居所。

在上级领导和总公司的大力支持下，潘高寿药业迅速召开董事会，决定于番禺东升工业区内建厂（潘高寿番禺生产基地现址），制定了"加强领导、精心组织、细致安排、明确分工"的指导方针，经过精心组织，由各部门负责人组成了筹建处，设计、施工、订购设备等多项目同时运行。

潘高寿人找对了路子，工程开展迅速。1994 年 11 月 25 日新厂房开工响锤，经过 7 个月的奋斗，到 1995 年 6 月，建成了一栋占地面积 2 万平方米、建筑面积 3 万平方米的现代化综合制剂大楼。

潘高寿药业异地重建综合生产车间打桩仪式

在综合生产车间框架封顶仪式上，广州市副市长刘锦湘（左三）、市经委办黄迎兴主任（左四）、彭文协总经理（左六）合影

　　为了使广大职工在搬迁后能尽快适应 GMP 管理，共同开展 GMP 认证工作，潘高寿药业在重建的同时，按照 GMP 要求制定标准操作规范 SOP，组织了全体职工学习新设备的操作方法及 GMP 的相关知识，并对于中成药实施严格质量管理，从思想上增强人员质量管理意识。

　　1995 年 10 月 23 日，潘高寿药业原生产厂房全面停止生产，进行搬迁。只用了 1 个月的时间，生产车间、办公设备、宿舍物品全部搬迁完毕，保证了地铁施工的顺利进行。潘高寿药业按照广州市政府的要求，做到拆迁异地重建、生产经营两不误，把经济损失减少到最低程度。1995 年潘高寿药业工业总产值达 13 756 万元，实现利税 2 400 万元；1996 年，工业总产值达 13 840 万元，实现利税 2 460 万元。

随着主体工程的完成，从1996年3月开始，潘高寿药业开始进行其配套工程的修建，包括18 000多平方米的仓库（包括中药前处理、危险品、原材料、装配品、成品）、锅炉房、职工餐厅、1 700多平方米的集体职工宿舍以及厂区道路、绿化工程。经过半年的努力，按计划完成配套工程的土建和设备安装，并从9月开始先后投入使用。

番禺新厂区占地5万多平方米，按照GMP要求建成新厂房、仓库、配套设施，使用面积达8万多平方米，铺设绿化带占厂区面积的32%。新厂房全面投入生产后，生产能力比旧厂提高30%。

潘高寿药业原位于和平西路169号的综合生产大楼

潘高寿药业位于番禺东升工业区的新厂区——综合生产大楼

潘高寿药业原位于和平西路的厂房

潘高寿药业位于番禺东升工业区的新厂区——仓库大楼

　　潘高寿药业在异地重建的同时，抓住机遇进行了技术改造，添置了3平方米/时纯水处理站，3立方米多能提取罐，蒸发能力强、速度快、能耗小的三效真空浓缩器，多功能外循环酒精回收浓缩塔（1立方米）及KK－914型、KK－990型自动贴标签机等生产设备。

为进一步开拓国际市场，潘高寿药业又投资近百万元购置用于检测重金属的 AA－6601 型原子吸收分光光度计，用于检测残留农药的 GC－14B 型气相色谱仪，用于测定标准品的 BP210D 型十万级电子天平，提高了药品检测的水平。

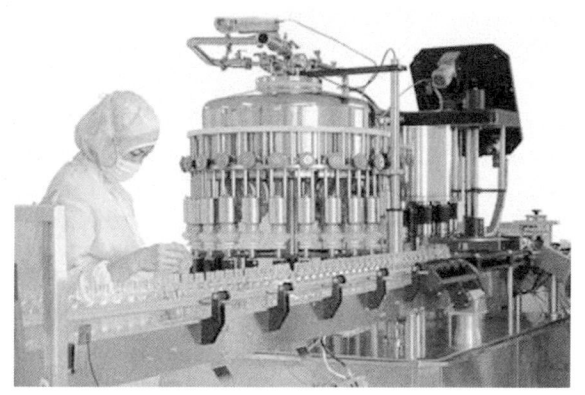

潘高寿药业拳头产品之一——治咳川贝枇杷露的生产线

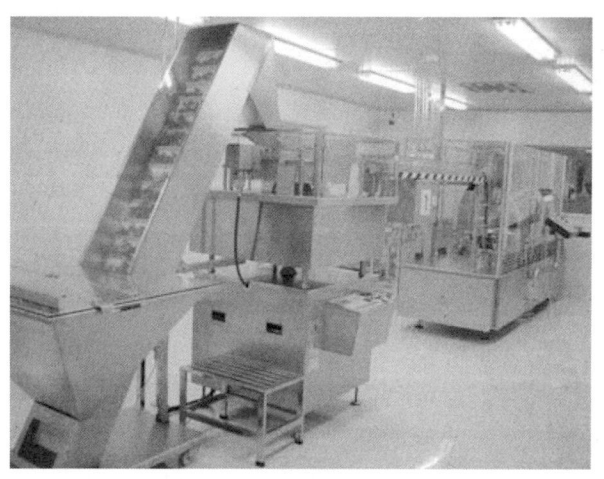

潘高寿药业拳头产品之一——蛇胆川贝液生产线

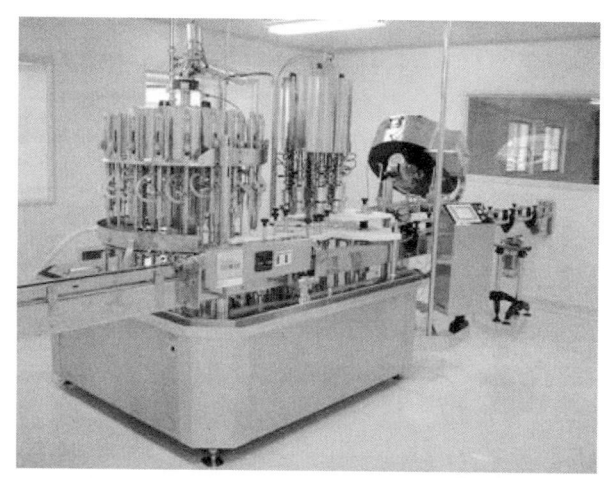

潘高寿药业生产设备——煎膏剂分装线

潘高寿药业调配间

同时，潘高寿药业加强了质量管理，为开展 GMP 认证做准备，专门组织了由企管、生产、技术、质量、设备、物流即各生产车间领导与专业骨干力量组成的现场管理小组，监督和帮助 GMP 的全面展开。发现问题、解决问题、再教育，成为 1996 年质量管理工作不断重复的主题。1996 年 7 月，潘高寿药业顺利通过了澳大利亚 TGA 质量管理体系认证，为药品进军澳大利亚取得了通行证。

至 1997 年，潘高寿药业质量管理渐趋成熟，全年综合质量指标完成情况为：产品质量等级率 95.2%、国家监督抽查合格率 100%、其他抽检合格率 100%、退货率 0。主要产品的质量指标——治咳川贝枇杷露一等品率、蛇胆川贝液一等品率、蛇胆川贝枇杷膏优等品率均达到 100%。

七、资本运营　广药支柱

1997 年，广州医药集团有限公司实行资产重组，把属下的潘高寿药业、陈李济药业、敬修堂药业等 8 家中成药企业及另外 3 家医药贸易公司组成一个融工、商、贸于一体的广州药业股份有限公司（以下简称"广州药业"）。广州药业是以公有制为主体，以资本为纽带，以技术为依托，以产品为龙头的强势组合。

1998 年 10 月 30 日，广州药业成功在香港联合交易所挂牌上市，发行 H 股票。这是中国首家以中成药制造为主的大型医药企业集团股票在香港发行上市，也是第一家在香港上市的广州市属国有企业。

从 H 股筹备立项开始，潘高寿药业对此事给予了高度重视，按照集团 H 股筹办的部署，抽调专人成立了与集团公司 H 股筹备办相应的办公室，统筹、协调、落实 H 股办下达的各项任务。

2001 年 2 月 6 日，广州药业在上海证券交易所上市，发行 A 股。上市成功后，潘高寿药业加快了资本运营与国际接轨，有效地融集了资金，增强了活力。

广州药业在上海证券交易所上市，广州药业部分董事合影。
右二为潘高寿药业董事长廖景光，右一为副总经理黎德成

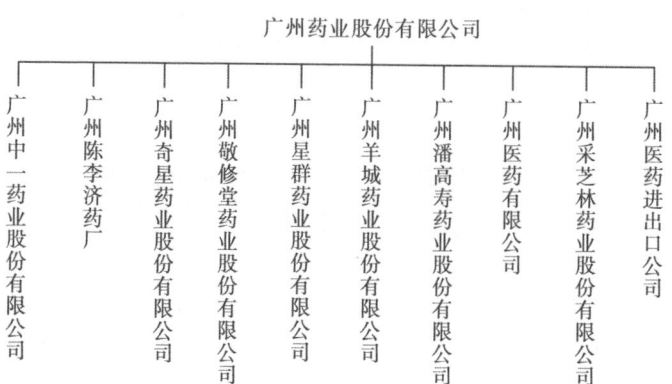

广州药业股份有限公司上市后架构示意图

第四节 沧海横流时 方显英雄色

一、竞争激烈 陷入低谷

进入 21 世纪，医药市场开始饱和，市场竞争日益激烈。销售业绩成为考察总经理工作最重要的指标，有人戏称："总经理，总经理，就是总的负责经营管理。"

21 世纪的药品销售不再像以前那样开展销会、费点力气、跑点关系就能把产品卖出去。城镇职工基本医疗保险制度、医药卫生体制三项改革的同步推进以及围绕改革各部委陆续出台的一系列法规、条例和管理办法，医药产业结构、产品结构及企业组织结构"三项结构"的调整，同时又面临中国加入 WTO，融入全球经济和进入信息时代、知识经济时代带来诸多变革的影响，医药企业生存和发展的宏观环境发生了深刻的变化。医药企业不仅要同本行业内企业竞争，而且要同通过购并、控股等方式进入医药领域的企业竞争；不仅要同国内企业竞争，而且将要直接同世界上跨国公司竞争，形势严峻而逼人。在市场的无情竞争中，各种价格战、渠道战等层出不尽。许多知名企业都开始面临一系列的问题，有的创业元老退出舞台，有的企业不得不转手出售，有的甚至一夜间消失。

潘高寿药业面对来自市场等各方面的压力，尤其过度依赖个别商业销售代理大户，不知不觉之中累积了较大的经营风险，而且由于满足于短期的业绩，有些忽视市场的终端开发和管理，造成了部分基础工作的缺失。更由于企业的内耗不断，2004 年底，潘高寿药业跌入了低谷，净利润仅 132 万元，同比下降56.4%。

二、退而结网　狠抓基础

2004 年，潘高寿药业调整了领导层。新董事长兼总经理魏大华到任后，开始了扎扎实实的调查研究。经过反复分析，经营班子将 2004 年定为"调整年"，狠抓基础工作建设。

经历了 2004 年的低谷，潘高寿人对前景普遍感到迷茫，团队战斗力不强。魏大华董事长撰写了一篇题为《临渊羡鱼，不如退而结网》的文章与潘高寿人共勉。"临渊羡鱼，不如退而结网"的意思是站在深潭或河边急切地期盼得到里面的鱼，还不如回去下功夫编结好渔网。"退而结网"，是回过头来解决"羡鱼"的手段，要求大家扎扎实实地将基础工作做好，这也是当时潘高寿药业决策层为提高竞争力的战略部署和根本措施。

从 2004 年开始，潘高寿药业开展了基础工作的建设，首先加强内部人员培训，统一思想认识，提高员工队伍的综合素质，从观念、文化和机制上激活这个企业。其次，针对营销基础工作薄弱，实施掌控营销，稳步推进营销改革，优化营销架构：对商业客户实行分级管理，把控一级分销商的网络，把握市场运作管理主动权；完善二、三级分销渠道，搭建科学合理的销售网络，保证整个销售通路的稳定、畅通；实行产品价格分级管理，加强市场监控力度，稳定市场流通价格；合理控制商业客户的库存，密切监控商业库存，彻底改变靠"压库存、促销量"的做法，使产品的社会库存保持在一个合理的范围内；出台一系列的管理制度，加强终端队伍建设，将全国细分为 35 个区域，大本营广东从 3 个区域增至 12 个区域，加强终端网络的培育并进行系统化的资源管理，在动态中优化终端配置；增加终端费用，狠抓落实、注重实效。潘高寿药业首先在广东、四川、上海、北京等重点地区建立终端队伍，狠抓重点药店、平价药房、大卖场的直销宣传，宣传促销工作延伸至二、三级城市，实行终端拦截、点面配合，积极开发新客户。针对部分客户由于国家税收检查和规范医药市场秩序等政策因素而出现的业务下滑，或由于去年恶性压货而出现的业务停滞，潘高寿药业积极开发有终端网络及配送能力的区域经销商。

此外，潘高寿药业还建立全方位的终端考评制度，使终端工作的目的明确、行动统一；实行多元化的终端奖励政策，促进终端纯销的快速增长，实施终端的等级管理。为了提高终端队伍的战斗力，潘高寿药业还定期组织培训，邀请营销专家及有丰富市场实战经验的人员授课，同时还将"培训、学习"作为激发终端人员积极性的奖励项目。

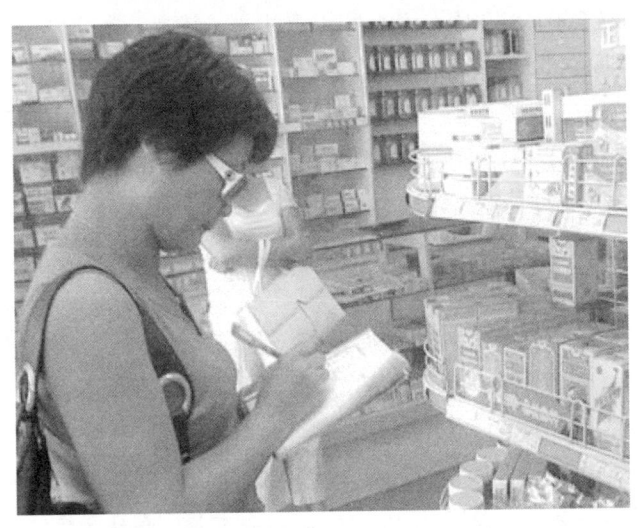

考察人员在福建某药店考察终端铺货情况

培训监察部监察员在药店做调查

在内部管理方面，为了降低生产成本，潘高寿药业成立采购供应部，实行比价采购和招标采购，并将采购成本指标与采购人员收入挂钩，大幅度降低采购成本：主要原材料的采购价格平均下降 20%，包装材料价格普遍下降 10%～45%。由于成本下降，潘高寿药业 2004 年 11 月毛利率上升54.18%，达到历史新高。此外，潘高寿药业还成立了审计室，加强内部审计工作，全面监控公司各项业务流程和大宗业务，确保各项费用的合理支出。审计室成立后，由该室负责咨询比价财产保险项目，较去年减少 26 万元。为了进一步加强和完善费用管理，严格控制非生产经营性费用开支，潘高寿药业陆续出台了各项管理制度，使接待费用较去年下降30%，办公用品费下降 50%。

为了使企业增加新的经济增长点，潘高寿药业积极开发新产品，坚持产、学、研结合的科研开发方向，2004 年取得了三类新药丹鳖胶囊新药证书和生产批文，在保健食品领域也取得了润喉糖 A 和润喉糖 B 新配方的食品卫生许可生产批复。

这些基础工作的落实，取得了较好的成效，经过了一年的努力，潘高寿药业扭亏为盈，为2005年的蓄势发展打下了良好的基础。

三、野狼行动　逐鹿全国

2003年潘高寿药业销售下滑，积累了很多问题，如部分产品库存超过半年，药品的批号比较旧；有些经销商的售价比产品本身价格还低。当时有经销商预言："即使潘高寿药业的领导层再有本事，最起码也要两年才能扭转局面。"

为了使企业恢复生机，实现潘高寿药业销售与品牌的同步提升，潘高寿药业领导班子在狠抓基础工作的同时，通过近半年的调查研究，对企业面临的现状进行了充分的分析总结。最后，他们找出了销售下滑的症结所在。第一，品牌辐射范围狭窄。多年来潘高寿药业虽在省外有一定的销售额，但公司的产品和宣传主要集中于"两广"地区，品牌规模没有得到充分的扩张，致使企业无法做大。第二，营销整合力度不够。近几年，迫于市场的压力，潘高寿药业在品牌传播、市场策划等方面虽然有不少动作，但从整体上看显得零散，没有形成合力。第三，对竞争品牌的防御不力。潘高寿药业的主打产品受到众多品牌的追赶、堵截，它们以凌厉的广告攻势大举进攻潘高寿药业的大本营，还有为数不少的小品牌在不断蚕食市场份额，而潘高寿药业对此一直缺乏有效的防御策略。潘高寿人了解到，潘高寿药业与很多"老字号"一样，以为"酒香不怕巷子深"，市场意识不强，因而忽视了对市场的主动开拓。

在发现问题的同时，他们也发掘出了企业的优势。第一，

"潘高寿"品牌名称独特且富有联想，指引明确，得到消费者认同；产品功效可靠，适用人群广泛，需求量大，顾客群稳定，美誉度高。第二，"潘高寿"既是企业品牌，又是产品品牌，也是商标名称，这种"三合一"式的品牌模式对品牌传播非常有利，是其他老字号企业所不具备的。第三，作为国有企业，潘高寿药业的企业文化基本成型，营销资源丰富，营销渠道通畅。第四，销售网络相对健全，销售队伍稳定。第五，在同类竞争产品中具有价格优势，而其全国市场尚未开发，因而具有相当大的市场增长潜力和发展空间。他们逐渐认识到老字号靠守是守不住的，要"以攻为守"，主动发展，主动出击市场。

2004 年，潘高寿药业制订了整体的品牌发展战略规划。首先，潘高寿人对品牌作了重新定位。20 世纪 80 年代以来，潘高寿药业为了改变"琵琶断弦"的局面，开发了多个治咳药品，同时还生产妇女、儿童系列用药及治疗肝炎、肾炎、胆囊炎等多种疾病的药物，拥有 6 大剂型、100 多个产品，但却造成品牌定位模糊。经过大半年的市场调查，他们发现"潘高寿"给消费者的印象就是"止咳化痰"，这种印象已有非常好的群众基础，而且考虑到止咳类中成药市场潜力大，于是潘高寿人定下做"止咳化痰""单打冠军"的品牌发展方向。潘高寿药业最初在进行产品线收缩时提出了"做呼吸系统专家"的口号，但在展开论证时还是觉得这个定位太宽泛，也不够专业，考虑到潘高寿药业的传统强项和市场细分的科学性原则，他们最后将品牌定位为"治咳专家"，围绕品牌定位推出系列治咳产品，针对老人、儿童、成年人 3 种不同消费群体，针对寒咳、热咳、干咳和感冒咳等病症，开发糖浆、口服液、煎膏剂、颗粒剂、中药合剂等多种剂型。

深耕止咳化痰类药品市场，走专业化、差异化发展道路。

完成品牌定位后，潘高寿药业提出了"治咳百年，真材实料"的口号，突出了潘高寿的百年老品牌优势，同时表明自己在经营和材料上的诚信，也体现消费者对药品的消费需求。同时，潘高寿药业确定了差异化走向全国市场的目标，希望运用整合营销的形式，扩大品牌的覆盖、辐射范围，让"潘高寿"走出广东，走向全国。

为把发展战略落到实处，潘高寿药业一改过去"自然销售"的理念，引入市场作战思维，于2004年底开始策划营销行动。要走向全国市场，等于去别人已做得很成熟的市场抢份额，在如此激烈的市场竞争中，潘高寿人认为必须要有狼群之势，团结作战。一头狼可能容易对付，但是群狼的力量就不容忽视了。以"狼群之势，狼性之猛"抢市场份额，这正是潘高寿人需要的激情。因此，潘高寿药业把这次的营销行动定名为"野狼行动"。

2005年上半年，"野狼行动"第一战打响，目标是迅速启动包括广东在内的全国10个重点省、市市场。为了达到这一目标，潘高寿药业实施了"双管齐下"的策略，即空中广告拉动与地面终端推进相结合，在这些重点市场，通过广告造势，"地面部队"随即构建运转流畅的终端。目标市场全部启动后，销售实现了57%的增长，其中主打产品蛇胆川贝枇杷膏、蜜炼川贝枇杷膏销量同比分别增长74%、88%，只花了半年的时间就完成了2005年全年的任务。

2005年7月1日开始第二战，目标是启动全国除西藏外的其他地区市场，从地级市向二、三级城市发展终端。这次潘高寿药业所面对的市场大部分必须从零开始，渠道拓展和市场铺货都有相当的难度。经过"野狼团队"的拼搏，潘高寿药业成功从区域市场向全国市场推进。

2006年开始第三战，目标是巩固已开辟的市场，做深做透可以上量的目标终端，全面提升品牌知名度和美誉度，在全国范围内初步树立起潘高寿"治咳专家"的形象。

2006年11月11日，潘高寿药业召开"野狼全国争霸传奇——战略客户英雄会"，图为董事长兼总经理魏大华在会上讲话

在潘高寿药业的"野狼全国争霸传奇——战略客户英雄会"上，著名演员唐国强盛赞潘高寿产品

刘蓓光临潘高寿药业的"野狼全国争霸传奇——
战略客户英雄会"

潘高寿药业"野狼行动"被评为 2006 年度中国十大
营销事件，董事长兼总经理魏大华（右一）领奖

　　"野狼行动"第一阶段的 10 个省级市场，潘高寿药业的
广告都以集中投放、集中区域、集中时间、集中媒体的方式
进行，利用媒体力量，执行区域化的媒体策略，运用强势媒
体，集中广告经费在区域市场投放。

　　为了在最短时间内将"治咳百年，真材实料"的品牌理

念打入消费者的心智，从而赢得消费者的认可，改变"南热北冷"的销售版图，实现其全国性品牌拓展战略，潘高寿药业参与了 2006 年中央电视台黄金资源招标会，并夺取了 2006 年"医药第一标"。潘高寿药业以中央电视台招标段黄金资源为主，以 CCTV－5、CCTV－8 等中央电视台专业频道和重点地方卫视为辅，在全国进行强势广告投放。

潘高寿药业与强势媒体湖南卫视合作，冠名《玫瑰之约》

潘高寿药业夺得 2006 年中央电视台"医药第一标"

在广告诉求上，潘高寿药业走差异化路线，避免与同类产品正面交锋，从侧翼突破，立足"蛇胆川贝枇杷膏"，强调蛇胆的功能特点，依托产品，塑造强势地位。

仅仅用一年的时间，潘高寿药业就扭转了颓势，生产经营指标全线飘红，销售收入达标率、利润达标率、净利润达标率、应收账款率降幅、毛利率绝对值、毛利率增幅等均列广州医药集团第一。

四、药品食品　两翼齐飞

确定了差异化挺进全国的战略后，为了进一步扩展消费人群的范围，潘高寿药业围绕"治咳"的品牌核心，积极挖掘公司传统古方，开发天然保健食品作为品牌延伸。2005年，潘高寿药业对旗下的广州市天然保健品公司进行了经营规划的调整，积极进行市场拓展工作，主推潘高寿润喉糖及川贝枇杷糖系列，2006年11月又斥资千万进军凉茶市场。

2006年，潘高寿药业斥资千万进军凉茶市场，推出"润派"凉茶——潘高寿凉茶

潘高寿润喉糖、川贝枇杷糖、潘高寿凉茶都契合了原有品牌的核心价值——"止咳润肺"。潘高寿润喉糖、川贝枇杷糖系列的定位是"清咽润喉"，是潘高寿药业治咳药滋润的产品特质向保健化延展的体现，是潘高寿药业品牌内涵和产品系列进一步扩展。潘高寿凉茶处方选用菊花、金银花、荷叶、蒲公英等药食同源的药材，一方面满足现代人注重日常保健的需要，另一方面也进一步丰富了潘高寿药业品牌的内涵，形成食品和药品的互动，更加增强了品牌的影响力。

潘高寿药业进入凉茶市场之初，花费了很大精力去经营市场和建立品牌，最终确定"抓好重点区域，打造样板市场"的策略，将广东、广西、湖南、湖北及重庆列作重点销售区域。这个策略取得了成功，潘高寿药业凉茶销售起步形势良好，出货量保持快速上升的态势，市场铺货面不断扩大。仅2006年下半年，凉茶销售额就达2 000万元，其中重点区域的销售占据90%以上，并且库存量很低，实现几乎零库存。

为了在规模化的生产中保持产品的真材实料，潘高寿药业在原料采购、资金投入、人员架构、科研力量等方面都加大了投入。潘高寿凉茶坚持以符合标准的药材作为原料，以GMP标准提取、生产。"治咳百年，真材实料"在潘高寿保健食品的生产中，也得到了延续。

五、济人济世　质量为先

进入21世纪，潘高寿药业的质量管理被放到前所未有的高度，被视为企业的"生命工程"。这时期GMP改造认证工作是潘高寿药业的首要任务。2000年，潘高寿药业调整了

GMP 认证领导小组和认证办成员，成立了 6 个专业工作组。2002 年，为了加紧 GMP 改造的步伐，潘高寿药业又重新组建 GMP 认证中心，由总经理亲自挂帅，主管质量的副总经理全权负责。GMP 认证中心下设硬件办公室和软件办公室，具体分工，层层落实。后来潘高寿药业又采取倒计时的方法以促进工作进度，从组织上保证改造工作的顺利进行。

2000—2003 年，潘高寿药业投入资金 9 300 万元按照 GMP 规范进行硬件建设，改造厂房、辅助设施及公共系统。在软件方面，潘高寿药业于 2003 年建立了完整的 GMP 文件体系，制度、机构、考核、措施一步到位，完成了糖浆剂、口服液、煎膏剂、颗粒剂、胶囊剂和中药合剂 6 大剂型的 GMP 现场认证工作。

工程投标单位代表在潘高寿药业 GMP 厂房改造投标答辩会上发言

GMP 厂房改造施工现场（1）

GMP 厂房改造施工现场（2）

这一系列的整改，使潘高寿药业具备了良好的生产设备、合理的生产过程、完善的质量管理和严格的检测系统。经过国家、省市药监部门的多次复检，潘高寿药业于2004年6月正式取得GMP证书。

GMP认证完成后，潘高寿药业并没有放松对产品质量的监控，"真材实料""确保质量"仍是潘高寿人矢志不渝的追求。为了更好地保证产品质量，抬高防伪门槛，潘高寿药业于2004年12月从德国引进了目前国内最先进的全自动液体灌装生产线。该生产线是有30多年制药设备制造经验的德国B＋S公司专门为潘高寿蛇胆川贝液量身打造的，打破了以往包材与设备不适应的被动局面，填补了国内药业设备的一大空白。该生产线具有四"高"特点：效率高，比国内同类产品的生产速度高3倍；精度高，能保持药品有效成分的完整性；稳定性高，避免污染，容易清洁；防伪性高，是专为潘高寿药业拥有专利的包装瓶量身订造，国内只此一家。

随着生产的发展，潘高寿药业于2006年建设清远车间，并派出专人组织进行了产品验证、GMP自检、GMP认证申报等各项准备工作。通过大量细致的工作，清远车间顺利通过国家GMP检查。

为了防止认证成功后出现GMP意识淡薄的情况，潘高寿药业加强了GMP考核，加强对人员的培训。

2007年，潘高寿药业通过了药监局组织的GMP飞行检查，顺利完成了保健食品卫生许可证和GMP证书的换发，产品市场监督抽检合格率为100%，退货率为0。

百年潘高寿治咳之路

潘高寿药业于 2000 年举行的员工 GMP 培训现场

2007 年潘高寿药业举行新版 GMP 培训

2007 年潘高寿药业质量指标完成情况表

指标名称	指标	完成情况
产品质量等级品率	85%	100%
国家监督抽查合格率	100%	100%
退货率	0.2%	0

2007 年潘高寿药业主要产品质量指标完成情况表

产品名称	指标名称	指标	完成情况
蛇胆川贝枇杷膏	优等品率	90%	100%
治咳川贝枇杷露	一等品率	90%	100%
蛇胆川贝液	一等品率	90%	100%

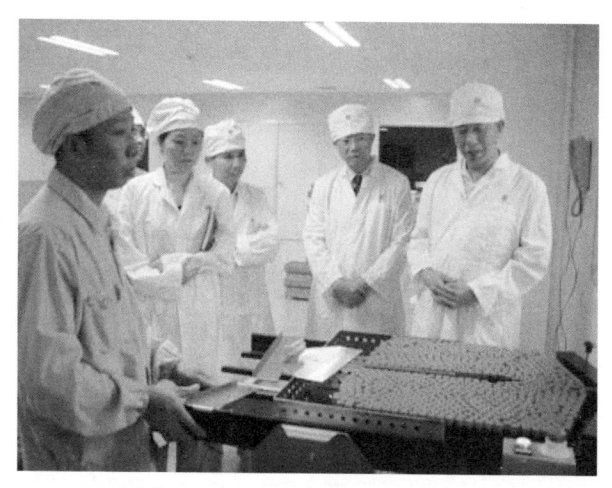

专家组进行 GMP 检查现场

六、科技创新　致力发展

为了使企业永葆活力，潘高寿药业不断加大对产品研发的投入。2004 年，潘高寿药业与河南中医药研究所合作研制主治子宫肌瘤、盆腔炎性包块的丹鳖胶囊取得成功。2005 年该产品评为广东省重点新产品，并获发明专利。在临床使用过程中，潘高寿药业发现丹鳖胶囊对子宫内膜异位症有较好的疗效。鉴于子宫内膜异位症较为常见，发病率呈增高趋势，且西医目前除手术治疗外尚无良方，于是潘高寿药业对该产品进行了二次开发，与广州中医药大学合作，开展丹鳖胶囊的新增适应证的药效学研究工作。2007 年，丹鳖胶囊增加子宫内膜异位症的立项获得临床实验批件。

此外，为了防止因药材天然品质的差异引起产品质量的波动，2005 年潘高寿药业开始了川贝母 GAP 种植及指纹图谱质量控制的研究工作，与康定县恩威高原药材野生抚育基地有限责任公司合作，同时依托中国医学科学院药用植物研究所作为技术支持单位，进行川贝母 GAP 研究工作；2006年又与广州市果树科学研究所合作，进行枇杷叶 GAP 基地研究。"川贝母 GAP 种植及指纹图谱质量控制研究"作为"广药集团名优产品原料药材规范种植"的一个子项目，获得广州市科技局 50 万元及番禺区科技局 20 万元的资助。

2006 年，潘高寿药业对研发部门的内部结构作了调整，成立了专门项目组，设立项目主任和专职项目专员，对公司现有项目及有潜力的项目进行论证，从组织上确保研发项目的质量。

结构调整后，研发部门的项目运作水平得到提高。2007年，潘高寿药业开始着手筹备"川贝母（太白贝母）质量标准"的研究工作。太白贝母与川贝母的植物亲缘关系非常近，化学成分相似，功效相同，在历史上一直作川贝母入药，它已被《四川省中药材标准》（1987 年增补本）收载。潘高寿药业与中国药科大学等院校展开合作，在现有太白贝母的研究基础上，进一步对太白贝母进行系统的化学成分、药理毒理和质量标准等的研究，为把太白贝母列入《中华人民共和国药典》川贝母品种来源提供科学的依据。

此外，潘高寿药业还于 2007 年完成了食品项目龟苓膏、菊花蜜的工艺研究工作，两个品种的质量标准都获得质监局批准。同时，研发中心组织了对龟苓膏、菊花蜜进行了项目论证。

在对外合作方面，潘高寿除了与国内各大院校进行紧密合作外，还与广州汉方现代中药研究开发有限公司成立了"潘高寿战略发展技术合作委员会"，通过双方友好合作建立战略伙伴关系，优势互补，不断增强企业的科研开发实力，

台湾国立中医药研究所同胞到潘高寿药业参观

提升"潘高寿"企业品牌及产品的科技含量，以科技永葆活力，永续发展。

经过潘高寿人多年的努力，潘高寿药业连续多年销售都保持两位数的增长，名列中国中药制药企业50强前列。

2006年，潘高寿药业荣获中华人民共和国商务部颁发的"中华老字号"称号；2007年，潘高寿凉茶秘方及其专用术语被评为"广东省非物质文化遗产"，"潘高寿凉茶"进入国家级非物质文化遗产目录；"潘高寿中药文化"也取得省、市级非物质文化遗产，并申报了国家级非物质文化遗产。"潘高寿"在中国品牌研究院公布的"中华老字号品牌价值百强榜"中，集"中华老字号""广州老字号""治咳老字号""广东省著名商标""广州市著名商标"等于一身，全国排名第28位，品牌价值4.65亿元。

第三章

企 业 管 理

潘高寿药业经历清朝、民国、中华人民共和国时代，跨越3个世纪，历经艰难险阻和风吹雨打，至今依然屹立于民族工业之林。潘高寿药业地址几度变迁，从广州的高第街、西关十三行路豆栏上街、杉木栏路、大同路、和平西路到现在的番禺区东升工业区，企业生产规模不断扩大，管理水平不断提升，企业整体不断发展壮大。

第一节 党群同一心 激情共创业

潘高寿药业由一个手工作坊式生产的工场，发展成今天的具有先进技术力量和管理水平的现代化中药制药企业，从量到质都发生了深刻的变化。然而，她的发展与壮大，与企业各个时期党组织自身建设和发挥党员、干部的先锋模范作用以及切合时宜的思想政治工作分不开。

一、激情燃烧的创业时期

中华人民共和国建立以后，国家决定对私营企业进行社会主义改造。1956 年 2 月 1 日，潘高寿药行与企业性质、规模以及生产剂型相近的大同成药社、中华成药社合并，成立了公私合营潘高寿联合制药厂。33 岁的欧祥宗被任命为潘高寿药厂的首任厂长，潘郁生夫人的侄子即年仅 32 岁的欧煜光担任资方的代理厂长，负责供销业务工作。与此同时，由马伯良药厂调派驻刚完成公私合营的潘高寿药厂任管理员的杨细同志负责企业党组织的筹组工作。

经过几个月的努力，企业的党组织已具雏形。1957 年 11 月，潘高寿药厂党支部正式成立，杨细担任支部委员会书记，这是潘高寿药厂第一个成建制的党组织。

1958 年 5 月，中共"八大"二次会议正式通过了"鼓足干劲、力争上游、多快好省地建设社会主义"的总路线。走上了社会主义道路的潘高寿人积极地响应党的号召，以主人翁的姿态投身到热火朝天的"大跃进"当中去。当时潘高寿药厂的 90 多名职工中，许多是在旧社会过来的穷苦人家，识字的不多，有的甚至完全不能认字。为了改变这些职工的文化素质和精神面貌，厂党支部组织有一定文化程度和讲授能力的干部及热心人士当教员，建立了扫除文盲工作小组，发动这部分职工参加"扫盲班"学习，利用每天晚上和星期天进行识字和算术的基本学习。经过近一年持续不断的学习，超过90%的原来一字不识的"文盲"达标"脱盲"。后来部分学员成了生产和技术骨干，其中还有的被吸收入党、提拔为生产骨干和管理人员。

怀着对党和政府的感恩之心，人们的工作热情十分高涨，8个小时高强度的生产劳动之后工友们还积极响应政府的号召参加"大炼钢"活动、珠江大桥土方工程和开挖市政人工湖（荔湾湖）的义务劳动，当年的潘高寿人不怕艰苦、不计报酬。

紧接着，厂党组织又因势利导，通过"两忆三查"（"两忆"是忆阶级苦、忆民族苦，"三查"是查立场、查斗志、查工作）的阶级教育引导广大职工进行"忆苦思甜"活动，进一步激发广大党员、干部和职工热爱党、热爱祖国和热爱企业的热情，刺激干部、职工的生产和工作积极性。与此同时，企业的党组织还通过职工们参与各种社会公益活动，继续开展扫除文盲学文化活动，组织文娱组、排演话剧、唱粤曲、参加"劳卫制"体育锻炼等业余文化娱乐活动，千方百计地活跃和丰富职工的业余文化生活。

精神的力量使得潘高寿人在国家3年自然灾害期间经历了严峻的考验，与国家、与企业休戚与共，走出困境！自然灾害和经济困难并没有对潘高寿药厂的生产造成破坏，其工业总产值由39万元增长为72万元，是公私合营前的146%。

二、与时俱进的党建工作

"文化大革命"期间，许多地方党组织陷于瘫痪。然而潘高寿人仍然保持着清醒的头脑，职工、干部基本上做到坚守生产岗位，完成生产任务。为了维护国家的财产、工厂的利益坚持"抓革命，促生产"，潘高寿药厂在"文化大革命"中除了将厂名仿照部队的称呼改为"广州中药七厂"之外，从未出现过停工、停产的局面，基本上没有受到过冲击和影响。但是，企业的党组织建设却几乎停顿了下来，直至1975年7月，在广州医药管理局党委的领导下，党务工作才又开始走上正轨，潘高寿药厂党支部及时恢复了党的组织建设。

经过严格的组织考察，党支部发展了一名新党员。这名新党员叫黄树田，1964年参加工作，先后在包装车间和制药车间工作，表现突出，被抽调参加化工系统"四清"工作队（当年的制药、石油、橡胶都从属化工系统）。投身"四清"和"社会主义教育"运动，让黄树田受到了很大的教育和锻炼，他的政治思想水平和实际工作能力都有了很大的提高。"四清"运动结束以后，黄树田回到潘高寿药厂，领导根据他的表现和实际工作能力安排他负责劳动工资的工作。1975年7月，他加入了中国共产党。这是恢复党组织正常活动发展的第一名党员，也是10年"文革"发展的唯一一名党员，这反映了这个时期潘高寿药厂对党组织发展和建设工作的认真和慎重态度。

此后，潘高寿药厂的党员人数从1970年的29人发展到1981年的34人。

年份	党员人数/人	年份	党员人数/人	年份	党员人数/人
1970	29	1986	48	1998	101
1973	32	1987	57	1999	105
1974	33	1988	61	2000	117
1975	34	1989	60	2001	123
1977	36	1990	61	2002	132
1979	36	1991	71	2003	137
1980	34	1992	76	2004	149
1981	34	1993	83	2005	156
1982	35	1994	83	2006	168
1983	42	1995	82	2007	184
1984	43	1996	93		
1985	45	1997	93		

三、改革开放的快速发展

1978 年 12 月，党的十一届三中全会召开，吹响了改革开放的号角，中国社会发生了翻天覆地的变化。

党中央"拨乱反正"的一系列决策和举措让潘高寿人迅速摆脱了"文革"的思想桎梏，跟上了改革的步伐，企业党政组织和工会、共青团组织不失时机地组织广大干部、职工学习上级下达和布置的各种文件、资料，解决各种思想认识问题，把人们的思想统一到"把工作的重点转移到经济建设上来，在 20 世纪末实现四个现代化而奋斗"的号召上来。

1980 年 9 月经广州市经委的批准，"广州中药七厂"的称号撤销，"广州潘高寿药厂"的名号恢复。紧接着，按照上级的统一部署，潘高寿药厂也紧锣密鼓地进行了建设性的企业整顿，以提高经济效益为目的，以突出全面质量管理工作为重点，实行"两个文明建设"一齐抓。通过3年的努力，潘高寿药厂的整顿工作完成，经广州市经委及上级有关部门的验收换发了新的营业执照，标志着药厂进入了一个新的发展时期。

在整顿中，潘高寿药厂对不合理的厂房布局进行了调整，建立和完善经济责任制，同时充分利用工厂的大小会议、墙报、广播大力宣传"五讲四美"，有效提高了广大职工的文明意识，并激发了人们对厂内的脏、乱、差现象进行综合治理的自觉性，建立了文明生产管理制度。

通过整顿，潘高寿药厂领导班子达到了"革命化、年轻化、知识化和专业化"要求，完善了经济责任制，整顿了劳动组织和劳动纪律，提高了职工队伍的文化技术素质……潘高寿药厂焕发了崭新的面貌，经济效益不断提高，此后的10多年时间，潘高寿药厂"两个文明"的建设成绩斐然。

1985年，潘高寿药厂认真贯彻执行十二届三中全会关于经济体制改革的决定，以提高经济效益为目标，在新的体制之下，加强新产品开发和生产技术的改造力度，大力促进经营管理，最终取得了十分可喜的成绩。在提前3个月完成国家下达的各项指标的基础上，潘高寿药厂全年总产值、利润、劳动生产率创造了历史最高水平，其中工业总产值1 295.71万元，比上年增长59.82%；利润275.07万元，比上年增长109.12%；销售收入1 581.94万元，比上年增长73.08%；劳动生产率44 989万元，比上年增长46.50%；职工的收入、生活、福利也有了很大的提高。

1986年，潘高寿药厂生产经营取得丰硕成果，产值、利润和劳动生产率均创新高，提前 4 个月全面完成国家下达的各项经济技术指标，被医药总公司评为"双文明"建设先进单位——环保先进单位和工业普查工作一等先进单位，在社会主义普及法律教育中被评为先进集体。

1987 年，潘高寿药厂再次提前 4 个月完成各项指标，产值、销售收入、利润、劳动生产率再创新高，人均创得居广州市医药系统的首位，被评为广州市医药系统"双文明"建设先进单位和广东省医药行业集体授予的广州先进集体称号。

1988 年，潘高寿药厂坚持走改革开放之路，以积极正面的态度参加市场竞争，并根据信息反馈不断调整产品构成，合理开发和调整产销对路产品。通过"双增双节"，潘高寿药厂有效地消化原材料涨价以及各种增支不利因素，加强管理、改善设备、挖掘潜力，使生产稳步发展，实现工业总产值 6 252.52 万元，同比增长 19.94%；实现利润 1 234.15 万元，同比增长 18.60%；上缴赋税 1 589.1 万元，同比增长 11.28%。

值得大书一笔的是，1988 年潘高寿药厂多个产品被评国优、部优；计量工作通过了"二级计量"预审；重视文明建设，组织"企业知识知多少"的知识测验；积极资助各类社会公益事业和参加各项文化体育活动，被广州教育局、足球报等单位誉为"热心公益，关心体育"的企业。

1989 年，潘高寿药厂以提高经济效益为中心，以升级企业和增产畅销产品为重点，广泛发动群众，深入开展"双增双节"活动。群策群力，共渡难关，克服了资金紧缺、原材料价格上涨、费用增加等不利因素。通过加强企业管理，提高人员素质，充分挖掘企业内部潜力，调整产品结构和场地，平衡设备，增产适销产品，大力压缩各项费用开支，取得了良好的工作成绩。同时，潘高寿药厂进一步加强了对职工的思想道德、厂规厂纪、法制观念教育，以发生在企业中违法违纪的实际事件警示员工。

1990 年，潘高寿药厂深化企业改革并根据实际情况制定了"开拓市场，精心经营，挖掘潜力，精打细算，闯过难关"的生产经营方针，深入开展"双增双节"运动。经过全厂职工的共同努力，各项经济指标均创历史同期最高水平，提前一年完成"七五"计划，提前一季度完成千万利润计划，主要产品质量稳定提高率达 100%。

1991 年，潘高寿药厂积极开展"质量、品种、效益年"活动，认真落实厂里制定的"开拓市场，挖掘潜力，精打细算，再创成绩"生产经营方针，工业总产值达到 11 610.75 万元，同比增长 24%；销售收入完成了 11 651.26 万元，同比增长 20%；利润完成 1 300 万元，同比增长 12%；合资车间全年完成产值 172 万元，是去年的 4 倍多；资金周转数为 54 天，比去年加快 17 天。在提高产品质量方面，潘高寿药厂也取得了很大的成绩，有两个产品荣获国家中医药管理局优质产品称号，两个产品荣获第七届"羊城杯"质量奖，一个产品荣获省优秀儿童用品奖，并被市评为全面质量管理先进企业。

1992 年，潘高寿药厂以试产为导向，积极开拓国内外市场，依靠科技进步，提高产品质量，加强企业管理，同时做好转换经营机制，建立股份制公司的筹划工作。

1993 年是潘高寿药厂生产经营全面拓展、业绩显著的一年。经过全体员工的共同努力，克服了资金短缺、成本升高的困难，生产经营工作取得较好的成绩，经济效益跃上新的台阶，出口交货值完成 880.76 万元，比上年增长 43.32%；

创汇155万美元，实现连续3年出口创汇超100万美元，成为中成药同行出口创汇较强的企业。3月18日，"广州潘高寿药业股份有限公司"正式挂牌。

1994年，是潘高寿药业生产经营克服各种困难取得显著效益，也是为企业异地重建打好发展基础的一年，同时进一步加强了干部和职工队伍的思想政治工作力度，确保员工队伍思想稳定和企业生产经营工作顺利进行。

1996年，潘高寿药业完成异地重建，番禺市桥的新厂开始正常生产。当年是实现"九五"目标关键的一年，在建立了可行的经营目标和工作计划后，全体干部、员工迎难而上，全力以赴地完成异地重建，快速全面恢复生产的工作，推行GMP管理。潘高寿药业坚持以提高经济效益为中心，大力拓展国内外市场，扩大产品销售，降低原材料消耗以及各种费用，取得很好的经济效益。

1997年，是潘高寿药业异地重建全面恢复生产后取得效益的第一年。潘高寿药业在市场疲软、资金紧缺、各种费用大幅增长等困难情况下，认真贯彻党的十五大精神，以市场为导向，狠抓产品质量、产销和资金回笼环节的资金管理工作，积极盘活存量资金，降低原材料消耗，严格各种费用的管理，获得了较好的经济效益。

1998年，潘高寿药业全年销售收入19 229万元，同比增长0.28%；实现利润2 165万元，同比增长7.93%；资金回笼22 545万元，同比增长1.55%，资金回笼率100.2%；工业总产值8 910万元，同比降低31.56%；出口交货654万元，同比降低42.2%。

进入21世纪以来，潘高寿药业更是以每年不低于两位数的增长速度保持着发展的势头。潘高寿药业的快速发展，与

百年潘高寿治咳之路

企业各个时期党组织建设和党员、干部的先锋模范作用密不可分的。

四、以文化人的工会工作

一直以来，潘高寿药业都在探寻适合企业实际情况和企业发展需要的思想政治工作的路子。从 20 世纪 80 年代末起，潘高寿药厂就积极组织企业职工、干部参与医药行业以及上级的政治思想研讨活动。到了 1996 年，已成为股份有限公司的潘高寿药业健全了该企业的政治思想研讨会（下称"政研会"）分会机构，修订了政研会的章程。政研会由会长、副会长、秘书、理事（各党支部、政治部、企管部、人事劳资部、保安部及各基层骨干）组成。政研会每月定期开展员工思想动态分析会，每次活动都根据不同时期的工作任务确定侧重点，根据中心工作邀请不同层次的员工参加，提出问题和解决问题的建议由秘书归纳后交给有关部门或董事会作为决策参考。潘高寿药业的"政治思想研讨会"及时、有力地宣传了党和政府在各个时期的方针政策，解决了干部、职工队伍中的各种思想认识问题，排除和化解了各种矛盾，对维护企业的稳定、与时俱进地促进企业的良性发展起到了十分重要的作用。

企业党组织十分注重充分发挥企业工会、共青团组织在思想政治工作中的积极作用，潘高寿药业工会从 20 世纪 80 年代中以来，一直有意识地把职工自发的、零散的各种文化、体育、娱乐活动组织起来，纳入到企业文化建设的总体规划中，充分发挥企业文化为企业的思想政治工作和生产经营服务的功能。20 多年来，潘高寿药业从"两个文明建设"步入企业文化建设的过程中，通过各种形式的企业文化载体，组成了多支总数达 200～300 人的业余文艺、体育队伍，对稳定员工队伍，逐步提高员工政治思想素质、文化素质和身体素质，促进企业的发展起着越来越重要的作用。采取"寓教于乐""以文化人"的形式开展企业思想政治工作是潘高寿药业的一大特点，而"思想政治工作，企业文化工作先行"则是一大优势。

潘高寿党委每年均会组织各类活动，把思想政治工作融入活动中去。图为潘高寿药业党员在周文雍、陈铁军烈士墓前重温入党誓词，并向烈士献上花圈，缅怀先烈

"建设一支有理想、有道德、有文化、有纪律的职工队伍，充分发挥工人阶级在社会主义物质文明和精神文明建设中的主力军作用"是潘高寿药业工会工作中总的指导思想，而维护职工的合法利益和民主权利、组织职工积极参加建设和改革、代表职工参与企事业和机关的民主管理、教育职工不断提高思想道德素质和科学文化素质则是工会的基本举措。

潘高寿药业工会在发展社会主义市场经济的过程中，在维护职工政治权利的同时也维护职工的劳动权利和物质文化利益，把参与协调劳动关系、调节社会矛盾作为一项重要工作，有效地维护了企业内部的长期稳定，促进了企业经济的持续发展。同时，通过不断组织开展形式多样、内容丰富的系列活动，如以合理化建议、技术革新为主要内容的劳动竞赛、建功立业主题竞赛及"创建高寿之星""我为企业发展献计策""我为节能减排作贡献"等一系列群众性活动，公司及以下各级工会组织为广大职工建功立业、发挥才智搭建了更广阔的平台。

第二节 苍天容万物 人才纳百川

如果要修长城，人才就是基石；如果要建大厦，人才就是栋梁；如果要搞企业，人才就是成功的保证。自古得人心者得天下，失人心者失天下，这是谁也否认不了的真理。潘高寿药业的领导者一直深谙此理，"构筑人才盆地，纳百川入海"是潘高寿药业始终坚持的人才方针。

一、筑起金雀台 吸引凤凰来

要吸引凤凰必须有同样耀眼的雀台。长久以来，潘高寿药业一直把品牌建设和人才建设结合在一起，不断擦亮百年老字号这块金漆招牌，品牌知名度和美誉度得以提升的同时，也吸引了各方高素质人才的加盟。多年来，冲着"潘高寿"美名而来的应聘者众多，其中也不乏挚诚感人的故事。

有一年，潘高寿药业又面向社会广纳人才，当时应者云集，其中不乏高学历、多证书、有相关工作经验的人。经过初试、笔试后，只剩下5名应聘者，但公司最终只选择一人。

可是当面试开始时，主考官却发现考场上多出了一个人，出现6名考生，于是就问道："有不是来参加面试的人吗？"这时，坐在最后面的一个女孩子站起身说："考官，我上一轮被淘汰了，但我希望能参加面试，我想报答潘高寿。"

大家听她这么讲，都感到很奇怪。主考官问："为什么说要报答潘高寿呢？"这位女孩子说："因为潘高寿曾经救活了一位最爱我的人。"大家更好奇了，都静静地期待着面前这位女孩的故事。女孩接着说："我家境不是很好，自小与父母、奶奶挤在一个小房子里，由于父母要外出谋生，平时就只有奶奶和我相依过日子。奶奶有气喘病，经常会病发，到了大寒就更是喘得厉害。每逢奶奶病发，看着她辛苦的样子，幼小的我总以为奶奶会这样死去，经常偷偷哭泣。有一回，居委会和慈善会慰问困难家庭，他们来到我家，了解了奶奶的情况后，就不定期地给奶奶送来潘高寿枇杷膏，他们说是潘高寿药业通过他们赠给贫困人群的。我当时高兴极了，每天给奶奶倒药递茶，慢慢地奶奶气喘的次数越来越少，病发的时候看上去也没那么辛苦了。从那时起，我就想着长大了要到潘高寿药业工作，因为它是一个有品质有爱心的品牌。我相信奶奶知道我成为潘高寿人也会感到很高兴的。上一轮由于太紧张了，我发挥得不好，但是我不想放弃实现梦想的机会，所以今天我冒昧地又来到这里。"

在座的人都被这位女孩感动了，主考官说："一个懂得感恩、坚守梦想、不轻言放弃的人相信会是一名很好的员工，但是你在上一轮就被淘汰了，破格对其他应聘者不公平。这样吧，若参加面试，你的成绩比得分最高的人高出 10 分，我们就破格录取你，这样各位认为如何？"女孩和应聘者都欣然同意。最终，女孩表现突出，以优异的成绩被录取。

除了加强品牌建设，树立金漆招牌广纳人才外，潘高寿药业还积极与各大高等院校进行"产学互利、双赢发展"的合作。潘高寿药业先后与香港浸会大学中医药学院、广州中医药大学、广东药学院等大学合作，建立了多个培训与教学实习基地，旨在产学互动、互利发展，共同培养医药专业人才。企业为实习生提供优良实习条件，并选派技术人员担任兼职教师。而校方为企业员工进修与专业人员继续工程教育提供方便，并每年为企业优先输送专才。

产学携手合作，经常交流最新的科研成果和行业信息，不仅提高了双方人员的理论与实践水平，还为社会办学提供平台，同时又促进了中医药事业的协同发展，受到了政府部门的肯定和支持。2007 年 6 月，广东省教育厅国家教学水平评估专家一行专门到潘高寿药业考察，对潘高寿药业的优质教学实习基地给予了表扬和肯定。

潘高寿药业成为广州中医药大学教学基地签字挂牌仪式

2006 年到潘高寿药业实习的香港浸会大学中医药学院的实习生合影

潘高寿药业成为广东药学院教学基地揭牌仪式

潘高寿独特的品牌魅力及产学结合的合作优势，使众多人才慕名而至，企业员工队伍不断壮大。1950年以前，员工人数一直维持在60人以下，到2007年，在册员工人数已达712人，专业技术人员241人，占全公司人数34%，其中高级专业技术人员7人，中级专业技术人员50人，初级专业技术人员184人。

潘高寿各时期员工人数情况

年份	1930	1940	1950	1960	1970	1980	1990	2000	2007
人数/人	19	32	60	112	214	297	595	642	712

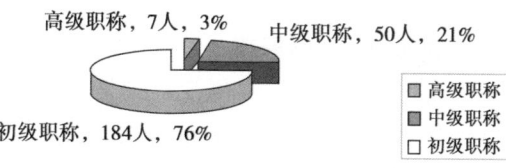

高级职称，7人，3%　　中级职称，50人，21%

初级职称，184人，76%

□ 高级职称
■ 中级职称
□ 初级职称

潘高寿的专业技术人员比例图

二、铺好展翅路　留住好人才

（一）组织保障　职责分明

要使人尽其才，需要有一个完善的组织机构来保障，做到职责分明，分工有度。经过多年的发展，至 2007 年，潘高寿药业组织机构已较为完善。各级机构和人员的职责明确，制定了较完善的部门职能和各级人员的岗位职责制度。部门设置合理，分别行使各自的职能，各部门协调有序地工作。

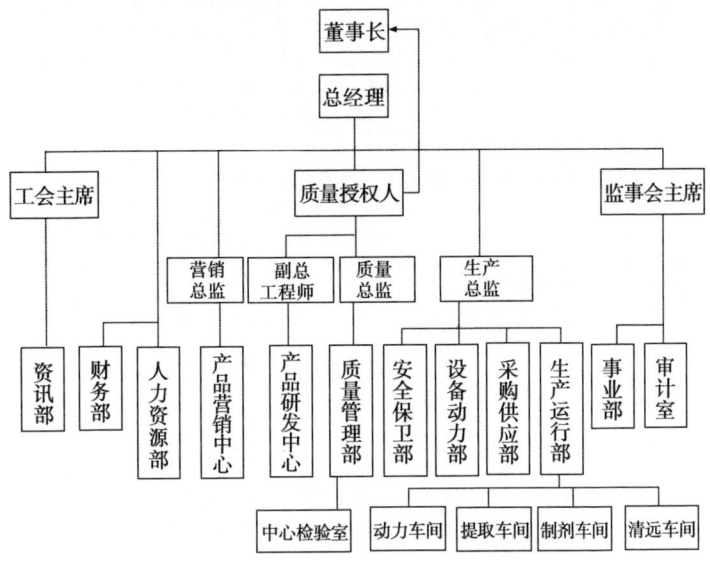

2007 年潘高寿药业组织结构图

（二）培训助力　凤凰展翅

"企业与人才共谋发展"是潘高寿药业的人才发展理念。企业将"培训、育人"列入战略性议题，鼓励员工努力学习、自我提升、钻研业务、积极上进，并给予相关的学习时间与机会，以及营造催人进取的环境氛围，规范企业的培训管理制度，进一步体现尊重知识、尊重人才的宗旨，并将其体现到日常的各项管理措施之中，让人才学有所用、学以致用，从而促进人与企业的共同发展。同时，潘高寿药业通过培训提高员工的思想素质、文化素质、技术水平以及职业素质水平，增强员工的企业归属感。

1．GMP培训。2002年，潘高寿药业制定了《员工培训管理SOP》，使员工培训工作制度化、标准化，明确了人力资源部为培训工作的主管部门，规定公司实行二级培训管理，即公司级的培训和部门（车间）级的培训。人力资源部负责制定每年的培训计划，按计划开展员工培训和考核工作，并负责公司级的培训工作。公司级的培训内容包括：法律法规的培训（如：《药品管理法》《药品管理法实施条例》《药品生产质量管理规范》等）、上岗证书培训、卫生和微生物学基础知识、洁净作业知识等培训。部门（车间）级的培训内容包括：产品工艺规程、岗位职责、岗位SOP等。

潘高寿药业对培训效果进行认真考核、评价和总结，使培训工作不流于形式，达到目的。培训结束后，按规定严格做好档案，并妥善保管，定期进行总结。

同时，潘高寿药业积极选派公司内的干部及技术人员外出参加学习，加强素质建设，以提高管理水平和专业技术水平。

2001—2002年，潘高寿药业通过公司内培训和公司外委托培训的形式，组织了《中华人民共和国药品管理法》《药品生产质量管理规范》等药品生产质量相关政策法规培训，质管员和质检员GMP岗位、班组长、仓管员等职务培训以及安全生产、消防等知识教育培训，培训人员达1 790人次，促使员工树立牢固的GMP意识。

2002年12月，潘高寿药业人力资源部制定了2003年培训年度计划。2003年7—9月，潘高寿药业对全体员工进行了《中华人民共和国药品管理法》《药品生产质量管理规范》、GMP基础知识的培训。7—11月，对需进入洁净区的人员进行了洁净区作业相关知识、微生物和卫生学基础知识的培训等，各部门（车间）对各类标准、管理、操作的SOP也进行了培训。委外培训15次，230多人次参加。2003年共组织各类培训330多次，有1万多人次参加。

GMP专家薛洁华为潘高寿药业员工做98版GMP培训

2007年，潘高寿药业质量部进行质量技术相关培训

经过培训，潘高寿全体员工对 GMP 的认识越来越深刻，对药品生产和质量管理的要求理解得越来越透彻，执行 SOP 已逐步成为员工自觉的行为。

2. 营销培训。2005 年，潘高寿产品营销中心成立培训监察部，加强对营销队伍的培训。潘高寿药业开始对各区域经理、OTC 代表和专职促销员进行一轮又一轮培训工作。

培训分区域在广州、东莞、深圳、中山、珠海、佛山、清远、广西等地区进行。培训的内容包括公司简介、销售方法、促销技巧、产品等知识。2005 年，营销培训人次达 1 000 多人。终端培训工作的持续进行，极大提高了一线销售人员的素质水平，增强了企业的归属感，强化了工作业务水平，推动了销售的快速增长。

潘高寿药业培训监察部人员对终端人员进行培训

促销人员培训现场

　　2004—2007 年，潘高寿营销中心组织了"诊断一线营销""全面提高执行力""全面推进标准化管理，打造营销SOP""打造高绩效团队，全面提升执行力""深耕市场，埋头苦干"等一系列专题培训会，务实地提高了队伍的营销素质，提升了执行力，增强了团队的凝聚力和战斗力，进一步推动了全国销售的快速增长。

潘高寿药业董事长、总经理魏大华在"打造高绩效团队，全面提升执行力"专题培训会上讲话

3. 拓展培训。潘高寿药业不断完善培训体系，大力推行企业的外部拓展培训，将培训视为公司基础管理的一个重要组成部分，力求增强员工思想意识，提高工作技能，提升执行力。

外部拓展培训分部门、分车间等多种组合和形式在企业之外的地点开展，把企业的内部集中学习培训与娱乐、拓展、运动等有机结合起来。如2007年，制剂车间全体员工在从化三百洞森林度假村举行"班组长管理技能提升培训"的户外拓展培训。通过户外拓展培训，让员工切身体会了团队的力量和协作的重要性，同时还由安全保卫部、设备部、工会和车间对员工进行了安全事故案例、安全知识、设备安全使用与管理、质量与GMP形势、计划生育知识与女工权益保护等培训。

111

潘高寿药业举行拓展活动

（三）绩效考评　激励腾飞

在企业管理中，确立一个公平、公开、公正的指标体系来评估员工的绩效，对于提高员工的工作效能，激励员工的主动性、积极性和创造性具有重大意义。绩效考核体系的实行，有利于增强员工的责任感，有利于企业人才的发展，从而进一步体现"人尽其才"的管理原则。

2001年，为了在公司中引入竞争机制、激励广大员工敬业爱业，改变人浮于事、互相推诿的不良现象，潘高寿药业决定对中层以上管理人员实行绩效考评、一般管理人员实行年度考评以及综合考评竞争上岗。考评合格者继续留用，不合格者予以降职或辞退，并决定首先在公司中层以上管理人员中实行绩效考评。

综合考评包括工作业绩、业务能力、工作态度、思想品德4个方面，有自我考评、下级考评、直接领导、间接领导和同级考评等几种组合考核方式。年度综合考评结果作为管理岗位发放绩效工资、岗位工资晋升、岗位淘汰的依据。

绩效考核内容包括德、能、勤、绩四方面，评分体系包括群众评议、中层互评、主管领导评议、自我评议四部分。中层绩效考评的导入、实行和推动，进一步优化了管理团队，提高了中层管理人员的素质，有效地促进了企业管理的发展。

潘高寿药业推行的360°全方位绩效考评，从各个角度对被考评者进行评价，从而提高被考评者的工作绩效，推动企业人力资源的发展。

2005年，潘高寿药业成立人力资源管理体系建设项目小组，全面提升人力资源管理水平，并且聘请了专业的第三方人力资源管理公司作为合作伙伴，开展公司管理干部选拔任用、绩效考评管理等方面的人力资源管理体系建设项目。

2001年潘高寿药业管理人员竞争上岗考试现场

潘高寿员工正在进行设备主任竞岗演讲

车间工艺员竞岗演讲现场

（四）以人为本　加强沟通

有效的沟通有助于人们理解组织目标和自己的职责，从而帮助员工理解其工作与企业整体目标的紧密关系，激励员工积极完成自身工作，并从工作中获得满足感。

进入 21 世纪，企业间的竞争不断加剧，企业管理也不断完善以适应竞争的需求。潘高寿药业不断努力加强企业与员工之间的有效沟通，首先在公司领导和中层管理人员之间通过座谈会、会议、网络、电话等多种方式实现相互间的有效沟通，达到目标、指令、口吻和步调的一致。管理者充分了解企业目标和员工的情况，以积极的态度进行沟通，培养员工对管理者的信任。决策前与员工充分沟通，是做好管理工作的前提条件。

为了达到有效的向上沟通，潘高寿药业采取一系列有力措施，推行了一些规范化的制度和政策：在下发的文件上注明哪些内容须在某个期限内反馈给哪个部门；建立职工代表大会制度、员工信访系统、员工接待日制度、总经理网络专栏（如 2005 年开始的"魏总全沟通""魏总全接触"系列）、内部论坛、外地大学生每年大节日聚餐制等沟通渠道来加强向上沟通。

另外在管理中充分考虑员工的切身利益，增进企业员工之间的信息沟通，创造一种和谐的人际关系，使企业成员间的目标一致或相容，增加企业信息的透明度，开辟信息传播的正式渠道，吸收不同意见，认真倾听组织成员的各种意见和建议，加以整合、分析，正确地予以采纳，当前办不到的或不妥当的，耐心说明、解释，使之有个妥善的交代，以利于决策的科学化和可行性。

三、构筑新模式　广纳天下才

随着我国改革开放的不断深化、社会劳动保障制度的完善以及新一代求职者就业观念的变化，一种招聘和用人相分离的用人新模式——劳务派遣，开始在不同层次的劳动力市场、人才市场得到发展。

适应企业发展的需求，潘高寿药业亦开始以劳务派遣用工形式广纳天下贤士。劳务派遣，亦称人才租赁、人才派遣，这一用人方式最早起源于美国，风行日本和欧美。劳务派遣是指在《劳动法》和《劳动合同法》及其他相关法规的框架下，基于市场经济条件，派遣公司根据用人单位的需要，选择合适的人才，并与其签订劳动合同，将其派遣到用人单位工作的一种用人机制。用人新模式的运用，不仅理顺了劳动关系，规范了用工行为，使潘高寿药业和劳务人员建立起和谐稳定的劳务关系，而且还最大限度地净化了企业的人事管理职能，减轻了企业的工作负担，使潘高寿药业能够更集中精力参与市场竞争。

2007 年 11 月，凤凰卫视中文台、资讯台、美洲台、欧洲台的《财智全攻略》栏目组专门到潘高寿药业采访劳务派遣用工情况。在《劳动合同法》实施之前，就国外劳务派遣业务的起源，国内劳务派遣业务的发展现状以及劳务派遣用工的形式，对潘高寿药业和合作方进行了报道。

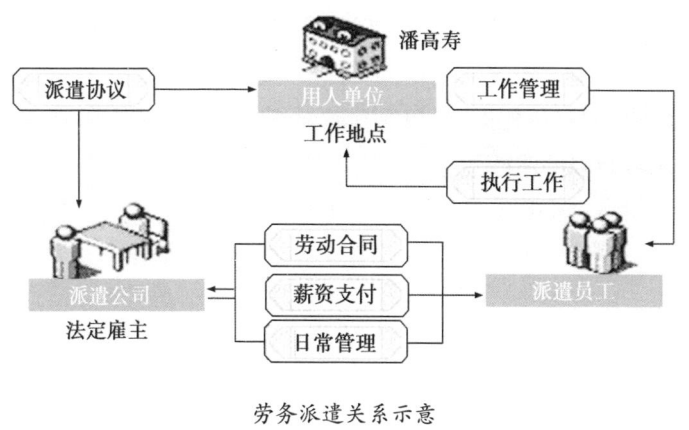

劳务派遣关系示意

第三节　古今融一体　众长成万彩

技术管理的发展，与时代环境有着密不可分的关系。潘高寿药业百年来始终怀着医者之心，诚信之情，每一次新产品的问世，都烙刻着潘高寿人"积功累德，济人济世"的理念。

一、首创川贝露　治咳药鼻祖

潘高寿药业的前身——长春洞药铺，生产的大多都是古方正药。这些处方大多出自于传统医药典集，坊间很多药铺都生产此类传统中成药，当时的长春洞药铺也只是这些普通药铺中的一员，还没创制出自己的独家方药。

在创建30多年后，新一代掌门人——潘郁生开始了拓新的过程，他以中医药的深厚底蕴为基础，借鉴西药的制造方法，创制了潘高寿川贝枇杷露。此药源于对广州炎热多雨、乍暖乍寒，人们容易伤风咳嗽的研究，将市面常见的单方治咳药进行加味调制与改良，根据药性，将具有润肺镇咳作用的川贝母和有祛痰作用的桔梗、枇杷叶一起熬炼，定名为"潘高寿川贝枇杷露"。由于疗效显著，服用方便，很快便成为家喻户晓的治咳药。

川贝枇杷露的热销，给长春洞药铺带来了巨大的发展空间，但是也引来了众多的仿制品。在这场品牌争夺战中，为了保持独有经营，潘高寿川贝枇杷露的处方成为潘郁生家族世代相传的秘密。但是，这一做法在一定程度上阻断了外来力量对产品的有利影响，再加上潘高寿川贝枇杷露已深入人心的形象保证了长春洞药铺的盈利，在之后的很长时间里，其技术开发基本上陷入停顿状态。

新中国成立后，广州潘高寿川贝枇杷露药局被改造成潘高寿药厂。在整个国家科技落后、传统中医药文化大量流失的大环境下，其技术开发也几近停滞，在家庭式生产时期和20世纪70年代后期的处方、制作方法比较中，仅是辅料香料从最早使用的荷兰香精，改为后来来自上海的杏仁香精、杨梅香精，而制造工艺仍采用大锅熬煮，生产品种则仍是"独抱琵琶"的局面。

二、百花齐开放 百药互争鸣

20世纪80年代初期，由于国家产业政策的变化，潘高寿川贝枇杷露的销量大幅下降，这使得以枇杷露为主要经济支柱的潘高寿药厂一下子陷入僵局。在这种不利情况下，潘高寿人意识到药品制造的新时代已经来临，为了长期的发展，为了下一个百年的存在，必须走"产品更新，技术新厂"的道路。

1982年4月6日，潘高寿药厂成立研究室，由厂级领导兼任研究室主任，开始了多品种创新阶段。这一阶段的代表性药物有：

治咳川贝枇杷露：1982年10月经广东省卫生厅审批，准予内销生产，批准文号为粤卫药准字（1982）第A173/4021号，由"川贝枇杷露"改名为"治咳川贝枇杷露"。本品镇咳祛痰，用于感冒引起的咳嗽，为中药二级保护品种。

蜜炼川贝枇杷膏：源于1981年申报外贸出口的产品"蜜炼川贝枇杷膏"方，经修改而成。1989年11月经广东省卫生厅批准，批准文号为粤卫药准字（1989）第A—038号。本方半夏燥湿化痰；川贝清热化痰，散结开郁；桔梗清肺止咳，排脓，清热润肺，止咳平喘，理气化痰。本品适用于肺燥之咳嗽、痰多、咽喉痛痒、声音沙哑等症，为中药二级保护品种。

蛇胆川贝液：由民间验方改进而成。1981年底，作为外贸品种开始生产。1984年6月经广东省卫生厅批准，批准文号为粤卫药准字（1984）第A17024号。本品祛风止咳，除痰散结，用于风热咳嗽、痰多气喘、胸闷、咳痰不爽或久咳不止。于1994年获得中国名牌产品称号。

蛇胆川贝枇杷膏：1985年11月经广东省卫生厅批准，批准文号为粤卫药准字（1985）第A17030号。本品润肺止咳，祛痰定喘，用于外感风热引起的咳嗽痰多、胸闷、气喘等症，为中药二级保护品种。

小儿止咳糖浆：1982年6月经广东省卫生厅审批，批准文号改为粤卫药准字（1982）第A17-020号。本品祛痰、镇咳，用于小儿感冒引起的咳嗽。

炎热清胶囊：该处方来源于广州市中医医院张健楣主治医师的临床验方。1985年10月经广东省卫生厅批准，批准文号为粤卫药准字（1985）第A17-028号。本品经内科治疗外感、高热（包括肺炎、支气管炎、上呼吸道病毒感染、支气管扩张合并感染、急性化脓性扁桃体等感染性高性高热），效果良好，为三类新药、中药二级保护品种。

益肾养元合剂：根据德庆关复园"何首乌补血汁"方修改而成。1982年6月经广东省卫生厅审核，批准文号为粤卫药准字（1982）第A17-010号。本品补益肝肾，健脾益气，涩精止遗，用于肝肾不足、脾气虚弱、面色萎黄、倦怠纳差、腰膝酸痛、遗精梦泄。

升血调原汤：由中山医学院附属肿瘤医院，医药卫生研究所协定方改进而成。1983年5月经广东省卫生厅审批，批准文号为粤卫药准字（1983）第A17-023号。本品益气养血，补肾健脾，用于提升外周血白细胞和其他原因引起的白细胞减少症后的虚弱，为中药二级保护品种。

小儿清热利肺口服液：处方来源于成都中医药大学附属医院儿科临床验方与潘高寿药业的共同研制开发。1999年1月，本产品获新药证书和生产批文，批准文号为国药准字（1999）Z-32号。本品清热宣肺，止咳平喘，用于小儿咳嗽属风热犯肺证，症见发热、咳嗽或咯痰、流涕或鼻塞、咽痛、口渴、舌红或苔黄等；小儿急性支气管炎具有上述证候者。为广东省重点新产品、中药二级保护品种。

清热化湿口服液：本方由成都中医药大学附属医院原儿科主任吴康衡教授与潘高寿药业共同开发。1998年5月获新药证书和生产批文，批准文号为（1998）卫药准字Z-078号。本品清热化湿，化痰止咳，用于儿童急性支气管炎湿热蕴肺证；症见发热，咳嗽，痰液黏稠，兼见呕恶纳呆，便溏不爽，溲黄，舌红苔腻属上述证候者。本品疗效确切，被评为国家重点新产品。

以上为1983—1998年的部分产品研发工作。研发工作一方面联合科研院所、名中医，完成中药验方至工业化大生产的转变；另一方面根植于传统，对古方正药进行重新开发，包括对剂型的改变、提取方法的改进、疗效的分析、功能主治的归集，做到思路的多渠道采集。而在功能主治上，也从单一的治咳覆盖到心、肝、肾、肺多个器官。在最多的时候，潘高寿药业一共拥有100多个品种的生产批文。这些品种的出现，使潘高寿药业从"独抱琵琶"的窘境迅速突围而出，开创出一个百药争鸣的时代。

三、专注治养肺　致力高新精

1998 年，国家药监局成立，国家对于新药品的开发政策走向统一化、严格化、标准化。时值潘高寿药业新药研发工作经过长期发展后的冷却阶段，潘高寿人开始总结经验，思考技术管理的新方向。药品的全面开发，虽然提供了巨大的发展机遇，创造了可观的利润，但是过长的产品线在一定程度上减少了品牌专业化，模糊了重点品种的优势，而且过多的产品，难免出现质量良莠不齐的状况，占用过多的技术资金，不利于一流产品的开发。为了解决这个问题，潘高寿药业开始重组产品结构，按产品综合品质划定等级，主动放弃疗效不突出的品种，并明确了做治咳药第一品牌的长期目标，在重点开发与肺有关的药品的同时，将剩下的精力投入高科技、疑难症的药品开发中。依照这种思路，潘高寿药业开始了更为谨慎的新产品开发过程。

2002 年，潘高寿药业与河南省中医药研究院联合成功研制中药三类新药丹鳖胶囊，并取得新药证书，药品批准文号为粤卫药准字（2002）第 Z20040037 号。方中的当归、丹参、三七活血化瘀，养血补血；三棱、莪术理气活血，消肿散结；鳖甲、海藻软坚散结，养阴清热；桃仁善攻日久之蓄血，破坚下血闭；桂枝通行血脉；白术健脾益气以固后天之本；杜仲炒后补肾壮腰而摄血；半枝莲清热解毒，抗癌消肿瘤。上述药物紧扣瘀血凝阻之病机，软坚散结之功效。产品疗效确切，被评为广东省重点新产品、中药二级保护品种，获得国家发明专利。

2003 年完成外贸新产品"解毒益肺露"（预防非典药）、"小儿平喘糖浆""蜜炼寒咳膏"的试制工作和确定制备工艺。

2004年与暨南大学医学院合作开发抗肺癌药物"补肾化瘀解毒胶囊"，对药物疗效进行临床前研究。

2006年，潘高寿药业合作开发抗肺癌中药"八藤颗粒"，并与中山大学肿瘤防治中心合作，对药物疗效进行临床前研究。

四、二次再开发　老药焕新姿

中成药虽然是传统文化与现代科技的结合，具有一定的先进性，但由于其发展时间短，很多方面还是存在不成熟的地方。对于现有品种，多数已经经历了一段时间的考验，在确定其突出疗效的基础上进行二次开发，做出更适合的好药，也渐渐成为潘高寿药业的一项新任务。

2002年的老产品二次开发包括蛇胆川贝枇杷膏、蜜炼川贝枇杷膏工艺改进，炎热清胶囊新包装加速稳定实验，舒胆胶囊不同包装防潮性能研究，清热化湿口服液口感改进研究。

2003年立项蛇胆川贝滴丸，利用先进滴丸技术进行剂型变更；对蛇胆、平贝母标准提取物进行质控，有利保证产品质量；滴丸为固体制剂，有利于解决杏仁腈降解、蛇胆平贝母有效成分损失问题；扩大适用人群，利于糖尿病及肥胖病人使用。

2006年，临床试验发现丹鳖胶囊具有治疗子宫内膜异位症的作用，潘高寿药业随之开展增加治疗子宫内膜异位适应证的研究。2007年取得增加该适应证的临床批件，进入临床研究阶段。子宫内膜异位症为世界性范围内的医学难题，若此项研究取得成果，将极大地造福患者。

通过对产品的二次开发，潘高寿药业对老产品工艺技术剂型进行了全方位思考，重新审视了产品发展的适合方向，结合最先进的科技，对不合理之处进行改进，使产品在安全性、有效性、质量可控性方面有不同层面的提高。同时，潘高寿药业融入更人性化的观点，把药物口味、服用方便程度、患者体质个体差别全面纳入技术管理系统，使老产品换上新的面貌，更符合时代的要求。

五、不断求突破　精益再求精

产品质量标准的提高，不仅是表面所见的一纸变化，其背后涉及制造工艺的提高、先进检验方法的引入、原药材控制加强等一系列复杂的过程。质量标准的提高，源自于企业对产品的高要求，跟随科技发展趋势，进行自身变革，保持在潮流前端。

1999 年，为了结束同品种在各地方名称、质量控制方法、功能主治甚至处方不一样的情况，规范药品市场，国家药监局开始进行地标升国标的工作。潘高寿药业依据当时的品种条件和科技情况开始了大规模的药品标准修订工作。在潘高寿药业自身科技人员、各级药检所和各个合作单位的共同努力下，在 2002 年换发批准文号之前，完成了所有需保留品种的标准转正工作。地标升国标工作，使潘高寿药业的品种品质与国家先进水平保持一致，在保持历史先进性的基础上，对相对落后的检验方法作了一系列的改变。为了适应新的要求，在制造工艺流程、原料选择上也作了相应的变革性改变，使产品总体品质上升到新的高度。

但潘高寿药业并没有停留在平均水平的要求上，而是结合生产与检测环节，以生产的新技术作为提高检验水平与质量要求的基础，以新的检验方法带动生产工艺的变更，进行了多次标准提高的工作。

2001—2002 年，潘高寿药业完成了蛇胆川贝枇杷膏和蜜炼川贝枇杷膏等品种的标准提高工作；2002—2003年，完成了小儿清热利肺、清热化湿、参贝北瓜颗粒和杏苏止咳口服液的新药标准转正工作。

六、中药保护强　专利技术精

国家中药保护，是知识产权在医药方面的特有表现。国家实行中药保护，是对中药创新的鼓励，也是对中药品质的肯定。申请中药保护，不仅对药品处方本身有一定的先进性要求，对制造方式、质量可控水平也有着较高标准。中药保护期间，在保证独家生产的情况下，企业被要求完善产品的各个方面，提高品质，为药品的进一步成熟提供必要的条件。

潘高寿药业现有的中药保护品种有治咳川贝枇杷露、蜜炼川贝枇杷膏、蛇胆川贝枇杷膏、清热化湿口服液、小儿清热利肺口服液、炎热清胶囊、升血调元汤、鼻咽清毒颗粒和舒胆胶囊等，为国家中药二级保护。在专利方面，丹鳖胶囊、润喉糖 A、润喉糖 B 等已获发明专利。

七、仁心怀天下　承诺不敢忘

100多年前，潘百世便秉承真材实料、诚信做好药的精神创业。百年以来，潘高寿药业一直采用高品质的地道药材，用原产地贵重川贝母、效果最好的四川桔梗与清远枇杷叶进行熬制提取。在实行 GMP 规范之后，潘高寿药业以实际行动保证"真材实料"的诺言。

随着管理观念的进步，潘高寿药业对真材实料的控制慢慢从事后控制提高到事前计划、事中控制的高度。制定能够保证药品品质的药材标准，以规范化流程指导种植，种植场地选取采取环境相似原则，以求消除因供应商药材品质差异所带来的成品成分指标差异。

2006 年，潘高寿药业立项"川贝母 GAP 种植及指纹图谱质量控制研究"，获得广州市科技局项目资助。同年，潘高寿药业参加广州市科技计划项目——广州北部山区果叶兼用枇杷 GAP 示范种植，拟从福建、四川等地引进枇杷品种 8～10 个，比较、筛选出适宜广州北部山区推广种植的果叶兼用型枇杷品种 1～2 个，逐步摸索出一套大果枇杷 GAP 模式，基地面积规模达 5 000 亩（1 亩≈0.067 公顷，全书同）。

2007 年，在筹备以蛇胆生产为主的"药用蛇养殖 GAP 基地"的同时，潘高寿药业在对药典现行川贝母定义以及川贝母市场需求的研究中发现，药典现行川贝品种多纯野外生长，采集周期长，存在开采速度大于生长速度、自然资源逐渐减少的问题。为了求得长久稳定的发展，潘高寿药业依据传统中医典籍，找到在四川普遍种植及长久应用的川贝品种——太白贝母。太白贝母主要成分及药材性味与药典现行定义品种基本相同，在当地也有一定的人工种植基础。研究工作用中药材定性分析中最为先进的指纹图谱扫描与 DNA 亲缘性研究作为支持，课题通过药典委员会组织的国家级专家的论证，已进入实质性的研究阶段。

八、博采众家之长　创制传世好药

"博采众家之长，创制传世好药"，是潘高寿人始终坚持的信念。一直以来，潘高寿药业都非常重视产品研发平台的建设。从 20 世纪 80 年代开始，潘高寿药业就与国内各研究机构、科研院所展开了广泛的合作。如后来成为潘高寿药业优秀产品的炎热清胶囊、丹鳖胶囊，分别来自于广州市中医院、华西医学院附属医院的临床验方。进入 21 世纪后，潘高寿药业与科研单位的合作已渗透到临床前研究、临床研究和质量标准提升等各个方面，为潘高寿药业的发展提供了有力的科技支持。

在加强与外部交流合作的基础上，潘高寿药业也在不断加强内部人才建设。为了保证人才来源，潘高寿药业与广州中医药大学、广东药学院、广州市医药中等专业学校签订协议，每年向应届生提供实习岗位，使专业人才能够全面地了解潘高寿药业的文化，保证人才流入，并达到了在这些院校学生中的宣传效果。

2004年，为了加强穗港两地中医药事业的协同发展，交流两地的最新科研成果及信息，潘高寿药业与香港浸会大学签订合作协议，采取相互访问、定期培训、为学生提供实习基地等形式，建设了新的科技渠道。

2004年，潘高寿药业与重庆万县中医药学校合作，资助创办潘高寿班，定期派遣公司科技人员担任教师，根据公司生产特点开办课程，定向培养适于潘高寿药业实际情况的技术人才。

第四节 质量为根本 诚信效为先

百年变迁，历经坎坷，潘高寿药业从传统手工作坊生产、半手工半机械生产到自动化生产时代，始终注重质量管理。以"诚信百年，真材实料"作为品牌经营的宗旨，把对患者的责任心转变为对产品质量的严苛，求良方，做好药，质量管理水平也伴随着生产力的发展而不断提高。潘高寿药业的质量管理也从传统经验管理阶段、质量检验阶段、全面质量管理阶段、准GMP管理阶段，发展到全面GMP管理阶段。

一、精选地道药　恪遵古法制

过去，传统中医药的生产工艺基本上是沿用先人的"尊古炮制"，手工作坊式生产，设备、技术落后。中医药制药对质量的监控一般为：选择地道药材，恪遵古方，精心修制。

民国时期，《中华药典》（1930年）问世，但主要侧重于新兴的化学药品。新中国成立后，党和政府十分关心医药卫生工作，第一部《中国药典》1953年版由国家卫生部编印发行，但第一版没有收载广大人民习用的中药。1965年1月26日卫生部公布《中国药典》1963年版，共收载药品1 310种，分两部，其中一部收载中医常用的中药材446种和中药成方制剂197种。然而检验标准却非常简单，基本上以"个大条匀"以及"四性五味"为传统质量标准，当时中药的质量管理基本都是各自按传统中药制药方式控制。

自1890年创立以来，潘高寿药业以传统技法生产药品，主要选择地道药材，以人员实际操作经验为主，靠眼看、口尝等感官估计和简单的度量衡器测量来判断质量的优劣。人员既是生产者又是检验者，且经验就是"标准"。质量标准的实施是靠"师傅带徒弟"口传身授的方式进行的，质量标准为"操作者的质量管理"。

新中国成立前潘郁生苦心经营，使潘高寿川贝枇杷露凭地道选料及严格的经验管理把控，确保了产品品质优良。多年来潘高寿药业始终如一，严格控制药品质量，使产品一直保持质量稳定、疗效确切。

1963年3月，国家颁布《药品质量管理暂行条例》。潘高寿药业等广州市制药企业学习推广上海黄河制药厂的管理经验，注意在生产过程中工艺操作对药品质量的影响，严格执行工艺操作规程修改的报批手续，严格检查包装材料、辅料的质量和环境的卫生标准。

1890—1971年，潘高寿药业都没有专门设置质量管理部门，处在传统经验管理阶段。

二、引进检验仪　设备促发展

由传统经验管理过渡到质量检验，对企业的经营管理有着里程碑式的意义。在传统中药制作过程中，药品的质量控制全靠制作者的个人经验，即使部分药品生产已渐渐规模化、工业化，但药材的品质、熬制的时间等也只是依据经验进行改进，若对制作者的差异性的考虑欠缺，将直接导致产品质量不稳定，有效性无法证明，安全性更无法保证。

而检验制度的建立，加强了产品的事后控制，用量化的标准对产品质量进行筛选。1972年，当时名为"广州中药七厂革命委员会"的潘高寿药厂专门设立了技术质量股，直属厂长领导，配备专职检验人员，添置了一些简单检验仪器，制订原料、辅料、中间产品的检验标准和产品的负责期限等制度。对原料、辅料、中间产品、成品开始进行检验，通过检验，反馈质量信息来控制和保证产品在生产过程及出厂时的质量。1985年，组建中心检验室，在扩大场地的基础上增加仪器和人员，并加强了检验人员的技术培训，潘高寿药厂的质量检验进入了一个新的历史时期。1972—1986年，潘高寿药厂逐步建立了以质量检验为主的质量管理体系。

随着科技的进一步发展，先进的检测仪器为检验水平的全面提高提供了可能性，药品生产过程可控程度的提高，使质量控制指标可以缩减到更精密的范围，使产品质量更加稳定、可控。1985年，在原检验室的基础上，组建中心检验室扩大场地，增加仪器和人员。1997 年 1 月，潘高寿药业从国外进口 GC－14BP 气相色谱仪、AA6601F 原子吸收光谱、高效液相色谱仪、薄层扫描仪和可见紫外分光光度计等先进仪器。这些分析仪器的使用，能更好地对中成药进行定性与定量的分析，为制定更高、更可行的国家标准提供了可能，并促进生产工艺的改进，最终可对影响疗效的关键的质量指标进行控制，从而使药品疗效更加有保障，促进了中成药产业的快速发展。

至 2007 年，潘高寿药业的中心检验室占地 300 多平方米，员工 27 人，分为原辅料、包材、标准、产品、微生物 5 个小组，采用紫外光谱、液相色谱、气相色谱、薄层扫描仪等先进仪器，进行包括原辅料、中间产品、产成品的检验分析，在潘高寿药业的产品质量控制中起着关键作用。

三、人机物法环　管理全规范

在质量检验的实践过程中，潘高寿药业深刻意识到质量检验并不是质量管理的全部，产品质量还跟生产过程的质量管理有密切联系。20 世纪 80 年代初，国家引入了全面质量管理（IQC）的概念，从"人、机、物、法、环"对质量管理进行了全面规范。潘高寿药业随即引进、实施全面质量管理，进入全面质量管理阶段。

要保证产品质量，硬件是基础。潘高寿药业从 20 世纪 80 年代初开始大力改造生产设备，1982 年安装多能提取罐，1983 年安装了全国首条 YZ25/500 液体灌装自动线，完成了主要工序的自动化过程。在这之后，潘高寿产品的主要工序基本在密闭的系统中完成，使生产对环境的依赖性大大降低，通过管道对液体产品进行输送，减少产品与外界环境的接触，为无菌或控菌生产提供了条件，进一步提高了产品质量。蒸汽加热方式和冷却水的引入，使每批药材的提取工艺参数（压力、温度、时间等）可进行量化控制，提高了提取效率。

新的机器设备为产品质量的全面提高提供了基础保证，但是由于对全面质量管理的片面理解，企业部分人员过分强调"机"的部分，忽视"人、机、物、法、环"的统一性，强调硬件，忽视软件，使全面质量管理实施过程存在偏差。截至1986年，潘高寿药业的质量管理体系建设仍处于较粗放的阶段。TQC体系建设在3年中几乎停滞不前，是当时广州唯一未取得计量定级合格证的中成药厂。质量管理的漏洞随着产量的迅速扩大逐渐突显，成为摆在潘高寿药业面前刻不容缓的问题。

针对这一状况，潘高寿人开始总结经验，自我反思，认识到"质量管理"一词重点在于"管理"。而管理是人对于事的控制过程，全面提高人员的质量意识，自觉规范各项行为，才是从根本上实现质量管理的必由之路。在20世纪80年代中期，潘高寿药业开始建立人员质量教育系统，致力于对各层次人员进行质量观念教育，以根植质量观念为目的，全面开展工作。

自1987年起，潘高寿药厂把质量管理的重点由"硬件"转向"软件"建设，从各个环节全面开展、加强质量管理。1987年下半年，潘高寿药厂乘"蛇胆川贝液"创部优的东风，提出"以质量求生存"的口号，开始质量建设的转折性战役：集中力量，改善质量管理中的各项落后环节，成立专门小组开展计量升级（定级）工作；调整力量，落实全面质量管理工作；健全质量管理体系，明确层级责任；安排专人负责"蛇胆川贝液"创优标准修订和检测；对主要原材料质量标准进行修订。这些工作，开始填补质量缺漏，使质量管理工作与先进的生产硬件设备配套，并开始奠定了潘高寿药业以质量为先，以品质带动生产经营的基石。

1988年，潘高寿药厂开始整合原有的与产品相关的多个环节，将质量管理工作体系化，修订和颁布《全面质量管理制度》《产品质量管理制度》。其中《全面质量管理制度》分为6章，建立以厂长为首的质量责任制，确认全面质量管理教育与培训，指定标准化工作流程，确立目标管理机制，规定了新产品开发、设计过程与生产、使用过程的质量管理，整合质量管理小组。

在产品过程控制中，潘高寿药业引入清场机制，建立三级质量分析制度，全面动员厂、车间、班组力量，层层分级，组成网络，深入质量相关的每一个角落；分析原因，总结经验，提出改进措施，稳固提高生产质量；建立用户访问制度、质量事故处理制度、产品档案管理制度和产品留样观察制度，延续质量责任期限，最大程度地保护消费者利益。

1989年，潘高寿药厂从原料开始，全面提高生产各环节的质量监控。首先，蛇胆标准增加了薄层检验和含量测定指标，达到了国内质控先进水平。其次，完善了质量监察制度，杜绝人为因素对质量的影响。1989年9月，潘高寿药厂经过努力，TQC顺利通过达标检查验收。通过全面质量管理的实施，使潘高寿药厂的生产经营紧密结合在质量保证的前提下，产品质量稳步提高，"真材实料做好药"的古老承诺得到延续，并焕发新的光彩。

这个时期，潘高寿药厂的产品质量得到了全面的提高。在1981年的质量指标与计划完成情况中，质量指标合格率计划值只有八到九成，即使是容易控制的品种能够超额完成，还是存在较大比率的不合格可能。

品种合格率	计划/%	实际/%
首乌补汁合格品率	80	86.42
枇杷露合格品率	80	86.68
桃红合剂合格品率	90	93.68
紫茶合剂合格品率	90	90.86
糖浆菌检合格率	100	99.7
颗粒剂菌检合格率	100	99.7

截至1994年，潘高寿药业的产品质量控制已达到十分可靠的水平。此时的质量指标，已从主要为合格品率转变为一等品或优等品率，主要产品蛇胆川贝液、蛇胆川贝枇杷膏、治咳川贝枇杷露、蜜炼川贝枇杷膏的一等品率分别为98.60%、98.37%、99.04%、98.84%。

1991—1995年，潘高寿药业先后多次获得市质量管理奖单位、"羊城杯"质量奖、中华医学会信得过产品奖、广州市优秀质量管理小组、中国名牌产品等多个奖项。

国家卫生部副部长兼国家中医药管理局局长
胡熙同志为潘高寿药厂题词

四、首引 GMP 管理上台阶

1992 年，国家颁布了《药品生产质量管理规范》（GMP），逐步要求对药品生产企业实施 GMP 管理。潘高寿药业紧跟时代精神，1994 年开始参照 GMP 规范进行异地重建，同时引入 GMP 管理要求，进一步提高产品生产质量，从此进入准 GMP 的质量管理阶段。

1995 年，新厂房建造成功并引入了新的设备。潘高寿药业在新厂房建设过程中广邀专家，针对企业实际情况合理布局，选择最适合的生产设备，在硬件上力求做到最好。但新的设备与规则对所有人来说都是陌生的，怎样在保持潘高寿产品优良品质的基础上使质量管理在新的条件下走上新的台阶，是摆在潘高寿人面前的严峻问题。面对这种环境，潘高寿药业采取了积极的态度。首先，在搬迁期间就开始组织全体职工学习 GMP 的相关知识，从思想上全面提高质量管理水平，对于中成药实施严格质量管理的重要性进行详细说明；其次，组织实际操作者加紧学习新设备的操作方法，两手同抓，缩短适应时间。

图为新厂区综合生产车间奠基仪式

从 1996 年复工开始，潘高寿药业的质量管理不仅一直维持着原有的较高水平，还在对新环境的不断适应之中稳步提升。在复产之后，组织了由企管、生产、技术、质量、设备、物流即各生产车间领导与专业骨干力量组成的现场管理小组，监督和帮助 GMP 全面展开。新厂房投入生产之后，没有出现适应期产品的不稳定情况，产品质量在全体人员的共同努力之下有了飞跃性的提高。1996 年 7 月，潘高寿药业通过了澳大利亚 GMP 认证，质量管理上的专业化水平得到了肯定。

至 1997 年，潘高寿质量水平已全面稳定，当年的数据显示，1—12 月综合质量指标完成情况为：

产品质量等级率	95.2%
国家监督抽查合格率	100%
其他抽检合格率	100%
退货率	0

通过准 GMP 质量管理阶段的实施与磨合，潘高寿药业全体员工对 GMP 有了更深入的认识和理解，为迎接 GMP 国家认证打下了良好的基础。

1999 年，到潘高寿药业参观的美国国防部医疗训练局柯劳少将（中）品尝潘高寿产品

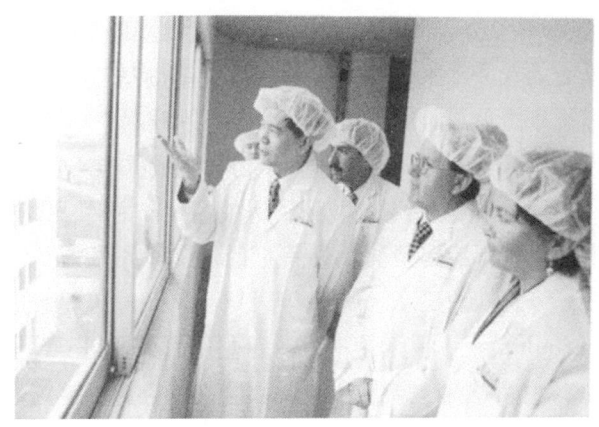

1999 年玻利维亚议长乌戈·长瓦哈尔先生（右二）
一行到潘高寿药业股份有限公司参观

五、品质牢坚守　良药展仁心

《药品生产质量管理规范》（GMP）的实施，对于中国的整个制药行业来说，都是划时代的进步。在经历了全面质量管理阶段之后，GMP 对制药工业的质量管理做出了有针对性的专业要求，国家对其实行强制执行制度，对厂房、设备、人员等诸多方面进行"底线式"规定，从根本上保障了药品生产质量，最大程度维护了患者的利益。2004 年 6 月，潘高寿药业 6 种剂型取得了国家 GMP 认证证书，进入 GMP 质量管理阶段。

在实行 GMP 管理后，潘高寿药业认真组织相关文件的学习和宣传；认真贯彻，坚决落实，加强企业自律；把落实药品质量日常监督检查制度作为工作重点来抓，科学制定日常检查计划，确保日常检查的频率、覆盖率和实际效果；创新了 GMP 的日常监管方式：增设专人对 GMP 进行公司内的"飞行检查"，有效地启动企业三级质量管理的监控机制，QA

（质量保证，全书同）对生产过程进行全方位监控，消除生产操作人员侥幸心理，并及时总结出现的问题，对员工进行现场培训。通过不断地检查和强化培训，全体员工逐步把实施GMP转为自觉行为，提高了企业执行GMP的自觉性与规范性。

潘高寿药业还加强GMP和质量工作的考核力度：制定了的《GMP及质量工作考核办法》，将考核责任层层落实，明显提高员工的GMP和质量意识，违规问题不断减少；认真开展GMP自检工作：有效启动QA人员工作日记、周记汇报制度、季度岗位考评等有效机制，进一步提高一线QA工作的有效与到位，并促进了QA队伍工作质量的大幅提高。对自检中发现的问题进行详细分析，提出整改措施，跟踪整改情况并进行相关培训。

此外，潘高寿药业加强了质量风险管理，提高内控水平。针对QC（质量管理，全书同）人员水平参差不齐的现状，对检验结果准确性进行全面评估考核，主要工作有：留样复查，不同检验人员比对，与药检所检验结果比对等。对检验结果差异大的项目，立即进行了分析和研究，消除因操作误差造成的质量风险。

在严密的质量布控下，潘高寿药业全面进行从原料进入到产品过期的事前、事中、事后的控制。在实施GMP管理的过程中，潘高寿药业在各级政府监管部门组织的专项检查、飞行检查中，均符合要求，质量管理工作多次受到检查专家的高度评价。

在全面实施GMP规范后，潘高寿药业充分意识到，科技高度发展的现实情况下，人们对产品质量的重视程度也提高到了新的水平，而GMP证书的取得，只是宣告了潘高寿药品

生产的准入资格。为了维护 GMP 管理的有效运行，潘高寿药业强化了各产品质量相关环节的管理。

建立质量档案：质量档案的管理源自 GMP 中对原始生产纪录的强制性保存要求，旨在对质量事故的溯源，归结质量责任，反馈管理漏洞，加强系统建设。潘高寿药业建立的完善质量档案体系，不单单对要求留存的批生产纪录、供应商档案等进行留存，还进行了单个产品历史资料的整理收存。质量档案按年整理分类，涉及产品相关的各个部分，包括获得的各项奖励资料、不良产品申报文件、工艺变更过程、历年质量合格与优良数据、留样检验报告等。对单个产品进行多方面时间性的归纳总结，提供清晰的质量对照，以便于比较不同历史时期的变更过程，对质量稳定增长阶段与质量不稳定时期都可以迅速找出与之相对应的线索，提供大量经验性报告，有利于在生产阶段时控制标准的制定和质量事件发生时的快速反应，也为提高与改进提供了有力依据。

加强包材控制：口服液的包材控制一向是潘高寿药业在质量管理环节中的重要点。由于潘高寿药业首创产品蛇胆川贝液遭到国内 200 多家企业仿制，因此潘高寿药业很早便开始对口服液包材进行改进，在提高产品质量的同时，不断抬高防伪门槛。早在 1987 年，为了解决包材长短规格、厚薄、直径不一的问题，提高灌装率和质量指标，潘高寿药业已经斥资进行与蛇胆川贝液配套的玻璃瓶的开发与生产。

2004 年 12 月，潘高寿药业从德国引进的 B＋S 生产线正式投入生产。为生产线配套生产的包材，由定点厂家专门生产，全部过程在与潘高寿药业灌装车间相同级别的洁净区内进行，不需二次净化消毒，完全杜绝了因玻璃瓶消毒过程中碰撞可能产生的瓶体碎裂残留的问题，更减少了包材消毒疏漏可能出现的产品污染问题。生产线精准度高，可长时间保持液体装量稳定；自动剔除装置可检出瓶和盖的不吻合个体；灌装速度快，可减少灭菌与抽检合格的中间产品在灌装过程中的停留时间，这些条件都为质量的进一步提高提供了有力帮助，更实现了全国范围内最先进的包材控制。

国家发改委组织各方专家通过对潘高寿蛇胆川贝液的品牌、质量、疗效、原料用量等方面进行严格评定后，将其定位"优质优价"的产品，产品成为国家政策保护对象。但是，由此却引起了一些竞争对手的忌恨与不满，有一些在市场竞争败下阵来的竞争对手采取了影射等种种办法试图用另一种方式来把潘高寿的蛇胆川贝液搞垮，甚至更有的使出了下三烂的手段，恶意制造出不少潘高寿蛇胆川贝液的"质量事件"。

2001年5月，潘高寿药业的质量管理部门接二连三地收到有关部门转来几宗性质相同的质量问题投诉——潘高寿蛇胆川贝液里悬浮着蚊子或类似的小昆虫，"投诉人"以此为由索赔高额的精神赔偿。

问题引起了公司高层的高度重视，指示有关部门迅速组成专案小组，调查处理此事。在取得了上级药监、卫生、技监部门的严格检验、查核和反复的现场实验，确认不可能发生此类事件。

权威部门有了调查结论。但是，由于事件的起源地在省外，受到许多因素的制约，问题的最终解决却一直在拖延、在扯皮，就连公司的常年法律顾问也觉得问题棘手。就在大家都觉得困扰的时候，前往事发地处理此事的同志发回了叫人意想不到的消息：问题顺利解决了。

峰回路转，到底是怎么回事呢？

原来前往事发地处理此事的同志到了福州，找到了当地负责公司产品的区域经理。这位经理在该区域工作多年，工作经历和当地的人脉关系都相当熟悉。当他得知事情后，立刻找到福建省、福州市有关的药监、技监和当地的公安有关同志分析事件的始末，最后发现几宗投诉的发生地均为福建省内大致同一地区，投诉的内容如出一辙，大家判断这是一起恶性的"搞局"事件，但由于种种原因不易处理。于是，公司专责处理此事的同志和区域经理以及助手一起会同当地最大的国有企业客户同春药业的保卫部门等同志，按照投诉人的联系方式，以商量索赔事宜为由在福州南公园附近见面。

投诉人按照约定的地点，一个骑着自行车的人依时到达，显然同来的不止一个人，只是躲在不远的地方不露头而已。见面后，投诉人从包里拿出了一盒从外包装看似是潘高寿生产的蛇胆川贝液，只见其中一支看似完整的里面果然有只蚊子悬浮其中。投诉人开天杀价索要3万元，见多识广的区域经理耐着性子与其周旋，而对这类事情有着丰富处理经验的福州同志早就不耐烦地在一旁扯着不易听懂的福州腔对着投诉人吼开了："你小子少给我来这套，你看清楚没有？里面这种蚊子是福建特产，只有福建才有的，怎么会跑到广东去了！"投诉人不知就里，同时也是被这位福州同志的气势吼蒙了，竟然扔下那盒不知道用什么方法把蚊子弄进去的证据，连草帽也来不及戴就落荒而逃了。

整个事件都被那位福建区域的业务经理用DV拍录了下来，成为公司处理此类事件的一个典型案例。

此后，潘高寿药业除了继续严把质量关，确保人民用药安全外，还致力于维护潘高寿产品的声誉，捍卫潘高寿品牌的尊严，碰到类似损坏潘高寿产品声誉的行为，潘高寿人都会自觉挺身而出，为之斗争！

百年潘高寿治咳之路

岭南中医药文库

实行质量受权人制度：质量否决制，指在从原料采购到成品出仓过程中，对不符合质量控制规范和可能存在质量漏洞的程序进行决定性的判断。质量否决制度，走出因质量问题涉及不同部门而导致交流时间过长，不利于解决，或是质量管理人员权利过小而造成的发现问题无法解决的困境。质量否决制度，赋予了质量管理人员一票否决的权利，是药品制造企业以质量保证为最终目的和经营中心的标志。

潘高寿药业于 1988 年 9 月开始试行质量否决制度，1989 年 3 月采用质量系数法实施"质量否决权"计发奖金，突出质量工作在企业经济责任中的地位，进一步提高广大职工的质量意识，使职工以工作质量去保证产品质量，承担本部门的质量责任，这是全面质量管理体制的又一次加强。

质量受权人制度是 2007 年在广东率先实施的质量管理新尝试，潘高寿药业属于第一批试点的企业。质量受权人制度进一步确立质量引导生产经营的原则，接轨国际先进管理模式，具有专业知识和丰富经验的企业质量负责人直接向企业负责人报告，对从原材料采购到成品出售的一系列过程的产品质量具有一票否决权，杜绝多部门交流不顺所导致的质量问题的产生。

潘高寿药业依据相关法规，在企业内部建设中不断完善质量受权人制度，采取再授权的方式下发授权，使质量监督进一步渗透到各个基本环节，努力做到不漏不失。目前，潘高寿药业实行质量受权人制度已收到了良好的效果，质量问题处理效率提升，质量事件减少，产品品质稳步提高。在潘高寿药业职工的全体努力下，在上级有关部门的关爱之下，潘高寿药业在保证产品质量的同时，也在为广东成为中医药强省做出自己的一份贡献。

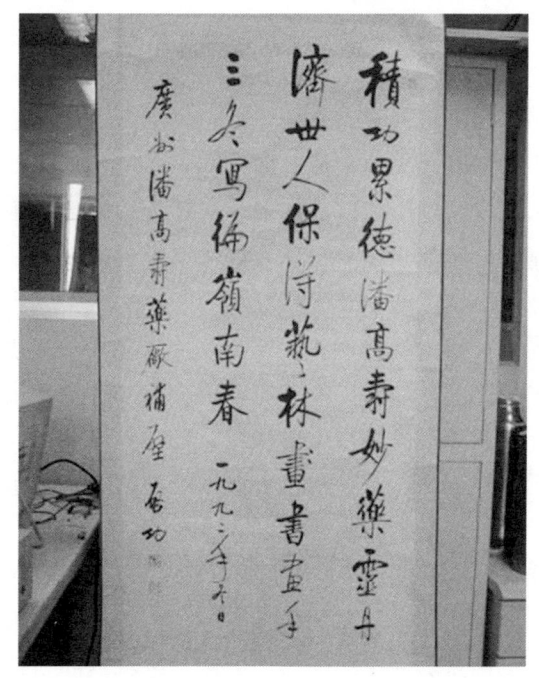

服了潘高寿蛇胆川贝枇杷膏后痊愈的著名
学者启功先生专门挥毫为潘高寿药业题诗一首

第五节　工欲善其事　必先利其器

生产工具的变更对于制造业来说，有着重大的意义。人类历史上的几次工业革命，都起源于生产工具的根本性改变。在潘高寿药业的历史上，生产设备的变更，也对实际生产有着巨大的影响。

一、因陋且就简　传统古法制

在企业建立的初始阶段，因为历史环境影响，中医药行业的生产工具原始，虽然已采用近似于西药的制剂方法，但制剂过程仍然沿用中药传统，如手工碾碎和明火加工，设备仅限于舂臼、铁制煮糖锅等。这一状况一直延续到20世纪70年代末期，根据档案记载，新中国成立初期，洗瓶的设备仅为2米直径的木盆，工人围坐进行洗涤。

1975—1982年，潘高寿药厂的设备管理工作归由技术部门管，下设两个机修组长，配置约13人，包括进行土木建设、水电维修。当时潘高寿厂房占地面积不足1 000平方米，主要设备配置为3吨锅炉，开始时烧重油，后来改为烧煤，为整个生产提供所需的热水。洗瓶的木盆改为水泥砌水池，洗瓶机由电动带动毛刷，可以更有效地清洁玻璃瓶的内部。设备人员还根据企业自身情况，自制货梯和天车，原材料可通过天车吊运到相应车间。这个阶段产量扩大，潘高寿药厂已有8～10只提取锅，但仍为敞口大铁锅，以柴为燃料进行制剂生产。

二、引进新设备　实现机械化

十一届三中全会之后，潘高寿药厂进入一个快速发展的时期。20世纪80年代初，彭文协同志由广东药厂调到潘高寿药厂任厂级领导，他大胆引进西药制剂技术和设备，提倡设备革新，开始由手工向机械化的生产技术转变。

1982年，经过一番细致的技改调研与可行性论证，潘高寿药厂自筹资金，安装3立方米多能提取罐。提取罐内部密封，采用蒸汽进行加热，彻底改变了传统中药明火实炉的提取方式，蒸汽的稳定性、高的热交换率也为提取效率的提高提供了可能。提取罐药液和药渣出口分离，操作简化，大大减轻了劳动强度。

143

1983 年，潘高寿药厂安装了全国第一条 YZ25/500 液体罐装生产线。1984 年，潘高寿药厂引入我国首台 DJS 型小容量罐装塞塞机，专门进行口服液的生产，使理瓶、灌装、塞内枳等灌装工序形成机械自动化，大大提高了工艺水平和生产能力，有效解决了另一主要品种蛇胆川贝液长时间生产能力不足的问题。

三、异地重建期　设备再易代

1994 年，因为地铁建设关系，潘高寿药业从广州市和平西路厂房搬迁至番禺东升工业区，这一搬迁过程为设备的整体更新换代提供了条件。新的生产场地按照 GMP 的要求整体规划，生产设备按照生产流程从上至下合理布局。这样能利用流体势能，最大程度节约能源，产品质量更有保障。在公共设施方面，潘高寿药业新购置了 2 台以轻柴油作为燃料的 4 吨锅炉，配置 2 台 630 千伏安变压器，搬迁 3 台 200 千瓦柴油发电机组，新购 1 台 500 千瓦柴油发电机组，保证能源供应，提高设备运行的稳定性。洁净生产区采用中央空调控制，统一采风，集中控制。

四、GMP 改造　设备大飞跃

为了进一步提高生产规模和质量，规范管理，符合国家法律法规要求，潘高寿药业于 2002 年开始按 GMP 要求进行设备改造。GMP 改造过程中，潘高寿药业制定《设备选型、购置管理 SOP》，严格把关，使各项改造能达到生产质量规范的要求。根据药品酸碱条件及自身特性，工艺设备材质分别选用 304 或 316 不锈钢，物料和纯化水管道选用 316 不锈钢，采用热熔式亚弧焊焊接或快接头连接。生产设备与物料接触部分均经过抛光处理，管道内壁平整、光滑，易清洗、消毒。关键设备引入在线清洗系统（CIP 清洗系统），提高生产能力与生产计划性，减少因手工清洗操作者不同而产生的产品差异性，还能有效防止手工操作的危险，节省劳动成本。

GMP 改造后，潘高寿药业所有的设备均重新建立了档案，做到一机一档，档案内容包括设备卡、设备原始资料（包括装箱单、合格证、开箱验收单、使用说明书、压力容器质量检验证书、调试验收单）等，由专人管理。

五、与时俱创新　水平勇攀升

在设备管理中，经常遇到机器设备适用性不够的问题。在长期的实践中，潘高寿药业针对自身产品特点，不断进行设备的调整和改造。

技术改进与革新是潘高寿药业设备管理人员的传统和习惯，在潘高寿药业工作 20 多年的员工潘镜森就是一个典型。从 1996—1997 年，他带领机修组改良自动贴招机（打印批号的色带），改良后生产的每批少用色带一卷，全年节约几万元。2007 年 5 月，合剂罐装车间操控理盖的 PLC 控制元件出现问题，设备厂家评估后报出一个星期的修理时间，潘镜森通过大胆的假设和合理的考证，对原电路进行了重新设计，仅一天就解决了存在问题。他的重新设计还被当成样本应用在厂家的产品改进中。

在 GMP 改造期间，技术改进革新已经成为技术管理的核心内容，这段时间的主要项目有：

2001 年，潘高寿药业向广东省经贸委申报广东省挖潜技改项目"三类新药清热化湿口服液、小儿清热利肺口服液产业化技术改造"，获得广州市财政贷款贴息 100 万元。

2002 年，潘高寿药业向国家和广东省经贸委申报双高一优项目"口服液三类新药产业化及 GMP 改造"，获得广州市财政贷款贴息。

2002—2003 年，潘高寿药业与华南理工大学合作广州市科委的科技攻关项目"药品生产过程能量综合优化技术与新工艺研究及其工业应用"，2004 年顺利通过市科委主持的验收会议，并获项目资助。

2002—2003 年，潘高寿药业向国家发改委申报国债专项资金项目"治咳川贝枇杷露等综合制药车间 GMP 改造"，2007 年顺利通过省经贸委主持的验收会议，获得省经贸和与会专家的好评，入选广东省技改经验交流单位，并获得中央和地方的贷款贴息。

2005—2006 年，潘高寿药业实施综合楼主体厂房整改屋面隔热层工程，对综合楼天面和外立面进行了维修。

2006—2007 年，潘高寿药业实施污水处理站改造及中水回用工程，并申报通过广州市环保局的审批，纳入 2006 年第二批广州市重点污染源防治补助资金申报计划，并获得项目资助。

此外，为了确保产品的质量，抬高产品的防伪门槛，2004 年潘高寿药业斥巨资引进德国 B＋S 公司的高速全自动液体灌装生产线，使潘高寿药业成为国内相同剂型生产厂家中首家与国际先进设备接轨的企业。该设备运行速度高，生产速度每分钟可达到 400 瓶，比国内同类生产线速度提高 3 倍；精度高，灌装机采用国际先进水平无阀式旋转柱塞泵，延时同步灌装的方式，灌装精度保证在 0.3% 之内；稳定性高，传送稳定，避免污染，容易清洁；技术含量高，采用电脑全自动控制，故障报警，在线检测，质量稳定，安全可靠，使用方便，适合高速自动化生产，市场适应性强。跟此设备相配套的包装材料，根据产品与罐装条件专门设计，杜绝了假冒的可能性。其"内塞密封"结构，防渗漏性好，不仅保证药液的有效成分不挥发，而且保证了药液无法置换或加入不良成分。这套液体灌装生产设备当时还引起国际药学联盟工业学分会阿德尔·萨克尔主席的关注。

潘高寿药业斥巨资从德国B＋S公司引进的高速全自动液体灌装生产线

　　国际药学联盟（FIP）是世界上最大的国际药学组织。2006 年 11 月 9 日，该联盟工业学分会主席阿德尔·萨克尔带领一个考察团到潘高寿药业股份有限公司番禺生产基地考察。这次考察，是该联盟考察中国本土制药状况的一部分，为在翌年首次在北京举行的第六十七届世界药学大会作准备。此次考察，在广州只选了潘高寿药业这家中华老字号，反映了全球药学界对中医中药的关注。

　　在潘高寿药业董事长、总经理魏大华的陪同下，考察团到基地的生产车间参观。当一行走到制剂车间 10 万级洁净区的时候，一条国内极少见的全自动高速运行的生产线吸引着阿德尔·萨克尔主席的目光。魏大华向他介绍，这是世界著名的德国 B＋S 公司为潘高寿药业的产品蛇胆川贝液的生产而专门设计、制造的顶级药物生产液体罐装自动线。阿德尔·萨克尔主席连连点头，竖着大拇指说："B＋S，I see！"他惊讶地表示，没想到在这里会看到如此先进的生产设备。接着，阿德尔·萨克尔拿出随身带来的数码相机，与设备一起合影，并表示要将照片作为考察材料带回去。

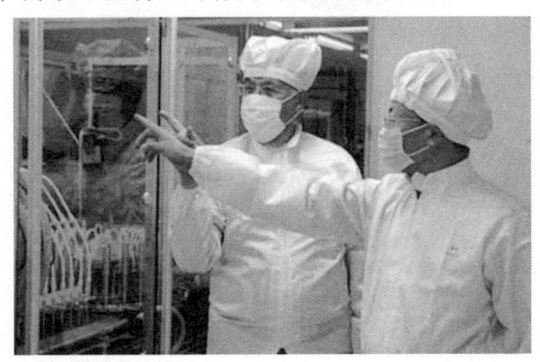

阿德尔·萨克尔先生（左）与潘高寿药业董事长魏大华先生（右）在蛇胆川贝液生产线前合影

潘高寿药业悠久的企业文化、严格的生产管理和先进的生产设备给阿德尔·萨克尔留下深刻的印象。面对潘高寿药业从德国引进的口服液生产自动线，临离开潘高寿药业之际，他再一次认真地说："没想到传统的中药企业有如此顶尖的制药设备。"

高速全自动液体灌装生产线的引进，潘高寿药业进一步提高了生产效率，有效降低了生产运行成本，更有效地保证产品质量，最大限度地满足市场需求，为企业的发展带来了更大的空间。

第六节　技术步步高　工艺日日新

在以手工生产为主的阶段，潘高寿药业主要采取家庭式的管理组织模式，生产管理处于初级阶段。但如所有新生事物一样，潘高寿药业的生产管理就是在看似完全缺乏可能的条件下慢慢萌发成长起来的。

父子、师徒的传承模式，其传承的秘方即相当于一个简单的生产规范性文件，这为生产控制提供了最初的可能。虽然这种方式具有强烈的排他性，在一定范围内不利于生产改造的进行，但是最为秘密口述言传的药材和熬制方法，在某种程度上说，最大限度地保证了药品的稳定性，也可以看作是标准化控制的最初模型。

一、市场为导向　计划巧管理

生产计划管理，主要通过对产品品种、产品产量与产值等多个指标的合理预测与制定，反映企业计划期内生产活动的要求。

在计划统销时期，潘高寿品种单一，计划额完全依赖于药材公司的定额任务。生产计划的制定步骤简单，几乎是把产量平均到一定的时间之内。

企业自主负责产品销售之后，产品产量与市场直接联系。生产量少，会造成市场供应量不足，造成市场的流失；产量过多，会造成产品积压，占用流动资金，造成人力物力的浪费。再加上这一时期，潘高寿的产品品种及规格迅速扩大，合理制定生产计划，分配各个品种之间的生产时间与顺序，是生产计划管理的主要内容。

在制定生产计划的同时，对于产能缺口，潘高寿药业也开始了一系列的改造。

1982年，潘高寿药厂引进3立方米多能提取罐，使中药提炼能力提高30%，生产周期缩短40%。

1983年，潘高寿药厂安装了全国第一条YZ25/500液体罐装自动线，一次完成理瓶、输瓶、计量罐装、塞内积、拧盖、贴标签、印批号等工序，使川贝枇杷露的包装实现了自动化，生产效率提高2倍。

1984年，潘高寿药厂采用了我国首台DJS型小容量罐装塞塞机，使蛇胆川贝液从理瓶、灌装、塞塞工序形成自动线，大大提高了工艺水平和生产能力。

作为生产要素中最重要的条件之一——生产工具，设备条件对生产起着决定性的作用。从20世纪80年代初开始，潘高寿药厂开始大力投资新型设备，引入西药生产观念，结合中药生产实际，完成从小生产到大生产的转变，飞跃性地提高产品产量。

设备改造的过程中，涉及新的机器及人员的安置问题；在产品的生产过程中，涉及频繁的产品转移、改造厂房、增加建筑的容积以及合理减少产品转移的中间环节，也是生产管理中的重要内容，与对药厂全面质量管理结合起来。房房改造结合限菌概念、空调设备等做新的调整，便于集中生产、集中管理，把分散的车间集中起来，使相关工序能够交联控制，并减少半成品运送过程。

厂房改造要与新工艺、新技术结合起来，对那些旧工艺旧设备，予以更新换代。

基建项目情况

建设地点	基建工程项目名称	建筑面积/平方米	起止时间
和平西路 157 ~ 159 号	颗粒制剂车间	1 200	1982.3—1983.3
丛桂路蓬莱东约 12 号	生药整理车间	1 200	1982.7—1983.12
和平西路 159 号	厂级试制科研室	80	1982.4—1982.8
和平西路 169 号	综合生产大楼		

一期工程完成厂房改造，增加车间面积达 2 040 平方米，二期增加 2 000 平方米，基本满足生产需求。两期分别增加生产投料量 420 ~ 480 吨/年和 600 ~ 620 吨/年。

为适应竞争激烈、需求多元化的市场趋势，潘高寿药业注重顾客的需求和购买行为，从原来的以产定销转向了以销定产的模式，计划的安排也从原来的以产为主转向了以销为主。2001 年引进 ERP 系统，快速了解各种原辅材料的库存和市场的销售情况，为计划制定提供了更多的数据支持，使得计划的制定和调整更加迅速，更加合理。通过 ERP 系统快速分析以往数据，及时掌握当前的市场信息，制订出更加合理的安全库存计划，并能及时根据市场的变化来调整生产，确保市场的需求。另外 GMP 规范的实施也对计划下达、变更的程序进行了规范，保证了计划的尽早制定以及根据市场变化情况进行快速的调整，为生产的进行做好了充分的准备。

二、工艺细规范　品质有保证

工艺是产品生产方法的指南，是计划、调度、质量管理、质量检验、原材料供应、工艺装备和设备等工作的技术依据，是优质、高效、低耗和安全生产的重要保证手段。其执行要求方法、设备、厂房结构、人员等的统一，以达到最优效果。

在公私合营之后，企业归于国家所有，生产工艺不再是个人秘密，潘高寿药厂开始出现最初的生产工艺文件，后来演变为岗位安全操作法，对投药量、提取制剂工艺等做简要说明。但这些方法说明细节部分不够清晰，加上设备简陋等实际问题，难免造成生产中的不稳定性。在 20 世纪 80 年代末到 90 年代初这段时间，根据全面质量管理要求，潘高寿药厂开始着手建立工艺规程、批记录，进一步充实、提高岗位安全操作法。

另外，生产部门制定了原药材前处理工艺及要求，对原药材的加工处理规定了工艺标准。这一时期，生产部门负责原药材、辅料的质量标准制定，20 世纪 90 年代末，这一职能转到质量部门。

20 世纪 90 年代中期，潘高寿药业进行异地重建，新的环境和不断研制的新产品给生产提出了新的要求，如 1996 年保儿安颗粒和鼻咽清毒颗粒，因为药典规定的不溶物一项达不到要求而面临停产困境。潘高寿药业发动科技人员力量，群策群力，在时任车间技术员的卢其福的提议下，用真空浓缩代替敞口浓缩设备，成功解决了不溶性颗粒的存在问题。

在 2003 年的 GMP 改造中，潘高寿药业生产部门对工艺规程、批生产记录做出了重新制定。工艺规程内容从产品概述到综合利用、环境保护等 18 个方面，不仅规定了生产过程和设计工艺流程图，还就产品历史、质量状况等做了详细的描述。有了编制人、审核人，经过批准后执行，已经基本做到了对生产的全面指导。关于产品生产过程中的每个状态，包括文件填写、清洗步骤、检验程序、药材要求都通过与其他规范化文件链接进行控制，做到了产品生产过程的无差别状态，维持了品质的稳定性。批记录废除原来使用的只记录从原料备料到成品检验过程的一张式流程卡，根据 GMP 实施细则的要求，重新设计表格，增加委托加工与厂外车间生产的记录。细化工艺，对生产的各个环节详细列示，便于操作及记录，更客观地反映生产的实际情况。对程序细化，将包括生产前检查确认、清场记录、检验报告、审核放行的相关内容纳入批记录，订立成册，进行保存，并保存到有效期后一年。将任何可能对质量产生影响的内容进行反映，作为产品质量追寻的依据。新编了生产指令，建立生产指令的流转程序，使生产安排流畅。保留了原有岗位安全操作法，是在原来的基础上补充、细化，适用于新的设备和生产操作。

三、以人为根本　致力促和谐

生产管理的另一个重要方面是人员的管理，潘高寿药业注重对生产技术人员的培养。对班组长、生产骨干力量加强培训，进行定期的计划性轮岗，使这些人员在日常生产中能够结合生产实际，起到统筹作用。

潘高寿药厂在 20 世纪 80 年代初即提出人性化管理，注重过程和谐，采取达标制度、适量奖励，提高生产收率，减少生产过程中的不必要损失，达到了极佳的效果。在业余时间，潘高寿工会积极组织联谊活动，增进人员和谐，加强归属感，从而稳固了生产队伍，催生了一大批熟悉岗位业务、劳动积极的生产人员，并形成了争当先进、进言献策的优良风气，极大地促进了生产的进行。

四、联合加委外　产能大提升

20 世纪 80 年代，潘高寿药厂产销极为旺盛，虽然经过一系列的生产改造，但是有限的厂房、设备和人员问题一时难以解决，极大地限制了潘高寿药厂生产的进一步发展。很多疗效好、深受病患者欢迎的产品得不到充分的开发和发展。为了解决这一问题，从 1985 年起，潘高寿药厂先后与市桥维生制品厂和市桥制药厂建立起松散型的横向经济联合，市桥维生制品厂对潘高寿的紫茶合剂和鼻咽清毒剂产品进行中药提炼以及对蛇胆川贝枇杷膏、蜜炼川贝枇杷膏进行包装，而市桥制药厂则对蛇胆川贝液产品进行由灌装至包装工序的加工。

这种以发外加工方式为主的横向联合，虽然使蛇胆川贝液等产品的产量有了较大的增长，但仍远远不能满足市场的需求。1986 年开始，潘高寿药厂领导层统一思想，本着互惠互利、共同发展原则，开始加大横向、联合的力度。由潘高寿药厂派出优秀技术人员，对对口厂家进行生产工艺、设备、人员的全面指导，使对口厂家的制造实力与潘高寿药厂靠近，更好更大量地开始进行潘高寿产品的生产。

1986 年 11 月，潘高寿药厂与市桥制药厂联营 7 个产品（即补肺汤、妇炎清、升血调元汤、小儿止咳糖浆、小儿七星茶、当归精、首乌补汁）。产品的全面投产，使潘高寿药厂年产值增加 200 万元，创利约 30 万元。

1988 年，潘高寿药厂被评为"广州市城乡结合办工业先进单位"。

1989 年，与市桥维生制品厂合资建立中药制剂车间，3 年增加产值 5 000 万元，创利 671 万元。

在潘高寿药厂内积极挖潜、提高产量和厂外横向联合的共同作用下，"六五"期间工业总产值年递增 21.7%，"七五"期间工业总产值年递增 38.84% 创下潘高寿历史的辉煌。

经过十几年的发展，潘高寿厂区的生产管理日渐成熟，大量优质产品不断问世，获得了市场的欢迎。不断攀升的需求量是对产品品质的肯定，但同时也造成了供应漏洞。提高产量，再一次成为潘高寿药业发展的问题。

在新的发展形势下，横向联合，进行产品的全托产已经不适合新的管理要求。因为对质量的要求不断提高，要求企业对生产的关键步骤进行控制，以保证产品的产量与质量，这不仅是相关法律法规的要求，也可以凸显潘高寿药业在产品的调配与灌装优势，填补产能缺口。委托加工过程，药材的加工与提取过程外包，为了便于生产的管理，潘高寿药业在委托前派出经验丰富的生产管理人员，针对生产流程中各项关键数据进行严格的比较；加强监督指导，对驻点人员进行制度化管理，对各个环节进行跟踪检查；提供经过严格检查的原料药，规范工艺规程，重视抽检过程；加强对委托加工厂家操作人员的培训，提高他们对潘高寿产品的理解和认识。

2006 年，为了进一步提高产能，潘高寿药业投资组建清远场外车间。车间参照潘高寿药业在 GMP 实施中的成熟经验来设计，抽调高级生产质量技术的管理人员，组织联合性的验证和验收，并针对场外车间的实际情况，制定单独的标准化程序，并派出优秀的技术人员驻点，进行现场管理，很快就使清远车间达到日产一批的产量，很大程度上弥补了主厂区的产能缺口。在厂外车间的设备上，经过严密认证，选择了更为先进的真空设备进行炼膏，设备运行良好，也为主厂区生产设备的更新提供了可靠参考。

第七节　市场莫经济　经营求创新

自 1890 年创立以来，历代潘高寿人都十分注重经营管理。为了适应发展的要求，他们以敏锐的市场触觉、求新求变的发展思想不断地对企业的经营管理进行创新。100 多年来，潘高寿药业的经营管理经历了传统个体经营时期、计划经济时期、改革开放初期、新世纪 4 个时期。随着经营管理的变革，潘高寿药业的营销组织机构也几度变迁，各个时期呈现出不同的特点。

营销组织机构变迁表

时期	营销组织结构、变革
传统个体经营（1890—1955 年）	传统家庭手工作坊生产阶段，自产自销，个人推销
计划经济（1956—1978 年）	计划经济时代，国家统购统销。1974 年设立计划供销股
改革开放初期（1979 至 90 年代末）	计划经济向市场经济过渡阶段，1980 年分拆为计划股、供销股；1987 年设立计划计供科；1991 年设立广告科；1993 年经营部成立，下设供应科、销售科、物资管理调度科、外经外贸科、广告科、车队；1998 年销售部、外经外贸部、广告部成立

（续表）

时期	营销组织结构、变革
20 世纪 90 年代末至 2007 年	市场经济。2003 年成立产品营销中心

一、西关老药铺　经营出奇招

在药铺创立之初，潘高寿药行的经营管理工作主要是保持药铺信誉，以"诚信经营"的思想指导店铺日常买卖交易。店铺的宣传也主要依靠寄予了"长春不老、益寿延年"的良好愿望的店铺标识——"长春洞潘高寿"招徕客人。到了第二代传人潘郁生接管药铺后，由于西药广为行销，经营环境有所改变，潘高寿人审时度势，开始进行经营管理的创新，使得此时期的经营管理呈现出新的特点。

（一）独特的经营之道

早在 1929 年潘高寿川贝枇杷露问世之时，时任潘高寿药行司里的潘郁生便意识到再像父辈那样只靠守着店铺，被动地等待客人前来光顾已难以立足。要打开销路，必须进行广泛的宣传。

于是，潘郁生发起强大的宣传攻势，在报纸、电台做广告，经常发表奇文怪论，宣传药品疗效，堪称现代的药品广告软文的鼻祖。此外，他还摆摊设档，免费向过往劳苦大众提供川贝枇杷露冲饮，潘高寿川贝枇杷露从此声名鹊起。潘郁生以其独特的经营之道，成为近代工商业经营的杰出代表。

百年潘高寿治咳之路

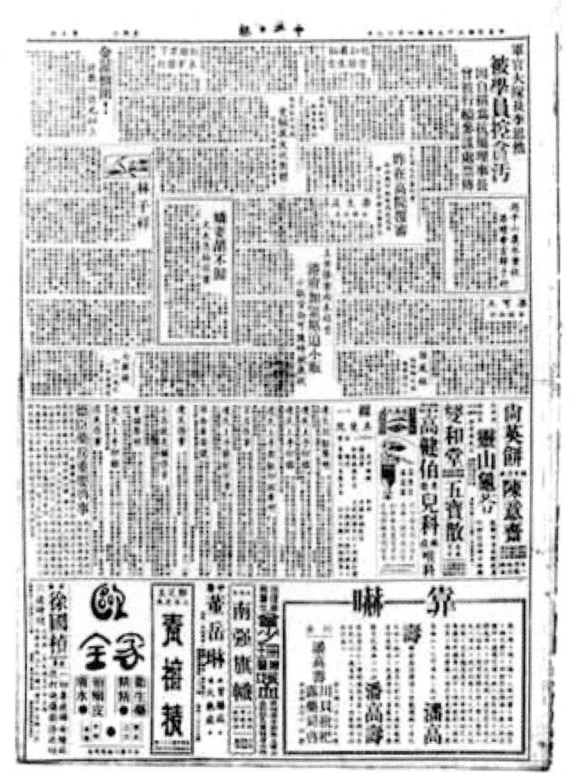

刊登在民国三十五年十一月十九日《中正日报》
潘高寿奇文怪论广告（类似于现在的报纸软文广告）

　　广告原文：“恐、吓、煽、骗，人类四害。吓一个字，
祸尤惨烈。例如拔枪指吓，使人命若悬丝，虚声恐吓，使人
面青面白。又如扮鬼吓人，胆大吓死贼。是皆形容吓之令人
怕者。有黄绿之徒，医人靠吓，见人咳血，就话内伤，见人
单咳，又话肺痨。患者听其危言，内伤肺痨四字，常盘旋与
脑海心坎中，精神受创，病假情真，虽非痨伤，而亦竟成痨

伤矣。庸医吓人，嗟可叹也。或曰潘高寿对于真假痨伤，皆能获救，这又何故？语曰：哀莫大于心死，是不过病者仰慕鄙名，先具信念，药露到肚，痨伤竟化为无。人以为苦海慈航，实则君能自救。所谓你存不死之心，我负救人之责，两家都有功劳所在。广州潘高寿川贝枇杷露药局启　杉木栏一百二十九号　新豆栏上街十四号"

（二）知识产权保护意识的萌芽

中国古代社会"重农轻工"，工商业产生后很长一段时间里，都还没有萌生知识产权意识。潘高寿人在 20 世纪 30 年代开始意识到知识产权保护的重要性，产生知识产权保护意识的萌芽，是至 2007 年所知岭南地区最突出的维护知识产权的百年老店。

1937 年，潘高寿川贝枇杷露因疗效确切，畅销各地，引起不少药铺仿制。为维护产品创制的所有权，潘高寿人与仿冒店家发生了不少纠纷，其中与香港诚济堂药行打的一场官司最为轰动，这是中国较早的"知识产权"纠纷案。但最终因诚济堂的川贝枇杷露已在香港注册，法院判潘郁生败诉。产品被仿冒给潘郁生带来切肤之痛，潘郁生意识到产品仿冒的危害性，毅然改良川贝枇杷露的包装，以父亲潘百世和自己的肖像作为商标及防伪标识，以保护自己的知识产权，并印上"劝人莫冒潘高寿，留些善果子孙收"警示世人。

（三）对外贸易的开始

20 世纪的广州已是南药输入的重要口岸，但一直以西土药材为主，出口的中成药不多。潘高寿川贝枇杷露因治疗感冒咳嗽疗效显著，成为当时广州出口中成药的几个名牌产品之一，主要销往华侨比较集中的东南亚各国以及日本、朝鲜，当时很多华侨家里都常备有。潘高寿凭借确切的产品疗效和信誉迅速向外发展，当时在海外设有分支机构，产品十分畅销。"潘高寿"逐渐成为享誉海外的品牌。

运用别出心裁的手法宣传产品、致力维护知识产权、大力发展海外贸易是这一时期潘高寿经营管理的特点。由于经营得当，潘高寿迅速发展，1948—1949年，潘高寿药行发展到了鼎盛时期。

二、产品统购销　出口羊城牌

新中国成立后，对工商业进行了社会主义改造。1956年，潘高寿药行与大同成药社、中华成药社进行了公私合营。同年，国家全面实行计划经济，产品实行统销统购。潘高寿联合制药厂与国内其他工厂一样，只需管好生产，产品交由广州市药材公司统一安排销售。

对外贸易方面，中成药产品统一由广州市土产进出口公司负责。新中国成立初期仍按传统办法，有寄售、售定、代办等方式。但到了1952年，便改变为统一采用售定办法交易，出口业务直接向市外贸局申请办理。

但由于历史和政治的原因，新中国成立初期，潘高寿产品的出口却受到阻挠。潘高寿在香港的后人一时未能理解和接受内地的政策和运作，向港英政府法院递交了诉状，起诉内地有关部门侵犯了"潘高寿"商标权以及在港家族的权益，提出了"大陆方面停止在港澳地区使用潘高寿商标"等一系列要求。后来经政府协调，潘高寿和广州的其他中药厂一样，主要出口产品统一以"羊城牌"出口。

由于国内外的产品销售都由国家统收统销，这一时期的潘高寿药厂的管理主要集中在生产方面，经营管理并无发展，这种状况一直保持到1979年国家实行改革开放前。

三、自销破困局　屡屡开先河

1979 年，国家开始实行经济体制改革，计划经济的财政统收统支、产品统购统销的模式逐步被改变。广州市药材公司不再收购潘高寿产品，产品一度出现大量积压的现象，"独抱琵琶"（主要依靠单一产品"川贝枇杷露"）的潘高寿药厂陷入了半停产的状态。面对困境，潘高寿人开始创新经营方式，加强经营管理，以谋求出路。

（一）产品自销创先河

为了打破困局，潘高寿人开始进行自销。当时主要采取"请进来"和"走出去"的策略，举办或参加产品展销会、订货会来推介产品和招揽客商。1985 年，潘高寿药厂自办的第一个产品订货会召开，客商反应热烈，订货者众多。潘高寿药厂的这种自销方式当时在行业内开了先河。此后，很多药厂纷纷效仿，举办各类产品订货会，进行产品自销。

1986 年，潘高寿药厂在巩固老客户的基础上不断开拓新市场，与重点销售区建立特约供销关系。1987—1990 年，潘高寿药厂分别在北京、上海、重庆、广东、武汉等地召开新产品介绍会，邀请专家到会推介产品。潘高寿产品在各地的知名度得到大大的提高，逐渐有"不请自来"的客户上门订货。

1988 年 10 月的一天中午，一位来自福建省厦门市医药站的老业务员来到位于广州西关和平西路 169 号的广州潘高寿药厂计划供销科，要找负责有关产品销售的同志联系业务。厦门是改革开放后中央决策的 4 个经济特区之一，也是当时有名的沿海 14 个计划单列城市之一。但是作为享有购销大权的国有企业医药系统的一个二级站，能放下架子主动到地方的药厂联系业务，这在计划经济的年代是不可思议的事情，就是在改革开放之初也是十分罕见的。

潘高寿药厂的这位业务主办热情地接待了这位来自远方的客人，做成了第一笔来自省外，又是主动上门联系的生意。业务的数额虽然仅 1 万多元，但是对潘高寿药厂来说，这是一个有划时代意义的事件。

原来这位来自厦门叫陆国墀的老先生跟潘高寿渊源很深：这位陆老先生是广州人，年轻的时候就在广州的药行工作，潘高寿的川贝枇杷露也是他所在的药行经销的商品之一。而这次他的广州之行，就是他主动向厦门医药站提出要适应改革开放、搞活经济的要求，专门开辟经营广药名优产品的部门。由于 40 年前的工作经历，他首先想到的是自己熟悉的潘高寿。

有了这个因由，以后双方不断加强了业务和各方面的联系，扩大合作范围，使厦门医药站成为潘高寿名优产品销向福建、江西、湖南等地区的一个重要媒介和窗口。通过频繁的接触，陆国墀老先生成了潘高寿的贵客。

自此以后，潘高寿药厂根据生产发展形势，不断加大拓展省外销售市场的力度。在湖南、昆明、武汉、天津等地召开名优产品推广介绍会，主要做法为：组成三结合推广小组，加强产品宣传，认真组织好产品订货会议。

1991 年，潘高寿产品自销额高达 90% 以上。认真组织好订货会是潘高寿药厂当时销售工作的关键，厂级领导亲自抓销售工作，定期每季召开一次省订货会，每年召开两次全国订货和直接到销售区召开订货会，以及组织力量参加各兄弟单位召开的展销会和交流会。通过召开和参加各种展销交流会，不但签订了大批订货合同，加强了与客户的联系，同时收集了市场信息，为领导研究经验决策提供了依据。

百年潘高寿治咳之路

岭南中医药文库

产品打开销路之后，为了占领市场份额，潘高寿药厂狠抓了销售服务工作。由于当时的运输条件限制，潘高寿药厂积极与铁路运输部门搞好合作关系，保证产品及时送到客户的手中，从而增强了客户与潘高寿药厂合作做生意的信心，保证了市场供应，客户满意度也不断提高。

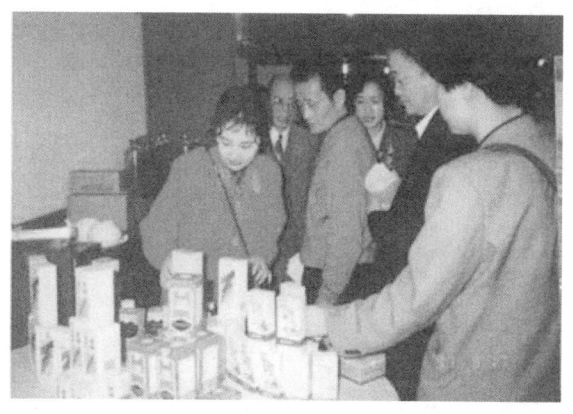

在1995年首届国家中药保护品种展览会上，潘高寿产品广受欢迎

1995年首届国家中药保护品种展览会现场，国家中医药管理局副局长任德权参观潘高寿展位

1990 年潘高寿代表参加在日本东京举办的中国
科学技术新成果、新产品展览会现场

（二）广告传播创新意

为了进一步打开产品销路，潘高寿药厂在积极召开产品
推介会的同时，充分利用电视台、电台、广告牌、报纸杂志
等媒体加强品牌和产品的宣传。为了使产品广告达到更佳的
宣传效果，1991 年，潘高寿药厂设立广告科，专门负责制定
广告投放策略，安排广告投放工作。广告科的成立，使潘高
寿广告投放的针对性变得更强。

20 世纪 90 年代初，广东有线电视网络迅速发展。收看
有线电视的用户激增，香港电视台的节目受到热捧，本土电
视节目收视急剧下降，在本土电视台投放广告已难以达到理
想的宣传效果。潘高寿广告科的人员经过研究，向领导层提
出大胆的建议：转向香港电视台投放广告，以保证宣传能达
到目标消费群。建议很快得到采纳，1992 年，潘高寿蜜炼枇
杷膏广告在香港电视台亮相。由于媒体选择得正确，产品很
快便家喻户晓，销量也随之攀升。作为首家根据收视情况改
变电视广告投放策略并取得成功的大陆企业，潘高寿药业成

岭南中医药文库

百年潘高寿治咳之路

为中国广告史上一个范例，被载入了《中国广告猛进史（1979—2003）》（华夏出版社）和《中国广告史》（北京广播学院出版社）。

潘高寿药业董事长彭文协（左一）、工会主席刘小兰（右三）等参观香港无线电视台

随着产品销量的上升和市场的不断拓展，潘高寿的广告形式也不再限于传统的电视广告、报纸广告，宣传的方式更加多样化。

20 世纪 90 年代，潘高寿药业为四大拳头产品制作了影视广告，其中蛇胆川贝枇杷膏和蜜炼川贝枇杷膏广告片中两位清末仕女的清秀形象最为深入民心。有见及此，潘高寿药业将两位仕女的形象运用到平面广告中，改变以往单一展示产品形象的设计，做成精美的金属挂历牌，作为礼品送到千家万户。

1996 年，潘高寿川贝枇杷膏平面广告作品因出色的设计创意，获选法国戛纳广告节参展。同年，潘高寿药业与北京故宫牵上了"红线"。故宫博物院因维护发展的需要，期望获得企业的支持与合作。考虑到保护国家文物是企业应尽的社会责任，潘高寿药业主动出资资助故宫的维修工程，并捐赠了88块宫殿说明牌。为了感谢潘高寿药业，故宫博物院在主要景点如太和殿、坤宁宫、御花园等介绍牌上都刻上"潘高寿"的标志。

由于潘高寿药业的一系列广告攻势以及品牌推广活动，潘高寿产品供不应求，畅销各地。

（三）文化营销谱新篇

20世纪八九十年代是潘高寿企业文化最为活跃的时期，企业多次举办或赞助各类体育活动、文化艺术活动。借助这些活动来推动产品销售，也是这一时期潘高寿药厂经营管理的一大特色。

1988年，潘高寿药厂便与足球结缘，独家赞助了"世界足球小姐"加冕仪式活动。3月1日，潘高寿药厂作为全国60家热情支持体育事业的企业参加了在北京人民大会堂举行的颁奖大会。8月14日，潘高寿药厂向宋庆龄基金会赞助1万元以支持"贝贝杯"第六届全国足球赛。11月14日，潘高寿药厂赞助的"广州南方高寿杯"钓鱼邀请赛开幕。1989年，广州市第十届运动会上，广州潘高寿药厂因鼎力支持广州市体育事业而受到表彰。

潘高寿药厂独家赞助世界足球小姐评选活动，图为参加者留名板

潘高寿药厂支助体育事业的善举，在社会上引起了强烈反响，使潘高寿药厂声名远扬，同时也促进了产品的销售。

　　20世纪90年代，潘高寿药厂因"联姻"全国著名歌唱家、艺术家郭兰英女士，开始了文化艺术营销征程。1991年11月，"潘高寿药厂企业文化艺术团"正式成立。郭兰英的中国民族民间艺术专业学校师生经常联合潘高寿艺术团赴全国各地表演，潘高寿的企业形象和产品也随着艺术团走向全国各地，进一步向各地人民展示了其企业品牌、企业形象和企业文化魅力，推动了销售，提高了品牌影响力。

　　1994年举行的"郭兰英艺术生涯六十年纪念演出"晚会上，潘高寿药业董事长、总经理彭文协（右四）、副总经理刘小兰（右三）与郭兰英（右五）合影

（四）出口贸易有突破

　　1979年，国家开始实行改革开放，因此潘高寿药厂的出口贸易有了较大的发展。

1. 改革开放之初的来料加工。改革开放初期，国家倡导来料加工、来样加工、来件装配和补偿贸易的"三来一补"的企业贸易形式。

1979 年的广州春季交易会期间，广州市外贸部门安排了首次药品展览，潘高寿药厂等广州制药业代表始得同中外 86 家商贸公司的代表直接洽谈，增进了解，取得联系。下半年便有客商来穗，签订了 49 份来料加工合同。

随后，来料加工业务在潘高寿药厂有了较大的发展，成了外贸工作新的增长点。通过来料加工，充分利用了潘高寿药厂的剩余生产力，创造了更大的经济价值。1981 年，潘高寿药厂正常贸易额为 87.5 万元，来料加工完成 21 万元，合计 108.5 万元，同比增长 55%。通过来料加工，增加利润 10 万元，增加了可调度生产资金。在加工的过程中，潘高寿药厂学习和提高了新的技术和新剂型的生产方法，还将个别内销产品转为出口产品，打进了国外市场。

2. 20 世纪八九十年代的外贸出口。七五时期，潘高寿药厂主要利用广交会和省市贸促会扩大出口。1990 年，出口创汇 134 万美元，创当时历史最高水平，排于中成药行业首位。潘高寿产品出口到港澳台以及东南亚、美国、加拿大等 10 多个国家和地区。

1991 年，潘高寿药厂大力搞好外经工作，先后与新加坡、马来西亚、泰国等客商进行项目洽谈，取得一定的成效。经广州市外经委、市工商局批准，总投资额为 373 万元人民币的中外合资企业广州康寿药业有限公司成立，专门生产经营合剂等出口产品。潘高寿药厂先后参加印度尼西亚展销会、香港展销会等活动，产品出口成交金额达 20 多万美元。

百年潘高寿治咳之路

意大利学者参观广州潘高寿药厂（1991年）

香港药业商会代表团参观广州潘高寿药厂（1991年）

潘高寿药业董事长彭文协向到访的香港位元
堂药厂代表介绍公司产品（1993年）

台湾台中市中医师工会同胞参观广州潘高寿药业股份有限公司（1994年）

潘高寿药业代表与来访的波士顿大学教授合影（1997年）

1995年，潘高寿药业积极调整出口渠道，增加出口创汇。由于广东省医保局收回了广州中成药多年出口的商标"羊城牌""星群牌"的出口经营权，使许多出口公司不得不停止订货，导致潘高寿药业的出口量受到一定影响。潘高寿药业以此为契机，树品牌，逐步将销售重点转移到公司自我商标的产品上。放弃已过时的旧商标，重点转到公司品牌的推广上，初步改变了过去对"羊城牌"等外贸出口商标的依赖，同时亦使因商标更换而出现的出口滑坡降到最低。此外，还积极开展进口国注册、认证工作，为潘高寿药业产品进入国际市场打好基础。1996年，潘高寿药业在外经贸方面有了大突破：选择澳大利亚作为突破口，借新厂建设机会，积极向澳大利亚 TGA 申请生产质量管理规范验证，为潘高寿产品申请澳大利亚进口注册创造了条件。

1996 年 5 月开始，我国实行出口中药产品质量注册规定。潘高寿外贸部门及时组织力量，编写上报资料，分类分批上报，共有 120 多个产品取得注册证书，保证了潘高寿产品出口的顺利进行。

1997 年，潘高寿润喉糖经过一年多的开拓，在海外市场呈现了较好的销售势头，先后在澳大利亚、美国、新加坡以及中国香港铺开了市场，销售总值达 128 万元人民币，成为潘高寿又一个品种出口突破百万的产品，形成新的利润增长点。

1997 年美国波士顿大学教授（左二）到潘高寿
药业进行外事活动

3. 东南亚金融风暴与外贸出口。1998 年，潘高寿外贸出口由于受到东南亚金融风暴的影响，出口主市场受到较大的冲击，外贸出口大幅下降。

为了尽快消除金融风暴对潘高寿外贸工作的影响，潘高寿将外贸工作重点调整到新市场、新客户和新品种上。经过充分研究和慎重选择，成功在日本这个新市场取得了突破，出口日本的产品可比美国同类产品，受到日本市场的欢迎，出口呈现良好势头。同时，潘高寿药业还着重调整了外贸产品结构，枇杷膏和润喉糖逐渐成为新的外贸支柱产品，出口量达231.05 万元。由于调整了外贸策略，1999 年潘高寿药业实际出口交货值增长，金融风暴以来外贸的出口跌势得以遏止。

（五）队伍建设

改革开放后，企业开始进行自销，优秀的销售团队是刷新业绩、推动产品销售的保证，因此销售队伍建设是这一时期潘高寿药业经营管理中的重要一环。

"六五"末期，潘高寿药厂诞生第一支销售队伍。当时号称为"4 个 1"的队伍：以原供销科的人员为基础成立，包括1 名开票员、1 名储运员、1 名业务员和 1 名负责函购的业务员。

随着市场的发展，潘高寿药厂的销售队伍不断壮大。

1988 年，选拔了一批有一定知识水平、善于与人沟通的人员加入销售队伍中。

1989 年，将全国销售区一分为二，长江为界，划分为南北两区，实行包干负责制。通过竞岗方式，新增选拔 5 名具有高中以上学历的人员加入，建设成 10 人的覆盖全国的销售队伍。同时，修改和完善销售奖励办法，进一步调动供销人员积极性。

1993 年，一批大专、中专毕业学生充实到销售队伍，队伍得到又一次的壮大，人员素质也不断提高。

四、群狼齐合力　北伐拓市场

进入 21 世纪，中国加入 WTO，全球经济一体化进程加快，市场竞争日趋白热化。国家经济发展的深入，监管政策的变化，药政管理的强化，厂商大战、经销商大战、价格大战等，市场的宏观、微观环境发生了一系列的深刻变化。

而步入新世纪的潘高寿药业，由于过分依赖某些商业大户以及企业的内耗，企业发展停滞不前，产品、市场、队伍等也面临一系列陈旧、老化问题。2004 年，潘高寿药业调整领导层，魏大华担任潘高寿董事长、总经理，企业走上转型升级的新路。

（一）狠抓基础工作

2004 年，陷入困境的潘高寿药业只有 20 名营销人员，主要依靠经销商做市场。市场上很多经销商的产品库存很大，零售药店的产品一般都超过半年，批号比较旧。更为严重的是，有些经销商的售价比企业售价还低，价格倒挂，市场混乱。新领导层到任后，并没有急于马上在市场上展开抢夺战，而是扎扎实实地狠抓基础工作建设。

首先，加强终端队伍建设，壮大了销售队伍，将全国细分为 35 个区域，大本营广东从 3 个区域增至 12 个区域；建立全方位的终端考评制度，使终端工作的目的明确、政策落实、行动统一；实行多元化的终端奖励政策，促进终端纯销的快速增长，实施终端的等级管理体系。为了提高终端队伍的战斗力，定期组织了一系列培训，邀请营销专家及有丰富市场实战经验的人员授课；为激发终端人员的积极性，制订了以"进修、学习"为主的奖励制度，特别是企业内部举办的各种交流式培训，更加务实地提高队伍的营销素质，增强团队凝聚力。

其次，针对营销基础工作薄弱，潘高寿药业实施掌控营销，稳步推进营销改革，优化营销架构。对商业客户实行分级管理，把控一级分销商的网络，把握市场运作管理主动权；完善二、三级分销渠道，搭建科学合理的销售网络；实行产品价格分级管理，加强市场监控力度，稳定市场流通价格；合理控制商业客户的库存，使产品的社会库存保持在一个合理的范围内；狠抓重点药店、平价药房、大卖场的直销宣传，宣传促销工作延伸至二、三级城市，实行终端拦截、点面配合；积极开发有终端网络、有配送能力的区域经销商；等等。

此外，为了适应日益严峻的医药市场，加强营销人员的沟通与交流，增强团队凝聚力和战斗力。2005年11月，在潘高寿董事长、总经理魏大华的亲自策划下，产品营销中心在原《营销简报》基础上改版创刊《野狼战报》。自创刊以来，《野狼战报》逐渐成了展现营销人员的风采、交流有关营销管理和品牌管理的精辟见解以及工作、生活感悟的园地，逐渐成为潘高寿药业营销工作的"内参"和终端培训工作的活教材。

一系列基础工作的落实，使得潘高寿团队恢复战斗力，重新把握市场运作管理的主动权。经过一年的努力，潘高寿药业改变了亏损的状况，为下一步的发展奠定了基础。

（二）进行"野狼行动"

扭亏为盈后，潘高寿药业所面对的问题是如何取得进一步发展，不断刷新企业的销售业绩。当时潘高寿产品的销售主要集中在岭南地区，省外销售所占的比例很低，而主要产品也受到众多品牌的堵截和追击，市场份额不断减少。潘高寿人逐渐认识到缺乏市场开拓意识，产品销售是难以取得突破的。他们开始改变固有的观念，而新的领导层也为潘高寿药业带来了很多新的营销思想，企业开始了营销改革。

2004年底，潘高寿药业改变过去"自然销售"的理念，引入市场作战思维。面对激烈的市场竞争，潘高寿人感到必须要有野狼般的团队精神，有狼群之势，狼性之猛，才能赢得市场。2005年，潘高寿药业提出名为"野狼行动"的全国营销方案。

"野狼行动"包括三大战役。第一个战役的实施时间是2005年上半年，目标是迅速启动包括广东在内的全国10个重点省市市场。为了达到这一目标，潘高寿药业实施了"双管齐下"的策略，即空中广告拉动与地面终端推进相结合。在这些重点省市市场，通过广告造势，"地面部队"随即构建运转流畅的终端。第一战役，目标市场全部攻下，销售实现了57%的增长，创下了广州乃至全国老字号企业的销售奇迹。其中主打产品蜜炼川贝枇杷膏的销量同比增长了88%。

从2005年7月1日起到2005年底的第二个战役打响，目标是启动全国除西藏外的其他地区市场，把终端从地级市向二、三级城市发展。"野狼行动"进展非常顺利，其地面销售渠道、通路以及分销网络均建立起来，终端推广力度也大大加强，边远的新疆市场也实现了零的突破。

从2006年开始第三个战役，目标是提升和巩固全国市场，做深做透可以上量的目标终端，全面提升品牌知名度和美誉度。潘高寿药业动用大量资金投入到一些强势媒体展开营销传播，并在中央电视台的黄金时段投放广告，发动包括农村在内的全国市场总攻。

随着以农村及城市周边地区小型诊所为代表的第三药品

销售终端的崛起，潘高寿产品的营销渠道也随之改变。公司发挥产品的价格优势，在继续维持传统的面对城市市场的渠道方式外，率先抢占第三终端。同时，潘高寿药业已开始了进军医院市场的计划。

"野狼行动"使潘高寿药业在全国范围内成功树立起"治咳专家"的形象，"潘高寿"也从区域品牌迅速成为全国品牌。"野狼行动"也成了2006年中国十大营销事件之一。

（三）整合媒体传播

潘高寿药业自确立了挺进全国市场的战略后，便加强了与国内强势媒体的合作。2006年，潘高寿药业高调结盟中央电视台，在中央电视台黄金资源招标会上连中四元，夺得"医药第一标""广药第一标"；与中国强势省级卫视：湖南卫视、安徽卫视等以及其他省级电视频道广泛精诚合作，斥重金聘请国内著名影视明星唐国强、刘蓓代言产品，并从品牌、产品、市场、营销等多角度在全国主流报媒上对潘高寿产品进行了系统全面的宣传报道，较好地借助媒体强大的传播力，实现了市场和品牌的升级。

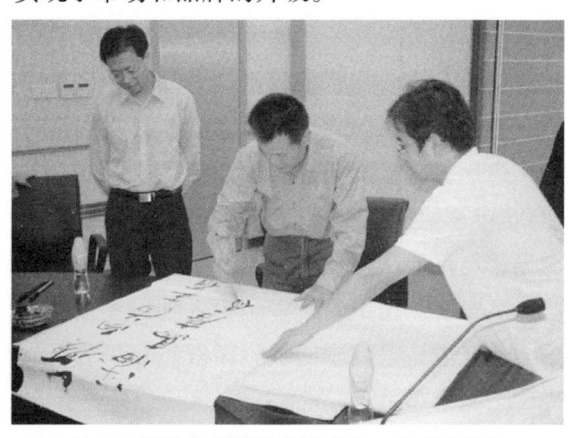

湖南卫视代表到访潘高寿药业，并赠送题词

（四）加强品牌管理

引入现代营销思维后，潘高寿药业更加注重对品牌的管理。

1. 重新品牌定位，走专业化道路。为了实现潘高寿品牌的升级，2004 年，潘高寿人进行了近半年的调查研究。通过分析，他们挖掘出企业的几大优势：品牌名称独特，"潘高寿"本身就是一个足以打动人心的品牌和宣传理念，消费者也很认同；产品功效可靠，顾客群比较稳定，美誉度高；"潘高寿"是企业品牌、产品品牌、商标名称"三合一"，对品牌传播非常有利；产品适用人群广泛，需求量大，在同类竞争产品中具有价格优势，而其全国市场尚未开发，因而具有相当大的市场增长潜力和发展空间。因此，潘高寿人定下做"止咳化痰""单打冠军"的品牌发展方向。刚开始时，潘高寿药业提出了"做呼吸系统专家"的口号。但在展开论证时，还是觉得这个定位太宽泛，也不够专业，考虑到潘高寿的传统强项和市场细分的科学性原则，他们最后将品牌定位为"治咳专家"，走专业化、差异化发展道路，这是潘高寿药业的品牌核心价值。

完成品牌定位后，潘高寿药业提出了"治咳百年，真材实料"口号，突出了潘高寿品牌的历史感，同时表明潘高寿药业在经营和材料上的诚信。

2. 以攻为守做大品牌。2004 年以前，潘高寿药业与很多老字号一样，品牌意识十分薄弱。一方面，总觉得自己是"酒香不怕巷子深""皇帝女儿不愁嫁"；另一方面，很少主动出击宣传自己，总觉得那是"王婆卖瓜、自卖自夸"。面对市场产品同质化日益严重的状况，潘高寿改变策略，以攻为守，主动参与市场竞争。

3．不断创新，为品牌注入活力。在潘高寿人看来，老字号是财富而不是包袱，关键在于创新，不断赋予品牌新的内涵，这样才能跟上时代变化的步伐。

从2005年开始，潘高寿药业通过不断引入高科技、推出新剂型、新产品，努力打造现代化中药企业的新形象。此外，潘高寿药业还加大保健食品研发的力度，围绕"治咳"的品牌内涵，开发出潘高寿凉茶作品牌延伸，不断丰富品牌内涵。

（五）体育营销

2006年，在广州足球最低迷的时候，广药集团毅然接手了广州足球队。作为广药集团的骨干企业，潘高寿药业始终如一地给予球队大力的支持。一年来，潘高寿药业出资出力，资助了广药足球队多场比赛，树立了良好的企业形象，获得了良好的品牌效益。

潘高寿药业大力支持广州足球事业

2006 年潘高寿药业承办的广州医药队迎战山西
沃森路虎队的比赛上，潘高寿药业董事长、总经理
魏大华为表现出众的运动员颁奖

在 2006 年 8 月 19 日，潘高寿药业冠名的广州医药队迎战山西沃森路虎队的比赛中，原广州太阳神足球俱乐部总经理说："潘高寿凉茶在澳大利亚也有出售，这令我感到很惊讶。我毫不犹豫地买了一箱，喝起来感觉比较可口。如今的外国人，真的比较喜欢喝凉茶。凉茶的精华部分，是从天然植物中提取的，凉茶的保健功效基本上得到了公认。外国人比较注重自身保健，选择喝凉茶理所当然。据悉广东凉茶已'申遗'成功，假以时日，凉茶完全有可能成为世界上最流行的健康饮料。"他又说，"潘高寿是凉茶企业之一，潘高寿承办广药主场，一方面对广药队冲中超鼓了士气；另一方面，为'申遗'成功的广东凉茶也壮了声威。像广药潘高寿这样齐心协力支持广州足球，应该受到一定的鼓励和赞赏。"

随着广州医药足球队"南征北战"，潘高寿品牌及产品知名度也进一步提高。

（六）出口贸易现新机

步入 21 世纪，全球经济一体化的进程加快，中国加入了WTO，潘高寿药业的外贸出口也出现了新机。在广交会上，潘高寿品牌受到海外客商的青睐，先后接待了来自中国香港及加拿大、马来西亚、印度尼西亚等地的客商，签订了合作备忘录。随着加拿大、印度尼西亚等国家对中药的进口逐渐推行注册准入制度，潘高寿产品由于拥有注册权，因此成了这些国家的客商竞相争取的对象。

此外，多样化、系列化新品种也成为潘高寿外贸新的增长点。除了潘高寿四大治咳拳头产品依旧广受欢迎外，潘高寿银耳雪梨膏、凉茶等新上市产品也以其优秀品质、独特风味而受到了客商喜爱。

2005 年 5 月 27 日，广州市外经贸局官员一行到潘高寿药业就外贸出口进行工作调研，参观了潘高寿药业的 GMP 厂房，对潘高寿药业先进的生产设备（特别是蛇胆川贝液的新生产线）及良好的生产环境称赞不已。随后，就中成药出口问题进行了充分的交流，肯定了潘高寿药业的外贸出口取得的成绩，并提出了指导意见。

潘高寿药业把握外贸新机遇，努力拓展海外市场，出口贸易交易量不断上升。

第八节　财务电算化　管理效率高

财务管理是企业为了达到既定的经营目标，组织财务活动、处理财务关系的一项综合性管理工作。潘高寿药业的财务管理，随着历史的前进、财务管理的变迁、企业的壮大而向前发展。

一、"账房先生"式财务管理阶段

潘高寿药业从1890年创立起至1956年公私合营前，企业的财务状况由老板亲自统管，并从有亲缘关系的员工中物色有财务管理才能的人员担任账房。会计和出纳的功能全在"账房先生"一人身上，由他负责对药行的财务进行具体管理。记账、划账、出纳全部都由账房先生以算盘、账本为主要工具进行手工操作，整个管理模式为传统的"账房先生"式管理。

二、计划经济年代的财务管理

改革开放前，国家实施计划经济。潘高寿药厂的财务管理职能较为简单，主要由政府统购统销、统收统支。

三、改革开放后的财务管理发展

随着我国市场化改革和开放，财务管理的理论和方法被逐步引入我国并得到应用。潘高寿药厂财务管理也随着国家推行的财务管理制度的发展变革而发展。改革开放前，潘高寿药厂均没有设置专职的财务部门进行财务管理，直到1980年才设立财政股，标志着潘高寿药厂步入专业财务管理的阶段。潘高寿药厂1987年成立财务科，1993年成立财务部，公司财务管理得到重视和加强。

（一）会计电算化管理阶段

20世纪80年代，潘高寿药厂财务管理还是人工记账、算账、报账，人工对会计信息进行处理、分析和判断，效率较低，财务信息较为滞后，进而影响企业的经营决策。

20世纪90年代初，会计电算化逐步在我国推行与实施。

国家为了加强对会计电算化工作的管理，进一步推进会计电算化事业的发展，财政部制订、发布了一系列重要文件，如《关于大力发展我国会计电算化事业的意见》《会计电算化管理办法》《商品化会计核算软件评审规则》《会计核算软件基本功能规范》等，这为潘高寿药厂实行会计电算化提供了一个很好的契机。

早在 1988 年，潘高寿药厂就已经尝试使用电脑管理系统进行工资管理。经过很长一段时间的实践，1993 年，潘高寿药业为提升财务管理质量和效率，开始引入会计电算化财务管理手段。同年 9 月，潘高寿药业顺利通过了会计电算化评审，从而使财务管理水平有了很大的提高，公司的管理信息系统（MIS）初具规模。

会计电算化的引入，使潘高寿药业改变了人工记账、算账、报账的传统管理模式。由于电子计算机代替了以往靠大脑对会计信息的处理、分析和判断，促进了会计工作的规范化，提高了会计的工作质量和效率，减轻了会计人员的劳动强度，更好地发挥会计的职能作用，为实现会计工作现代化奠定了良好的基础。

随着市场发展，潘高寿药业在财务软件引进和应用上也不断升级。潘高寿药业早期应用的财务软件主要是财务和报表处理软件，主要解决记账和报表处理效率问题。之后，潘高寿药业的软件应用基本是围绕公司的采购管理、库存管理、销售管理发展。1996 年后，潘高寿药业财务软件应用开始向预算控制、财务分析方面发展，典型应用是在账务处理基础上增加科目、项目预算管理和财务分析模块。财务软件的应用结构为：总账、报表、工资、固定资产、应收账款、应付账款、成本核算、存货核算、现金流量表、预算控制与财务分析、资金管理、采购计划、采购管理、库存管理、销售管理，财务软件从部门级应用向企业级应用发展。由于财务业务一体化管理软件的发展，财务软件在企业管理上实现了事中预警、控制、事前预测。

经过多年的发展，潘高寿药业财务软件在应用上经历了从单项处理向核算型，核算型向管理型，管理型向财务、进销存业务一体化管理软件发展；管理时序由事后记账、分析向事中预警、控制、事前预测发展；管理模式由分布式向集中式发展。

（二）ERP 实施应用阶段

随着市场竞争的日趋激烈，许多集团企业的财务管理模式开始由分布式管理转向集中式管理。集中式管理是一种管理发展的趋势，这种管理模式过去因网络、通信技术的限制而无法实施。随着互联网技术的发展，基于网络计算，支持集中式管理模式的财务软件开始出现在市场，并越来越受到希望采取集中式管理模式的企业所喜爱。

2001 年，广药集团 ERP 系统项目在潘高寿药业正式上线，统一实施包括物料管理（MM）、生产计划（PP）、销售和分销（SD）、质量管理（QM）、财务会计（FI）、成本会计（CO）、资产管理（AM）共 7 个模块。这涵盖了企业运作的整个物流、资金流，为企业采购价格的控制、供应商的筛选和淘汰、库存水平控制、生产计划、质量保证、生产流程控制、成本控制、销售策略、客户信用控制、资金回笼控制提供了科学的依据。实施 ERP 后，潘高寿药业的财务管理得到了大提升。

（三）加强财务管理，规范资金运作

2006 年，广药集团实施财务负责人和财务总监派驻制

度。潘高寿药业逐步建立和完善符合企业实际的内控管理制度，并不定时由派驻财务总监进行检查，对管理不完善之处及时进行整改，使财务管理水平不断提高，很多操作流程得到了规范，降低了财务资金风险。

四、加强内部审计　强化内控管理

2004年，潘高寿药业成立审计室，加强内部审计工作。新成立的审计室全面监控公司各项业务流程和大宗的业务，确保各项费用的合理支出。由审计室负责咨询的比价财产保险项目较2003年减少26万元。

2007年，潘高寿药业进一步加强公司内控管理，促进廉政建设，提高经济效益。潘高寿药业充分发挥审计室内部审计的职能作用，紧紧围绕生产经营中的难点积极开展效能监察工作，主动参与公司的生产经营，完善制度，堵塞漏洞，降本增效。

1. 建立了招标、比价采购管理制度，规范管理公司的外部采购、委托加工、劳务协作、建设工程施工、广告项目、财产保险及车辆保险等工作。

2. 为贯彻民主集中制原则，建立重大事项决策制度，将重大事项决策制度的执行情况列入领导班子党风廉政建设责任制考核内容，作为领导班子、领导干部年度"评廉、述廉、靠廉"的重要内容。

3. 监督各项管理制度的实施，全面梳理公司的基础管理，督促各部门自检、整改。

4. 对GMP工程结算的全过程进行监察，通过多次反复的审核，该工程的总结算价与施工方报价共核减了1 943万元，核减的金额占原施工方报价的27%，从而使公司在GMP

改造的过程中节约工程投入成本近 2 000 万元，真正发挥了效能监察的作用，达到了降本增效的目的。

第九节　管理无盲区　办公无纸化

一、信息提效率　技术促管理

从 20 世纪 80 年代后期开始，潘高寿药业随着社会信息化进程的发展，企业的信息化管理也在变化发展。1988 年，潘高寿药业为不断提升企业管理水平，成立了企业管理办公室，下设分管企业信息化建设的电脑室，在最初只有 1 名专业技术人员的情况下，开始着手建立企业的管理信息系统（MIS），利用信息化的手段提高企业经营和生产的管理水平。2001 年，广药 ERP 系统项目在潘高寿正式上线，引进现代管理理念和先进管理手段，完成企业管理从粗放向集约的全面转变，标志着潘高寿药业的企业管理信息化的应用水平上升到新的台阶。2004 年，潘高寿药业成立了资讯部，全面负责企业信息化建设的规划和发展的工作，为营造强大的企业核心竞争力，保障企业的可持续发展提供先进的管理平台。

1988 年，工资管理系统投入使用，这是潘高寿药业第一个电脑管理应用系统。

1989 年，与华南计算机公司合作，提取车间真空浓缩微机自动控制项目启动，成为公司第一个工业微机自控项目。

1991 年，销售、合同和客户关系管理系统在销售部门中正式使用，该系统是公司第一个自行开发的管理系统。

1991 年，在和平西路厂区建立 Novell 局域网，构建公司最早的计算机网络平台。

1992 年，自行开发的"应用微电脑技术进行能源审计"应用项目被评为青年发明项目二等奖，该系统在同行多家企业中推广使用。

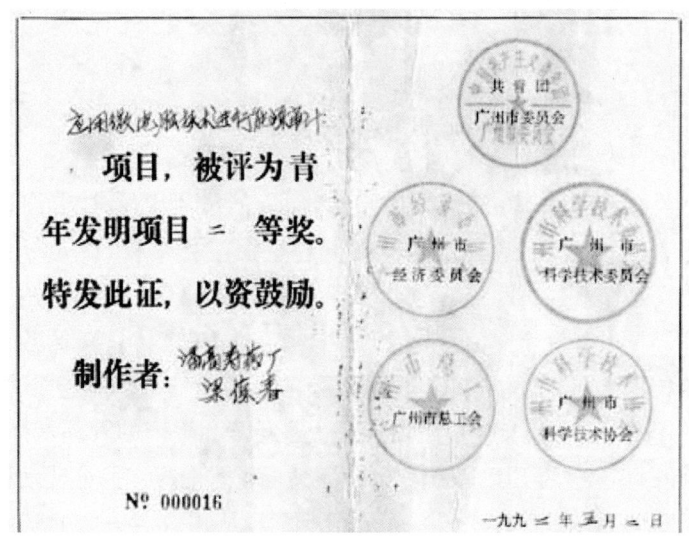

1992 年，潘高寿药厂自行开发的"应用微电脑技术进行能源审计"应用项目被评为青年发明项目二等奖

1993 年 9 月，公司顺利通过了会计电算化评审，公司的管理信息系统（MIS）初具规模。

1994 年，公司 MIS 系统中的生产统计管理系统投入使用。

1995 年，公司光复路办公总部和市桥厂区的网络综合布线（100 多个网点）顺利完成，公司建立具有远程网络连接的广域网。

1996 年，公司仓库管理系统项目顺利完成并投入使用。

1998—1999 年，公司进行计算机系统 2000 年蠕虫病毒问题的全面清查、应用系统升级修改工作。

1999 年，公司府前大厦新办公总部综合布线、百兆网到桌面的网络升级，以及计算机主机及存储系统集成项目完成。

1999—2000 年，公司网站正式开通。

2001 年，广药 ERP 系统项目在潘高寿药业正式上线。

2002 年，建立公司安全的、受监管的共享宽带访问 Internet 的网络系统，使公司网络具有企业级的防火墙和 Web 高速缓存服务器。

2002 年，公司实施了电脑病毒网络防护管理的企业级整体解决方案。

2004 年，公司企业网站平台自主重建，公司品牌形象进一步提升。

2006 年，OA 系统（办公自动化系统）应用，推动了管理的无纸化办公，有效地提高了与集团、兄弟企业、企业部门间、员工间的信息沟通，提升了日常管理水平。

二、管理自动化　商务电子化

在信息时代，企业所处的商业环境已经发生了根本性变化。顾客需求瞬息万变、技术创新不断加速、产品生命周期不断缩短、市场竞争日趋激烈，这些构成了影响现代企业生存与发展的三大力量：顾客、竞争和变化。为了适应这种外部环境，企业必须进行管理模式和管理技术手段上的更新。

（一）ERP 实施

1997 年，广药集团成立、广州药业上市之后，集团对市场变化的快速反应、投资者对及时获取企业信息的期望、新的医药政策的实施执行等因素都对企业信息化提出较高的要求。

广药集团属下的潘高寿药业等企业自 20 世纪 80 年代开始已逐步应用电脑，多年来信息系统在办公自动化和各种业务处理中发挥了重要作用。但是，信息系统建设在集团内各企业间发展不平衡，系统平台差异较大，造成基础数据不统一、信息重复输入、信息共享存在较大障碍。

1998 年，广药集团邀请专家共商信息化发展的策略，结合集团实际研讨企业信息化发展的思路。经过对多家国内外大型企业特别是制药企业的考察研究之后，广药集团详细评估了企业原有信息系统，反思原来信息化发展存在的缺陷和进一步发展的障碍，于 1999 年提出了建设以广药企业资源计划（Enterprise Resource Planning，ERP）系统为核心、以发展电子商务为外延的中长期信息化发展思路，计划在"十五"期间迅速建立起整个集团统一规范的信息平台，并对企业内部信息系统的建设和电子商务的发展提出"统一规划、分步实施"的方针。

ERP 是一种通过运用计算机信息管理，实现企业物流、资金流和信息流顺畅流动的一种面向企业供应链的集成一体化管理的企业信息管理系统。通过运用 ERP，企业能够利用计算机对企业的资金、货物、人员和信息等资源进行自动化管理，具有制造、办公操作、供应链管理、人力资源管理、项目管理、财务与管理、客户服务、销售与市场营销等商业功能。

在"统一规划、分步实施"的方针指引下，广药集团决定首先在属下的 8 家中成药制造企业实施德国 SAP 公司的 SAP R/3 系统。项目于 1999 年 12 月 23 日正式启动。项目在 8 家中成药制造企业采取先试点后展开、集中与分散相结合的实施方式，以保证项目一边建设、一边完善、一边见效益。

2001 年，广药 ERP 系统项目在潘高寿药业正式上线，为企业采购价格的控制、供应商的筛选和淘汰、库存水平控制、生产计划、质量保证、生产流程控制、成本控制、销售策略、客户信用控制、资金回笼控制提供了科学的依据。

潘高寿药业举行 ERP 工作培训

为了更好地适应潘高寿药业的实际情况，在安装及运用这个系统的过程中，专业公司的顾问对潘高寿药业的情况进行详细的调研后，根据实际情况对系统进行设计，并在实行过程中不断地跟踪并不断完善。随着这个系统的使用，各车间及部门科室均安装了电脑，普及了计算机辅助管理，不但使员工的计算机操作水平得到提高，还实现企业管理信息化和自动化。与以往的手工记账相比，系统使工作效率得到很大提高，反应能力也有所加强，收到了较好的成效。通过这个系统，企业与客户、供应商和经销商等因素被整合在一起，形成一个完整的企业供应链系统，并对供应链上的所有环节，包括订单、采购、库存、计划、生产制造、质量控制、运输、分销、服务与维护，以及企业财务、人事、实验室和项目管理等诸多方面进行有效管理。

（二）信息化实现业务控制合理化、推动企业管理的现代化

企业管理中存在诸多管理控制点，如采购价格控制、供应商的筛选与淘汰、库存水平控制、生产计划控制、质量检验控制、生产流程控制、成本控制、销售策略、客户信用控制、资金回笼控制等，加强各个控制点的管理，是实现企业效益最大化目标的有力手段，也是实现企业管理现代化的必然要求。

潘高寿药业通过实施 ERP，在采购和物料管理方面，进行了合理的供应商筛选和淘汰，减少原材料、半成品和成品的库存，以及减少库存损耗、减少缺货、提高仓库的综合利用率、采用更好的采购策略、减少原材料成本。在生产控制方面，做到了生产流程标准化，减少废品和再加工，加强计划、提高生产设备利用率、增强生产灵活性，加强生产控制、减少生产成本和辅助生产成本。在客户管理方面，能够增强客户订单的完整性和准确性，减少产品运输时间、保证准时送货、增强客户满意度，加强退货管理，增强客户信用控制、加速资金回笼。在财务和成本控制方面，细化并加速财务运作，增强成本控制和考核。在质量控制方面，严格按照 GMP 要求加强质量控制程序。

强大的企业信息系统使得潘高寿药业以往管理的盲区得以弥补，管理的薄弱环节得以加强，极大地增强了企业内各部门之间的协调关系，推动了潘高寿企业管理现代化的前进发展。

第四章
企业文化之路

　　"开拓、求实、优质、重效"这8个字浓缩了潘高寿药业的企业精神。然而，这8个字所积淀的，是100多年来潘高寿药业历尽风风雨雨、艰难险阻而形成的价值观念。对目标追求，是一种精神境界。"潘高寿"3个字，承载着几代潘高寿人的智慧、努力，是几代潘高寿人共同奋斗历史的真实写照，它凝聚着几代潘高寿人的心血、汗水和智慧，体现着"潘高寿"的企业文化和人文精神。

第一节　创业阶段历坎坷

一、品质为先　诚实为本有口皆碑

承载着潘高寿企业精神的"八字真言"——"开拓、求实、优质、重效"是在20世纪80年代末总结、归纳出来的。然而，这种精神的逐渐形成和确立，是一个较为漫长的历史过程，可以追溯到19世纪90年代。

1890年，即清光绪十六年，自少在美国当华工，历尽千辛万苦小有积蓄，立志返回国发展的潘应世回到故乡广东开平。有感于当年身为华工篱居异国，饱受排斥，中国人甚至被洋人称为"东亚病夫"的经历，潘应世清楚地意识到：一切的屈辱和苦痛皆源于国弱民穷。

怀着报国济世之心，潘应世立志从医药入手干一番事业。于是，他约同对中医中药颇有造诣的兄长潘百世、三弟潘平世一起商量，决定共同筹集资金，在省城广州位于南关的商业旺地高第街选址开设药铺制售药丸，兼营丹、散。创业之始，潘氏兄弟便有感于民众普遍有"长春不老、益寿延年"的美好愿望，又有悟于四邑之地以及潘氏族人多享有高寿，因而将店号命名为"长春洞潘高寿"。据清朝道光三年（1823年）纂修的《开平县志》中记载，是年仅开平县有名有姓，享百岁耆寿者就有数十人之多。

人们仅以店名"长春洞潘高寿"就可窥察"潘高寿"创始人"悬壶授长春、济世盼高寿"的美好愿望。及后，更有不少文人墨客或撰文章，或赋诗词共同引证这一话题。曾有一篇刘兆民先生著的《长春洞里盼高寿》，较为准确、真实地表达了以上观点。

潘氏兄弟认定无论从医、制药皆是关系人命，来不得半点虚假。药铺开立之后，秉承"诚""实"二字为执业之本，实行"以德治业"，恪守"古方正药、精良选料、遵古炮制"的宗旨，以专一制作蜡丸，经营销售膏、丹、丸、散为业。"诚"为童叟无欺；"实"为真材实料、疗效确切。

创立之初的长春洞潘高寿药铺虽然规模有限，但是由于坚持"品质为先、以诚为根、以实为本"，所制作的乌鸡白凤丸、卫生丸、理中丸、宁神丸、震惊丸、百应丹等大蜜丸从组方、选料采购到炮制、埋丸、封蜡成品等环节都由长兄潘百世一一亲自监理，现场督制，从严把握，一丝不苟。所生产的每一批成品药丸入库之前，他都要逐一细细加以检查，若发现有开裂、变形等质量问题，一定挑出销毁，决不让一粒有问题的药丸流入销售环节，甚至上柜销售时潘氏兄弟都不时亲自到铺面指点如何陈列、如何介绍、如何待客等等。所以长春洞潘高寿出品的药丸疗效确切、药到病除，声名鹊起，加上铺面的店员服务周到、积极推介、热情宣传，坊间的患者服用后相互传告，一时有口皆碑，盛销不衰。其中，专治小儿惊风的"吉祥丹"更是被老百姓推崇备至。

当年，长春洞潘高寿的药丸不但饮誉广府，而且远销秘鲁、暹罗、新加坡等地。

二、求实创新　治咳良药成功问世

审时度势，从实际出发，这是潘高寿人的一个传统，是潘高寿求实精神在老一辈潘高寿人创业阶段的"原生态"状态。

辛亥革命以后，潘氏兄弟先后去世，药铺由潘百世之子潘逸流和潘应世之子潘楚持共同经营。没多久，两人也相继转营他业，药铺由潘百世的四子潘郁生出任司理。

随着西学东渐，西医西药对传统中医中药的冲击越来越大，而且市面上充斥着与原来"长春洞潘高寿"生产的药丸类似的同类产品，药铺的生意越来越难做。尽管全药行上下同心协力，还是每况愈下，无济于事。眼看生意一落千丈，面对困境，身为司理的潘郁生苦思冥想：市面上跟长春洞潘高寿剂型、疗效相同或相似的药品越来越多，再继续坚持生产原来的药丸，在同一个容量有限的市场上与其他药行争饭吃，接下来的日子肯定难以为继。"一定要找出一条新的出路！"潘郁生决意不再抱残守缺，他下定决心另辟蹊径，一定要创制出既有确切治疗功效，又有自己独特风格的新药。

潘郁生注意到广州气候炎热多雨，且天气乍暖乍寒，人们容易罹患伤风咳嗽，而市面销售的枇杷露多是独味单方，治咳疗效不显著。针对这种情况，潘郁生便潜心研制治疗咳嗽的药物。

深得祖上医术真传的潘郁生充分运用他的医药知识，用心钻研，经过一段时间对医术典籍的研究和坐堂施治实践，积累了数不清的临床辨证实例。通过认真分析和细致的比对，潘郁生终于找到了最佳的止咳药配方：将具有润肺镇咳作用的川贝母和有祛痰作用的桔梗与枇杷叶等精选中药材一起熬炼。为了减低药液的苦味和改善它的气味，潘郁生还在炼制药液的过程中加入香料和糖浆，使药液芳香可口，服用者易于接受，同时还吸取了西药制剂制造的方法，加进苯甲酸等作防腐剂，使之能够耐久存放，开创了"中药西制"的先河。

新药制成后，潘郁生把新问世的药品定名为"潘高寿川贝枇杷露"。

由于新药疗效显著，易于服用，而且价格相宜，很快便成为家喻户晓的治咳药物。于是乎，一个全新的、确有疗效的而且深受广大用户欢迎的治疗咳嗽药物"潘高寿川贝枇杷露"在广大市民的心目中深深地扎下了根。

三、文化经营　历尽坎坷终有发展

1937 年，在潘郁生创制川贝枇杷露约 10 年之际，由于市场上出现假冒产品，特别是在香港由于当时没有专利及知识产权的意识而输了官司。吃了亏之后，吸取了教训的潘郁生毅然变卖了自己名下的房产，将筹措所得的资财用来改良产品的包装。新包装坚持沿袭鲜明的传统特色：以父亲潘百世的真像和自己的画像为商标的主要内容，严格区别于其他品牌，并特意在自己的像旁注明潘四傻创制（潘郁生又名潘四傻），使得人们容易辨认区分。另外，潘郁生还在外包装盒的左右边沿安排空间将一副对联"劝人莫冒潘高寿，留些善果子孙收"印在上面作为警示。此举确实收到了一定的效果，自始仿冒潘高寿川贝枇杷露的事件就大大减少了。

这个事件，标志着潘高寿药行开始了"文化经营"的历史。

在经历了另一次与西方某洋品牌通过报纸展开"奇联大战"使潘高寿品牌得以广为传播的经历，潘郁生意识到舆论及传播媒体在企业品牌发展中所起到的作用，他尝到了"文化经营"力量的甜头。于是，他不惜投入资金，发起一系列的宣传攻势：在报纸、电台大做宣传广告，还经常采用"哗众取宠"的手法，别出心裁地发表各种奇文怪论；投资拍摄宣传川贝枇杷露的电影广告，作为"画头"在各电影院电影正式放映之前播放；又用薄铁片制作成精美的"潘高寿川贝枇杷露"宣传画片，钉在广州市各条主要马路的每一根电灯杆上吸引人们的视线；派员工带产品到各线轮船、火车上宣传，委托经销的药店、药行让营业人员沿街叫卖，扩大影响。在炎热的夏天，老板还亲自出马，和派出的人员在广州市的长堤、太平南路一带交通要道摆摊设档，免费向过往的劳苦大众提供川贝枇杷露冲饮和消暑凉茶。这样做既做了善事，让市民大众受益，又能收到良好的宣传效果。经过一系列的文化宣传，"潘高寿"字号及其产品川贝枇杷露声名鹊起，逐渐深入人心，几年间便成为省港家喻户晓的治咳药，而且影响迅速扩大，不久更远销到澳门以及台湾等地。

抗日战争时期广州沦陷，潘郁生父子分别走避香港、韶关等地继续顽强地经营。抗战胜利后，因族人一时没有能力筹集足够的资金恢复沦陷前的经营规模，于是潘郁生决定独立承担，独资经营。以"潘高寿药行"取代"长春洞"，并逐步淘汰祖业经营的蜡丸，正式明确地打出了"潘高寿"的名号，专门经营川贝枇杷露，使潘高寿药行成为生产和经营治咳药物的专业厂家。为了使药行的经营形成规模，潘郁生再度投入资金买下广州杉木栏路 129 号、豆栏上街 14 号作新店铺，以扩大生产。潘郁生标新立异，以"潘高寿川贝枇杷露药局"作为药行的名称，并以这个店号在当时有名的《中正日报》等报刊不断发布"奇文广告"，吸引广大消费者的注意，进一步扩大影响。这个时期，潘高寿药行的业务得到迅速的发展。

1948—1949 年，潘高寿药行的发展到了鼎盛时期，潘郁生除在香港设厂外，还在台湾、澳门设点经营。为防止配方泄露，调配药液往往是老板亲自动手，或者叫自己信得过的亲戚做配药，这样的生产经营方式使药行的发展受到了局限。所以，直到公私合营前，潘高寿药行仍是作坊式生产，雇工不过 30 人左右。

新中国成立前夕，潘郁生去了新加坡，潘郁生的大儿子潘祖馥留在广州经营，次子潘祖芎则在香港继续经营。

潘高寿在创业之初的几十年间，从无到有，从弱渐强，在半殖民地、半封建的旧中国时代硬是开创了一个响当当的医药老字号品牌，可谓受尽挫折，历尽坎坷。无疑，这一切都是潘高寿"开拓""求实"企业精神的历史基础，是人和文化力量相结合的结果。

第二节　社会主义换新天

新中国成立前，由于我国民族资本主义经济备受外国资本和官僚资本的排挤和打压，潘高寿药行业务上虽然有了一定的发展，然而由于受社会制度等诸多因素的局限，这种发展是相当艰难而缓慢的。除了上述的原因，落后的生产工艺、有限的生产规模和保守的生产方式也一直限制着企业的发展。直至新中国成立初期，潘高寿药行和许多私营药行、药铺及成药制药企业，实际上都只是手工业作坊式的生产工场，其中不少还是资不抵债的企业。

新中国成立以后，合理的社会制度和安定的社会环境，让各行各业都得到发展，一些惨淡经营的小企业有如枯木逢春，焕发了勃勃生机，人们的精神面貌也发生了深刻的变化。

从 1953 年起，国家的经济建设实行了第一个 5 年计划。当年，根据过渡时期总路线的政策规定，国家开始对农业、手工业和资本主义工商业进行有系统的社会主义改造（称为"三大改造"）。到了1956年，全国形成了三大改造高潮，基本上完成了生产资料私有制的社会主义改造任务。在这个历史大潮中，潘高寿药行也跟上了历史的步伐，走上了社会主义道路。

1956年2月1日，是潘高寿药行发展史上一个里程碑式的日子。由政府有关部门代表国家注入公股，以潘高寿药行为基点单位，与位于十八甫路，生产止咳枇杷露、止痛散、济众水的大同成药社和位于抗日中路（即现今和平中路）生产白罗仙牌止咳水、丹杜莲皮肤水的中华成药社合并，成立了"公私合营潘高寿联合制药厂"，当日挂牌营业。全部职工从原来的不足50人增至90人左右，生产的品种以各合营单位原有的酊水糖浆为主，将川贝枇杷露列为主体产品，仍然保持了潘高寿的传统特色。

公私合营以后，由于有了国家的支持，潘高寿药厂的企业规模扩大，生产得到了迅速的发展。酊水糖浆的产量由公私合营前的7.9万公升增长为13.4万公升，工业总产值由39万元增长为72万元，增幅达85%。

但是，那时工厂的规模仍然很小，生产工艺仍然落后，员工的工作条件比较艰苦。中药提取用的是铁锅木柴、土炉明火，犹如民间熬中药、煲凉茶；浓缩药液和融煮糖浆也是明火煮沸、木棍搅拌；包装全过程从折仿单、打盒、罐装、入盒直至装箱全部手工操作；运输用的也是人挑肩扛……各方面条件都很艰苦，人们的物质生活水平也很低，无论从哪一方面来说都无法和今天的潘高寿药业同日而语。

然而，那个年代潘高寿人的精神面貌是饱满的，精神生活是充实的。潘高寿药厂建立了党组织和工会，紧张的生产

岭南中医药文库

劳动之余，工友们还积极地参与各种社会公益活动，包括扫除文盲学文化、组织文娱组、排演话剧、唱粤曲、参加"劳卫制"体育锻炼等。人们当时物质生活虽不丰裕，但在相对安定、和谐的社会环境中，潘高寿人努力地工作，憧憬着美好的未来，以"自力更生，艰苦奋斗"为精神支撑。那个时代的企业文化有着鲜明的时代印记。

就在潘高寿药厂走上社会主义的康庄大道，企业得以顺利发展，以全新的姿态步入了"大跃进"年代的重要时刻，却发生了一场意想不到的变故。

1959年10月23日，是潘高寿药厂历史上一个刻骨铭心的日子。这天深夜，潘高寿药厂位于杉木栏路的主要生产场地受到邻近的一家木屐工厂火灾的影响，火势蔓延，大火迅速吞噬了基本上全是砖木结构的厂房。住在工厂附近的工友黎礼冬、蔡惠珍、邹兆祥、郑应昆等闻讯赶到现场，奋力参加扑救。无奈火情实在凶猛，虽然消防队和群众合力扑救，厂房最终还是成了一片废墟。次日清晨，一众员工回厂上班，面对火灾现场，他们禁不住失声痛哭，他们痛感工厂的不幸，痛心国家财产遭到如此损失。

刚刚走向社会主义康庄大道的潘高寿药厂，有如"逢春枯木遭霜打"。

无情的大火毁掉了厂房设施，也激起了工友们重建工厂、挽回损失的决心。刚成立的厂党支部及时召开了紧急党员会议和职工大会，党支部书记杨细向大家发出了"化悲痛为力量，为挽回损失、重建工厂而奋斗！"的号召。干部、职工自觉组织、行动起来，一方面认真清理火灾现场，将还没有被完全损毁的机器设备和用具拣出来，清洗整理，将虽然被消防水淋湿但未被污染的装配品、包装材料小心清拣，理顺晒干后重新包装捆扎，为重建工厂、重新投产做好准备。另一方面多方争取上级部门及社会各方面的关注和支持，群策群力，动员职工充分利用自己的社会关系和公共资源，多方联系项目，为保障受灾后职工的经济收入和基本生活开展生产自救。经过一段时间的努力，农林药厂向潘高寿药厂伸出了友谊的援助之手，腾出了场地，请受灾停工的工友去包装他们厂生产的当时畅销产品"肥猪菜"，让工友们有工可开，一定程度上缓解了潘高寿部分职工的燃眉之急。与此同时，另一部分原来从事制药和技术的同事，得到了有关方面的支持，在黄沙附近物色了一块新中国成立初期被国民党飞机空袭（史称"三三轰炸"）后未重建的废墟（后经有关部门协调与产权人通过一系列产权、业权置换，整合建成潘高寿药厂大楼建筑群，1995 年为支持地铁工程搬迁至番禺东升工业区，本书的第二章另有记述）作为临时的生产场地。当时，该地盘坑坑洼洼，杂草丛生。工友们自己动手平整土地，拔除荒草，用竹竿、沥青纸搭起简易工棚，摆开了缸缸罐罐，因陋就简加工生产杀虫农药滴滴涕（DDT）。当年亲历这段时期的退休老工人回忆说，那时是"头顶青天，脚踏烂地"露天工作的。所用的"设备"，除了从火灾现场中清拣出来的旧锅旧罐之外，便是瓦盆瓦钵。在潘高寿药厂党支部的领导下，职工们忘我劳动，不计报酬，为挽回损失、重建工厂而夜以继日地奋力工作，生产自救计划顺利地进行。

经过一年多艰苦恢复生产的过渡时期，潘高寿药厂重新积累了一定的资金和生产资料，建起了简易的厂房，逐渐开始恢复中药制剂的生产，并创制出一些新产品。对肺病有很好疗效的"铁破汤"就是这个时期问世的。只可惜当年全社会都刮起了"大跃进""放卫星"的"浮夸风"，这个好产

百年潘高寿治咳之路

品由于片面追求产值，为了"卫星指标"而重产轻质，造成产品质量下降而被有关部门下令停止生产，留下了一个忽视质量受到惩处的深刻教训。

潘高寿人凭着不屈不挠、艰苦奋斗的精神，通过一年多的同心协力，艰苦拼搏，终于使企业走出了火灾的阴影，重现生机！

一场几乎使潘高寿药厂陷入了灭顶之灾的无情大火，焚毁的只是潘高寿的厂房、设备和生产资料，但是并没有也不可能摧毁潘高寿人的意志。经历了史无前例灾难的潘高寿人，在经受严峻考验的同时，也增强了企业干部与群众的联系和团结，积聚了凝聚力，培养和磨炼了人们的意志，为"开拓、求实、优质、重效"的企业精神注入了不屈不挠、顽强拼搏的精神元素。即使在1966—1976年"文化大革命"时期，整个医药行业乃至整个国家经济都受到严重的干扰，医药企业中有的企业陷入停产或半停产。但是，已改名为"广州中药七厂"的潘高寿药厂在"抓革命、促生产"的口号声中，除了一度被命名"中药七连"之外，并没有发生太大的乱子，有着不屈不挠、艰苦奋斗传统精神的潘高寿人继续坚守岗位，坚持生产，因而生产仍然有一定的发展。

尽管历经社会变迁、人事更迭和社会的风云变幻，潘高寿人"文化经营"的理念始终没有被抛弃或忘记，而是作为一种企业文化的状态一直得到继承，得到弘扬！

第三节　改革开放绽新颜

一、潘高寿企业文化的兴起

20 世纪 80 年代开始，广州医药行业兴起了企业文化建设。这个时期，也是潘高寿企业文化方兴未艾、蓬勃发展的时代。在整个八九十年代都可以说是潘高寿药业由企业"两个文明建设"工作向企业文化建设工作的高度迈进的过程。

1981 年 2 月 25 日，全国总工会、共青团中央、全国妇联等 9 个单位，为响应中共中央关于"加强社会主义精神文明建设"的号召，联合发出《关于开展文明礼貌活动的倡议》，提出开展"五讲四美"活动。"五讲"即"讲文明、讲礼貌、讲卫生、讲秩序、讲道德"，"四美"即"心灵美、语言美、行为美、环境美"。这项活动得到了党和政府的充分肯定和大力支持，成为社会主义精神文明建设的重要内容。当时的广州潘高寿药厂正刚刚由原来一度被改作"广州中药七厂"恢复"广州潘高寿药厂"厂名，此时潘高寿药厂和全国的企业一样，开始摆脱 10 年"文革"的影响。

1982 年，中共中央、国务院下发了《关于国营企业进行全面整顿的决定》，要求从 1982 年起，用两三年的时间，有计划有步骤地、点面结合地、分期分批地对国营工业企业进行全面的整顿工作，以促进国民经济状况的根本好转。根据《关于国营企业进行全面整顿的决定》，除了对医药行业的全面整顿，1983 年 3 月起，根据中央（1982）2 号文件的要求和 1982 年 11 月广东省工交企业整顿经交会的会议精神，按"四化"的要求，对各级领导班子进行了整顿。潘高寿药厂的领导班子按照整顿的要求作了调整，1984 年企业整顿验收时对中高层领导班子的调整，新老成员的交替，使其已基本符合当时的"四化"要求。中层干部也作了相应调整，还改选了党支部委员和工会、共青团组织，各级领导班子基本达到了"知识化、年轻化、专业化"的要求。这就首先从人力资源上使潘高寿的企业文化建设得到组织保障。

1983 年，刚成立的广州市医药总公司组织下属企业的有关人员出国考察，其中时任侨光制药厂党委书记的杨卫东从日本考察归来，向总公司领导汇报了考察结果，并重点介绍了日本的企业文化。杨卫东的汇报引起了总公司党政领导的重视。不久，中共广州市医药总公司委员会发出《关于在全系统开展培育有独特风格的企业精神活动的意见》，要求各级领导要把这项活动摆到议事日程上来。

1985 年，潘高寿药厂认真贯彻执行十二届三中全会关于经济体制改革的决定，以提高经济效益为目标，在新的体制之下，不仅加强新产品开发和生产技术的改造力度，而且更大力地促进经营管理，提高全员劳动生产效率，提高适销产品产量。加强产品宣传，采取灵活措施，狠抓营销工作，取得了十分可喜的成绩。在提前 3 个月完成国家下达的各项指标的基础上，全年总产值、利润、劳动生产率创造了历史最高水平。其中，工业总产值完成了 1 295.71 万元，比上年增长 59.82%；利润达到 275.07 万元，比上年增长 109.12%；销售收入 1 581.94 万元，比上年增长 73.08%；劳动生产率为 44 989 万元，比上年增长 46.50%。

随着改革开放的进一步发展，尽管取得了较好的经济效益，但是潘高寿药厂的决策者们没有满足于所取得的成绩，他们把目光投向了精神文明建设。潘高寿药厂的党政领导们开始意识到，眼前的经济效益只是一时的，在日益强烈的市场竞争条件下，要保证企业的持续发展，真正把企业做大做强，企业一定要有属于自己的灵魂和精神。在这个灵魂和精神的指导下，整合企业各方面的要素，才可以实现企业的生存和持续的发展。

潘高寿药厂群体活动

二、把企业整顿和厂风建设作为潘高寿企业文化工作的切入点

1985年3月，根据中央有关指示精神和总公司对精神文明建设的要求，开展评选先进和表彰活动。树立先进，围绕建设社会主义精神文明对企业职工进行移风易俗、勤俭节约、做好计划生育和晚婚、清除精神污染等教育。利用3月份的"全民礼貌月"活动，对职工进行"热爱社会主义、热爱祖国、热爱党"的"三热爱"教育和民主与法制教育，并围绕

进一步解决脏、乱、差问题，开展创优质服务、优良秩序、优美环境活动，发动全厂职工进一步治理脏、乱、差，要求全厂职工努力发扬为人民服务、对人民负责、为"四化"建设多做贡献的精神，努力提高经济效益，并组织全厂职工大搞厂容卫生，整顿厂风厂纪，建立健全文明生产管理制度，落实奖惩，使厂内存在的脏、乱、差现象得到进一步的改善。

1985 年 5 月至 1986 年底，潘高寿药厂加强了"以共产主义思想教育"为核心的思想建设。利用停产维修期间抽调了第一批 22 个青年（占全厂青年 10.1%）进行政治培训，进行三史（近代史、党史、社会发展史）教育，通过辅导学习文件、讨论和组织参观学习，提高了共产主义觉悟，增强了热爱祖国、热爱党、热爱社会主义的自觉性，并为以后的几期政治轮训班积累了经验。经过了 5 期的青年职工政治轮训班，全厂 223 名 35 岁以下的青年职工经过轮训，全部以较好的成绩通过了考核。

潘高寿药厂结合"严打"，抓住发生在身边治安和违纪的典型案件进一步对职工进行遵纪守法教育，增强法纪观念，同时建立健全管理制度，填补了各种企业管理上的漏洞。

加强人才培训，组织干部、职工学习政治、文化、经济、理论、技术、业务、文化科学知识。特别是要按企业整顿的"双补"有关规定，采取自办教育、自主培训的方式办学。利用生产场地调整的时机，取得了厂党政领导的支持，在外贸加工车间专门腾空地方用作职工文化补课的教学场地，又在厂部技术、行政管理部门抽调工程技术人员莫国强、胡燕、政工办张琪、专职教育干部林沃亮等担任教员。安排生产的间隙时间和部分业余时间对全厂初中毕业以下文化的职工进行文化补课。通过长达 1 年的努力，较好地完成了这部分人员的"双补"工作。广州医药总公司等上级单位组织验收时,潘高寿药厂的"双补"工作分别达到 93.66% 和 87.28%,顺利地通过了企业整顿验收。潘高寿药厂在"两个文明"建设上做了大量务实而有效的工作,取得了很大的成绩,并为企业以后新的进展打下了良好的、坚实的物质和政治基础。

1988 年 4 月,在广州市委经济工作部总结及推广的全市一个系统(广州医药系统)、十个企业开展文化建设的经验中,医药行业的企业文化建设的许多重大的活动都被纳入,其中包括潘高寿药厂协办世界足球小姐加冕仪式、潘高寿药厂与郭兰英艺术学校精神文明共建系列活动以及共建企业文化艺术团等,并被写进了《广州市志》之《广州医药志》的重要章节之中。

三、潘高寿企业文化建设成果及精神文明建设成就录

(一)企业精神

20 世纪 80 年代中叶,通过向企业内部干部、职工征集企业"精神文明格言"和"企业精神"活动,在众多的参选作品中进行了反复讨论、总结提炼,并通过几年的实践,结合潘高寿企业的发展历史、历代潘高寿人艰苦创业以及"品质为先、以诚为根、以实为本",求真务实的历史传统,确定了"开拓、求实、优质、重效"作为潘高寿药厂的企业精神。

20 多年以来,"开拓、求实、优质、重效"的企业精神形成了强大的文化力量,一直鼓舞着潘高寿人团结奋进、努力工作。尽管也曾遇到过艰难险阻,但在每个关键时刻,企

业通过不间断的思想政治工作创新和经营管理创新，有效地克服困难，促进了自身的不断向前发展。

（二）政治思想研讨会（下称政研会）

从 20 世纪 80 年代末起，潘高寿药厂就一直参与医药行业的政研活动。1996 年，已成立股份有限公司的潘高寿药业就重新健全了该企业的政研分会机构，修订了政研会的章程。政研会由正、副会长和秘书、理事（各党支部、政治部、企管部、人事劳资部、保安部、各基层骨干）组成。政研会每月定期开展员工思想动态分析会，形成制度。政研会每次活动都根据不同时期的工作任务确定侧重点，根据企业不同时期中心工作邀请不同层次的员工参加，提出问题和解决方案，由秘书归纳，交有关部门或董事会作为决策参考。潘高寿药业的"政治思想研讨会"及时、有力地宣传党和政府在各个时期的方针政策，解决干部、职工队伍中的各种思想认识问题，排除和化解各种矛盾，对维护企业的稳定，促进企业的良性发展起着至关重要的作用。

潘高寿药业政研的有关活动。图为原广州市宣传部部长崔瑞驹与广药有关政研会人员合影

（三）公司歌（见附录二）

1986 年，各级党、政及宣传部门为加强"两个文明"建设，大力提倡企业文化，"写厂歌，唱厂歌"一时成为风尚。潘高寿药厂也不甘人后，厂工会、政工办联合发动全厂职工开展征集歌词、创作厂歌的活动。1986 年 2 月，林沃亮同志以"旭亮"为笔名创作的《高寿之歌》在几十件作品中被选中，经杜绍依老师谱曲后被确定为"潘高寿药厂厂歌"。翌年 5 月，潘高寿药厂工会组织了合唱队，经过认真排练，以《高寿之歌》参加医药总公司"厂歌大赛"获二等奖。1993 年 3 月，随着企业改制成潘高寿药业股份有限公司，厂歌歌词内容稍经修改，又被确定为"司歌"。后来曾经在广药展销会（行业称"广药七厂会"）上经配乐后由军乐队演编成铜管乐曲，作为大会升旗音乐。

《高寿之歌》在那个特定的时代，对展现企业的形象和职工的精神风貌，凝聚广大干部和员工的集体智慧、繁荣企业文化和激励人们热爱企业、热爱生活等方面起到一定的作用。

（四）网站（http://www.gzpgs.com）

在当今市场竞争越来越激烈的环境下，产品与技术趋于同质化，企业的发展壮大必须依靠品牌和规模，实施品牌策略已经成为众多企业增强竞争力的方式。品牌信息的传播需要高效媒体，互联网是新兴的媒体，通过网站建立品牌形象已经成为企业营销工作中的重要内容。

潘高寿药业股份有限公司早在 1999 年就正式建立了自己的网站。通过网站来表现企业的品牌形象，不仅可以借助网站这个有效的途径和手段发布自己的信息，而且能实现企业与客户的有效互动，提升企业的知名度，利用网站更好地反映企业的文化。

近年，随着企业的发展壮大，公司旧网站的设计水平以及功能结构已经不能满足实际需要，网站已无法准确反映品牌形象、企业实力、行业地位，无法与企业形象相匹配，这些因素使公司网站急切需要进行升级改版。因此，公司资讯部在1994年利用自身力量对公司网站进行了改版重建，并确立了网站重建项目的基本目标。

目标一：创建良好的品牌形象和企业形象展示平台。

作为企业面向市场，面向全世界的窗口，企业网站必须能够充分展示品牌形象和企业形象，反映出企业的品牌内涵、品牌价值和企业文化，以及作为一家现代化的中成药企业，对于社会、对于人群的责任和贡献。

目标二：辅助市场营销推广。

基于企业营销战略考虑，企业网站必须能够实现营销辅助功能，配合企业营销推广计划，进行线上宣传和市场沟通。例如：新产品发布、产品促销、公共活动宣传、广告发布等等。并通过在线互动功能，创造多元化沟通渠道，更好地与客户进行沟通和维系。

目标三：实现内外网整合与应用。

企业需要内部信息门户，主要作用是内部信息公告、员工论坛、资讯发布与共享、员工沟通等。网站平台重建需要考虑内网平台的整合，提供上述应用功能。

目标四：实现方便快捷的即时性维护。

网站所有信息发布和更新由网站后台管理系统实现，使维护人员可以及时进行相关发布和更新。同时，可以将相关权限分配到部门和个人，实现良好的权限控制。

通过公司全体技术人员的努力，并按照预定的目标，经过短短 3 个月的时间，公司全新的网站顺利出台，展示了公司崭新的网路品牌形象。

潘高寿药业网站首页

公司网站工作人员在认真工作

（五）刊物、报纸

1.《高寿新姿》。这是潘高寿药厂第一份正式的企业级别的内部刊物。厂工会、共青团组织不定时也有一些根据上级统一布置和配合工厂中心工作印一些油印的刊物。1986年，随着企业"两个文明"建设工作的深入和企业文化理念的导入，企业迫切地需要有面向广大职工的沟通、交流的渠道，需要和工厂发展状况以及宣传企业形象相适应的刊物。潘高寿药厂政工办、工会和团支部在经过历时近半年联合向全厂职工发出了征集企业格言的活动，在确定以"开拓、求实、优质、重效"作为潘高寿企业精神格言的基础上，创办厂级刊物，并再次发动全厂职工为新创刊的司刊定名。

经过认真的研究和甄选，在近100个提名中的"高寿新姿"由于与企业当时在改革开放中绽放出来的全新姿态较切合，比较准确地反映广大职工崭新的精神风貌而高票入选。

《高寿新姿》除了及时地宣传党和政府的方针、政策概要以及配合企业各时期的中心任务开展工作之外，设有"生产每月谈""企管之窗""企业天地""文明之花"等固定栏目。2003年5月，随着《潘高寿》的创刊，《高寿新姿》便停刊了。

《高寿新姿》原貌

2.《潘高寿》企业报。为反映企业两个文明建设成果，给员工提供一个展现新姿、沟通交流的平台，经广州市新闻出版局、广州市新闻出版和广播电视局新闻出版处核准，潘高寿药业于2003年创办《潘高寿》企业报。

《潘高寿》创刊后，对企业管理、企业生产经营动态、企业文化等最新情况作了动态报道。从2005年开始，《潘高寿》增设"员工之星"栏目，展现优秀员工的风采，反映企业新人、新事、新风尚。5年来，潘高寿药业不断充实企业报的内容、美化版式，先后增设了"人物定镜""品味世图""文化经典"等广受欢迎的栏目。经过短短几年的发展，《潘高寿》企业报已成为企业政治宣传的喉舌、品牌传播的号角、业绩展现的窗口、思想交流的平台，获得广州新闻出版系统和广州地区企业报协会合办的广州地区企业报"好新闻"等多项奖誉，成为在行业内具有一定影响力的企业读物，有效地提升了企业的形象。

读者在认真阅读《潘高寿》企业报

3. 《资讯周报》。《资讯周报》是潘高寿药业资讯部门为了确保企业决策层及以下各层的负责人对信息的使用效率，解决各方面领导面对繁多的信息资料无暇处理而对搜集到的网络以及企业内、外部的各种信息加以分析、加工、处理后，以周报形式，以一周为时间单位汇编而成的文字材料。

《资讯周报》贴近时间、贴近企业，及时地向企业决策层、管理层和业务部门提供大量的实用性信息，为企业不同层次的管理部门判断市场形势，开发适销对路的产品，解决企业内部的各种问题提供了信息保障。在现代化的企业经营管理中起着越来越重要的作用。

时效性和实用性是《资讯周报》的两大特点。

《资讯周报》

4. 《野狼战报》。为了适应日益严峻的医药市场，配合"掌控营销"一系列活动——"野狼行动"，2005 年 11 月在广州潘高寿药业股份有限公司董事长、总经理魏大华的提议和亲自策划下，在原《营销简报》基础上改版创刊《野狼战报》，是面向广大营销人员、内部工作性质的综合性读物，每月月初出版。刊物秉承着宣传、贯彻公司高层营销决策意图，反映营销工作有关情况，服务营销一线的宗旨，设置有"业绩公布""野狼在线""视点""龙门阵""论坛"及"终端沟通技巧"等 15 个固定栏目。这份营销人员自己的刊物可读性强、知识面广，是展现营销人员业绩风采、交流有关营销管理和品牌管理的精辟见解以及工作、生活感悟的园地。按照总编辑魏大华"要把《野狼战报》办成营销工作的'内参'和终端培训工作的活教材"的指示，《野狼战报》逐渐成长为潘高寿企业经营文化的一朵小花。

《野狼战报》

（六）宣传栏

经历 1959 年那场大火之后，潘高寿药厂在广州市大同路丛台里 5 号的厂部设立了宣传栏，那是挂在近门墙上的一块约 2.5 米×1.5 米的黑板。由于人手以及当年宣传人才缺乏的原因，这个宣传栏实际上是一个仅供张贴通知、发公布的公告栏。无论从形式、内容，都无法与现在园林式工厂生活区那个宣传栏相比。

位于公司生活区的宣传栏之一

（七）广播站

潘高寿药厂广播站正式始建于 1965 年。20 世纪 60 年代中期，毛泽东思想作为"活的灵魂"被摆到很高的位置，宣传毛泽东思想是各行各业的一项重要的政治任务。潘高寿药厂广播站正是在这种历史背景下建立起来的。广播站由厂的综合办公室和工会负责管理，播音员在青年职工中选拔，每天上班、工间广播。广播站的建立，对当年的"学毛选"运动、开展思想政治工作和活跃职工文化生活起到了积极的作用。同时，在当年工厂场地分散以及当时的社会条件下，广播站也是传递各种信息的一个平台。1995 年潘高寿药业股份有限公司因支持地铁工程异地重建，建成了现代化园林式的工厂园区。之后，随着公司资讯部和公司网站的建立，广播站就演变成播放优雅的背景音乐的设置，错落有致地分散于园林景致之中。

工厂园区背景音响设施

（八）企业文化艺术团

1986 年，在国家教委、广东省委和广州市政府的支持下，著名歌唱家郭兰英选择在人民音乐家冼星海的故乡番禺，创办了郭兰英艺术学校（当时是中国民族民间艺术专业学校），并任校长。

一个偶然的机会，郭兰英了解到有 100 多年历史的潘高寿药厂有许多爱好文艺，喜欢唱歌、跳舞和摆弄乐器的职工，显得十分高兴，表示愿意为潘高寿药厂的文艺爱好者和积极分子提供较为规范的进一步专业培训，为企业培养一支活跃企业文化、宣传企业形象的业余文艺骨干队伍。潘高寿药厂党政领导得到了这个消息，马上率领企业有关人员赶赴郭兰英艺术学校，拜访了郭兰英校长，表示了对艺术家关注企业精神文明建设的衷心感谢。

不久，郭兰英校长决定以纪念中国共产党成立 70 周年时带领艺术学校师生组成艺术团赴海军沙角基地慰问演出活动为契机，通过选拔，在潘高寿药厂物色了一批文艺骨干参加排练后随团参加演出和联欢活动。以这次活动为起点，开始有计划、有步骤地为潘高寿药厂培养文艺人才。

郭兰英校长和彭文协厂长及潘高寿党委、工会商量决定利用工厂每年例行的大维修期间，以曾经参加随团演出的文艺骨干 30 人，分成声乐、器乐、舞蹈和美术 4 个专业进行专业培训，并在短期培训之后制定定期业余训练制度。通过大半年的专业、业余的培训，一支可吹会弹、能歌善舞和有 10 多个保留节目的文艺队伍组建成型。有见及此，潘高寿药厂党、政、工同艺术学校方面商量，决定组建潘高寿药厂企业文化艺术团。

经过一段时间的筹备和选拔、培训，器乐、声乐、舞蹈和表演等专业小组配置到位，1991年11月潘高寿药厂企业文化艺术团正式成立，郭兰英亲自担任名誉团长兼艺术指导。

同年12月，刚成立的潘高寿药厂企业文化艺术团，与艺术学校郭兰英艺术团联合赴山西太原等地慰问演出并作企业形象及产品展示，受到当地省、市领导的亲切接见和热情招待。"潘高寿"的产品随同着企业形象在当地传媒的报道下得到迅速传播。潘高寿药厂企业文化艺术团在企业文化及精神文明建设、企业产品营销、社会公益事业等方面发挥了积极的、重大的作用，并在行业乃至社会上有着很大的影响。

郭兰英与潘高寿药厂企业文化艺术团演出

（九）企业文化艺术活动实践选录

1. 1984年潘高寿药厂在广州市大同路丛台里老厂区三楼举行庆祝中华人民共和国成立35周年文艺演出。

文艺演出（1）

2．1987年集体创作的《高寿之歌》参加了广药集团"厂歌大赛"并获二等奖。

3．1988年在市三宫举行元旦迎新年文艺演出。

文艺演出（2）

4．1991年1月29—30日，与郭兰英艺术学校在广州市蓓蕾剧场联合举行新年文艺晚会。

5. 1991 年参加在广州文化公园中心台举行的广州地区环保专题文艺汇演，相声《民以食为天》获奖。

6. 1991 年 6 月 13 日组成文艺演出队随郭兰英艺术团赴武警广州支队慰问演出，支队领导林茂青热情接待。

7. 1991 年 7 月 1 日组成文艺演出队随郭兰英艺术团赴海军沙角基地慰问演出，受到上万名官兵的热烈欢迎。

文艺演出（3）

8. 1991 年 7 月 1—16 日组成文化艺术培训班（4 个专业）到中国民族民间艺术专业学校学习。

9. 1991 年 11 月潘高寿药厂企业文化艺术团正式成立，同年 12 月与郭兰英艺术团联合赴山西太原等地慰问演出，受到当地省、市领导的亲切接见和热情招待。

10. 1992 年 2 月 2 日在广州市友谊剧院举行"1992 年潘高寿之星"迎春文艺演出暨表彰大会大型文艺演出活动。

11. 1992 年 3 月在广州市总礼堂举行的市总工会文艺汇演中，由潘高寿公司自行编导演出的小品《一票否决》获市总工会调演。

12. 1992年5月23日与郭兰英艺术团在广州市南方剧院联合举办纪念毛泽东主席《在延安文艺座谈会上的讲话》发表50周年文艺晚会，前广东省委书记、常委会主任林若等领导出席观看。

文艺演出（4）

13. 1992年6月与郭兰英艺术团到广州监狱进行帮教活动演出。

14. 1993年4月与郭兰英艺术团共同到山东、山西等地进行潘高寿企业形象展示及产品促销商业会议演出活动。

15. 1998年1月8日，潘高寿药业承办广州市第13届中成药联展会，盛况空前，成交额超3亿元，刷新历史水平。大会以司歌《高寿之歌》为会歌，军乐队演奏作为大会升旗仪式音乐。

16. 1998年10月，反映潘高寿药业抗洪救灾及员工生活的小品《良辰》参加广州市企业文化节文艺汇演，获节目铜奖。

17. 1999年10月，男声小组唱《毛主席诗词联唱》参加广州市企业文化节文艺汇演暨迎澳门回归演出，获节目银奖。

在第13届中成药联展会上，广州市市长黎子流（左）与潘高寿药业总经理廖景光（右）亲切交谈

18. 2000年10月，反映"致富思源、富而思进"题材的小品《富而思进盼高寿》参加广州市企业文化节文艺汇演，获节目银奖。同年12月，在广州市花园酒店向企业汇报演出并为"潘高寿110周年庆典"助兴演出。

文艺演出（5）

19. 2001年10月，宣传新药品法颁布的小品《药品与法》参加"九运之光"广州企业大型文艺汇演，获节目铜奖。

20. 2002年10月，小品《乐之缘》参加在广州市黄花岗大剧院举办的广州市企业文化节文艺汇演暨庆"十六大"文艺演出，获节目铜奖。

文艺演出（6）

21．2007 年 12 月 31 日，在广州市黄花岗大剧院举办"2008 年星群、潘高寿新年文艺汇演"大型文艺演出。

（十）潘高寿药厂足球队

20 世纪 80 年代初，随着"上山下乡"知识青年陆续回城、广州市应届毕业人员的就业高潮以及潘高寿药厂的发展，原来只有 100 多人的潘高寿药厂一下子骤然猛增至 400 多人，其中 35 岁以下的青年职工就达到 36%。

年轻人朝气蓬勃，精力旺盛，爱好广泛，只是受当年的各方面条件限制，文化娱乐项目并不多。为了丰富企业职工的文化生活，厂工会及共青团组织决定成立厂体育协会，根据职工们各自的兴趣和爱好以及企业的特色组织起来，分别成立足球队、篮球队、乒乓球队、游泳队、象棋队等。在所有的体育类项目中，报名要求参加足球队的青年人特别多。

青年职工们的热情和主动，给厂党支部、工会及体育协会负责球队组建的同志以极大的鼓舞和启发。经过认真的研究，厂足球队的组建被确定为体育协会的重点工作。考虑到报名的青年人多，而作为业余的企业队伍编制、装备以及训练时间都受到一定的限制，但是又不能让青年人的热情和积极性受到挫伤，于是决定以车间、职能部门为单位组织小型（7人制）足球赛，通过比赛活动物色体能好、有一定技术的参赛球员，利用业余时间为主进行集训后正式组队。

1984年"五一"前夕，潘高寿药厂第一届运动会开幕。这是潘高寿药厂有史以来首次有规模的运动会，项目有足球、篮球、乒乓球、象棋、游泳、拔河等。通过历时半个月业余时间的比赛，决出了各个项目的相应名次，同时也物色了一批符合要求的足球运动爱好者。5月下旬，经过与当事人所在车间、部门沟通协调，挑选了22名青年职工作为厂足球队的人选。厂党政领导十分重视这支球队的成立，拨出专款为球队购置冬、夏服装和球鞋、防护用品及相应装备。5月30日专门召开了足球队成立大会，厂工会副主席林沃亮为足球队领队，曾与赵达裕、赵达新同在体校学习的陆永刚任教练，队长由有体校足球运动员经历的罗志强担任，阵容整齐。潘高寿药厂足球队的成立，对活跃和丰富企业职工的业余生活、提高企业的凝聚力和活力、提高企业的知名度起到了一定的作用。

几年之后，通过大量的业余时间训练和比赛，潘高寿药厂足球队的水平有了很大的提高，成了行业内外小有名气的一支球队。1995年3月，经常在一起训练和进行友谊比赛的中药一厂、羊城药厂（现王老吉）等兄弟友好厂家为了切磋球艺、增进友谊、共同提高，发起了举办"中药杯"足球锦标赛的倡议。很快，倡议得到了广药集团工会的赞同和支持，并得到了7家中药制药企业和药材公司的积极响应，一致同意联合举办每年一届的足球锦标赛，杯赛就冠名"中药杯"。

在广药集团工会的支持、指导和协调下，经过2个多月的筹备，第一届"中药杯"于金秋10月在洪德球场开锣。在接下来几天的比赛中，潘高寿药厂足球队的球员都有不俗的表现：杯赛以四胜一平一负居于亚军；10 号队员刘均祺以赛事最高进球数获最佳射手奖；潘高寿药厂足球队在赛事中表现出严明的纪律和良好的体育风格及精神面貌，得到了大赛组委会和全体运动员的认可和好评，被评为首届"中药杯"的"精神文明队"，这个光荣称号一直保持了近 10 年之久。

潘高寿药厂的足球传统，一直延续到 21 世纪的今天。1995 年，为了支持广州地铁建设，顾全大局的潘高寿药厂整体往番禺搬迁，而潘高寿足球队一直没有间断活动，只是由于年龄和人事变动的原因，球队的组织和活动形式有了改变，但是对足球的热爱和体育精神的传承没有改变，而且发挥足球在企业文化中的团队建设、人员的凝聚力、向心力的增强、营销工作的人际交流、终端沟通等方面起着越来越积极的作用。

四、潘高寿人的社会责任感

（一）热心社会文化公益事业、慈善事业

潘高寿药厂开展"学雷锋"活动，到广州市英雄广场义务为市民剪发

1988 年 8 月 14 日潘高寿药厂向宋庆龄基金会赞助 1 万元以支持"贝贝杯"第六届全国足球赛。

1991 年 5 月 14 日潘高寿药厂向市残疾人福利基金捐款 2 万元。

1991 年 9 月 16 日潘高寿药厂向广东省妇女儿童发展基金捐助 2 万元。

1991 年 9 月 17 日广州市政府和女足世界杯赛广州赛区组委会在天河体育中心举行仪式，表彰为首届女足赛捐资单位。潘高寿药厂捐资 40 万元受到表彰，黎子流市长、石安海副市长向潘高寿药厂颁发纪念匾。

1993 年，潘高寿药厂斥资 30 万元，在开平市月山镇桥头乡潘氏族人发源地投资兴建"潘高寿大道"。道路全场 1 300 米、宽 5 米，方便了该乡乡民劳动生产和生活出行。

1993 年潘高寿药业出资 30 万元在潘高寿创始人故乡——开平市月山镇桥头乡修建潘高寿大道。图为潘高寿药业董事长彭文协（右五）与潘高寿后人潘祖芬（右四）、梁兆科书记（右三）等在剪彩典礼上的合影

开平市月山镇桥头乡为庆祝月山镇小学落成举行植树
纪念活动。图为潘高寿药业董事长彭文协（左一）与潘高
寿后人潘祖芬伉俪（右一、右二）等合影

2000年10月10日，第二十七届奥运会冠军、双金牌获
得者熊倪与中国跳远队教练、男子三级跳远亚洲纪录保持者

邹振先教练一行到公司进行联谊活动。为弘扬奥运精神，鼓励奥运健儿为国争光，公司给奥运冠军赠送了产品及慰问金。

2003年，潘高寿药业通过广州慈善会向社会捐赠一批价值45万元治疗"非典"的药物。

2007年5月，潘高寿药业斥资帮助广州地区贫困山村从化城康村进行了水利灌溉工程改造。这项工程使该村1 600多亩农田解决了旱、涝受灾问题，有效地帮助了该地区迅速脱贫。

潘高寿药业出资为从化城康村修建水利设施。图为工程动工仪式

2007年7月6日，"广州市慈善会潘高寿慈善门诊"冠名暨挂牌仪式在越秀区第一人民医院前广场举行，潘高寿药业现场向广州市慈善会捐赠了价值达180万元药品。同日，17家"潘高寿慈善门诊"在广州市6个行政区同时挂牌启

动。"潘高寿慈善门诊"覆盖全市 6 个老城区，惠及 2 万多特困群众。

2006 年潘高寿药业向番禺慈善会捐赠 20 万元

2007 年，潘高寿药业冠名广州市 17 家慈善门诊，董事长、总经理魏大华正在接受广东电视台记者的采访

（二）回馈社会，济危抗灾

每遇国家及地区遭受自然灾害或突发事件，潘高寿药业都及时出手济危抗灾，这已经是潘高寿药业的一贯做法。

1991年5月华东地区遭受水灾，潘高寿药厂和郭兰英艺校在广州闹市区多处设点募捐义卖赈灾。1991年7月23日潘高寿药厂与郭兰英艺校在广州市上九路为支援灾区举行义卖活动，所得款项34.7万元全部捐赠给华东及汕头灾区。企业内部也同步发动了干部和职工捐钱、捐衣、捐物，送往灾区。

1991年，潘高寿药厂与郭兰英艺校联合在广州市上九路举行救灾义卖活动

1998年7—8月长江流域大水灾，潘高寿药业除了第一时间将价值2万元的药品无偿捐往江西九江灾区，同时多次发动企业干部和职工捐钱、捐衣、捐物。

潘高寿药业员工在整理送往灾区的物资

2006 年广州从化遭受山洪灾害，潘高寿药业为对口扶贫地区从化城康村捐建水利灌溉渠和水泥公路。

（三）捐资办学，帮困扶贫

潘高寿药业为贫困地区从化城康村捐建希望小学，并对特困学童进行具体对象的捐资助学。

潘高寿药业到从化城康村送医赠药

资助从化城康村学龄儿童上学

（四）帮教服刑人员

潘高寿药业多次和郭兰英艺术团、广东电视台等单位赴广州监狱对服刑人员进行帮教活动及文艺演出，为感化、教育服刑人员做了许多有益的工作。

五、建设潘高寿特色的企业经营文化

潘高寿药业从20世纪80年代中以来，一直有意识地把企业职工中自发的、不完整而且零散的各种文化、体育、娱乐活动组织起来，并且纳入到企业文化建设的总体规划中，充分发挥企业文化为企业的思想政治工作、为生产经营服务的功能。20多年来，潘高寿药业从"两个文明建设"步入企业文化建设的过程中，通过各种形式的企业文化载体，组成了多支总数达200人的业余文艺、体育及文化队伍，为稳定员工队伍，逐步提高员工政治思想素质、文化素质和身体素质，促进企业的发展起着越来越重要的作用。采取"寓教于乐"形式开展企业的思想政治工作是潘高寿药业职工思想政治工作的一大特点，而"要做好职工思想政治工作，企业文化工作先行"则是潘高寿药业职工思想政治工作的一大优势。

企业文化的主要作用是解决内部的凝聚力问题，而企业经营文化则着重于使企业内部文化与企业外部的连接，它是企业文化在外部的延伸。企业经营文化是企业文化建设的对外窗口，是企业形象形成的重要环节。

企业要全面走向市场，创造较好的经济效益和社会效益，必须解放思想，逐步摆脱传统计划经济的束缚，更新观念，转换机制，其中重要的工作就是要在建设企业文化的过程中，重新塑造崭新的企业经营文化，以适应激烈的市场竞争的挑战。

企业经营文化是企业在生产经营过程中不断形成的经营价值取向及经营要素的全面优化，具体包括企业经营哲学、经营风格、经营战略、经营艺术、经营队伍素质以及经营手段和方法的科学化，它是企业文化在企业经营过程中的体现。

潘高寿药业的决策层领导将普通企业文化的理念和具体工作逐步引向企业经营文化，形成有鲜明个性的企业经营指导思想。潘高寿药业通过在广大职工中开展积极的劳动竞赛、

"建功立业"活动，不断地激活企业内部职工的爱岗敬业热情，让文化活动元素和文艺活动介入经营销售活动，让传统的企业文化系列活动有机地融入企业的生产经营活动之中，不但直接有力地协助和推动了经营销售工作，而且有效地对企业的外部社会展现了企业的文化及员工的精神风貌，取得了明显的社会效益和经济效益。

改革开放，给百年老字号企业潘高寿药业的发展不断地注入了新的活力；改革开放，让百年老字号企业潘高寿药业从原生态的文化经营状态走向继承祖国的文化遗产、弘扬祖国中医药传统文化的道路；改革开放，让潘高寿人解放思想，不断吸取和运用先进的现代化管理知识，企业得以迅猛的发展；改革开放，使潘高寿药业培育出具有特色的经营文化。也正是这种独特的企业文化不断地激励着潘高寿人坚持"开拓、求实、优质、重效"的企业精神，发扬具有潘高寿特色的企业文化，并在逐渐形成过程中不断被注入的不屈不挠、顽强拼搏的精神元素，战胜一个又一个的困难，使得潘高寿药业向着更高的境界迈进！

第五章
企业大事记

1890 年

广东开平人氏潘百世、潘应世兄弟在广州高第街开设药铺，店号“长春洞”。店铺以自产自销“长春洞潘高寿”蜡丸，兼营膏、丹、丸、散等成药。“潘高寿”名号由此面世。

1920 年

潘百世、潘应世先后去世，药铺由潘百世之子潘逸流、潘应世之子潘楚持共同经营。没多久，两人相继转营他业，药铺由潘百世的四子潘郁生出任司理。

1924 年

10 月 15 日，广州爆发商团叛乱，遭军阀纵火掠劫，位于天字码头附近的“长春洞”药铺毁于兵燹战火，随后在城西觅址杉木栏路豆栏上街设店重新开张营业。

1929 年

潘氏第二代传人潘郁生（又名潘四俶）

首创"潘高寿川贝枇杷露",并正式启用"潘高寿药行"字号。

1931 年

3 月 19 日,潘高寿药行支持中医药界向国民政府发出通电抗议,致使国民政府卫生会议撤销"关于废止中医药提案"并确立 3 月 17 日为"中医药界大团结纪念日"。

1937 年

市场上出现假冒潘高寿川贝枇杷露的假冒产品,潘郁生以父亲潘百世的真像和自己的画像为商标,并特意在自己的像旁注明"潘四俲创制",使人容易辨认,并发起一系列宣传攻势,潘高寿川贝枇杷露从此声名鹊起。

诚济堂药行在香港的各大报纸上卖川贝枇杷露广告。潘郁生一向以创制川贝枇杷露自居,因此,潘郁生在香港与诚济堂药行打了一场官司。因诚济堂药行的川贝枇杷露已在香港注册,故法院判潘郁生以影射他人冒牌而败诉。于是潘郁生又在川贝枇杷露的包装盒上印上"劝人莫冒潘高寿,留些善果子孙收"以坚持己见。

1938 年

10 月 21 日,日本侵略军进攻广州,地处十三行的潘高寿药行被烧毁,潘郁生和儿子潘祖馥、潘祖芗分别避至香港、韶关等地,继续经营川贝枇杷露。

1946 年

抗战胜利后,潘郁生返回广州。由于族人无力集资复业,于是潘郁生独资经营,并放弃经营祖传药丸,专营川贝枇杷露,在广州杉木栏路豆栏上街开新店铺以扩大生产。

1948—1949 年

川贝枇杷露行销省港澳,远销中国台湾以及新加坡等地,潘高寿药行并在台湾、澳门设点经营,这两年是潘高寿药行的鼎盛时期。

1956 年

2 月 1 日,实行公私合营,潘高寿药行与生产止咳枇杷露、止痛散、济众水的大同药社和生产白萝仙咳水及丹杜莲皮肤水的中华药社三家合并,组成"公私合营潘高寿联合制药厂"。产品以合并前原有的各种止咳糖浆为主,将川贝枇杷露作为主体产品,保持了原"潘高寿"的传统特色。

1959 年

年初,潘高寿药厂重要产品"铁破汤"问世。

10 月 23 日,潘高寿药厂旁的一家木屐工场失火,火灾祸及潘高寿药厂,厂房毁为平地,直到 1960 年底才恢复生产。

1960 年

1 月,潘高寿药厂组织生产自救,在广州城西黄沙物色了一块"三三轰炸"后形成的废墟上作为临时生产地。后经有关部门协调,通过一系列产权、业权置换、整合,建成新的生产厂房,恢复正常生产。

1961 年

潘高寿药厂的川贝枇杷露荣获广州市"一等名牌产品"称号,红中牌白萝仙止咳露和崇业牌小儿止咳糖浆同获广州市"二等名牌产品"称号。

1964 年

潘高寿药厂划归广州市化工局属下中药总厂。

1966 年

"文化大革命"期间,潘高寿药厂改名为"广州中药七厂",一度被命名为"中药七连"。

1968—1978 年

广州中药七厂成立"广州中药七厂革命委员会"。

1979 年

恢复"广州中药七厂"厂名。国家实行国民经济调整，要求根据市场需求生产适销对路的产品（即要适应商业部门的按需收购），并实行扩大企业自主权。一向"独抱琵琶"的广州中药七厂一下子陷入困境，致使产品滞销，"琵琶断弦"，一度令生产处于半停产状态。

1981 年

恢复"潘高寿药厂"厂名。

1982 年

4 月 2 日，"潘高寿"商标正式向工商行政管理局商标分局注册并获批准。

1983 年

6 月 15 日，潘高寿药厂安装全国第一条 YZ25/500 液体灌装生产线，一次完成理瓶、输瓶、计量灌装、塞内枳、拧盖、贴标签、印批号等工序，使川贝枇杷露的生产实现自动化。

1984 年

6 月 20 日，潘高寿药厂自行研制的蛇胆川贝液获生产批文，这一品种填补了国内空白。

1985 年

1 月 4 日，委托潘高寿药厂"来料加工"的香港德盛行赠送两台自动工时计算器。潘高寿药厂开始实行职工上下班打卡的考勤制度，标志着潘高寿药厂从落后的管理向先进的管理转变的开始。

1 月 15 日，潘高寿药厂与中药三厂在珠海联合召开产品介绍会。会议邀请全国各省医药公司代表参加，这是企业实行产品自营尝试的重要举措。

3月26日，潘高寿川贝枇杷露产品经广东省质量奖审定委员会批准荣获"省优质产品"称号。

3月28日，广州市卫生局在广州宾馆主持召开潘高寿药厂"肝友"胶囊技术鉴定会。会议肯定了该品种的研究成果，该品种填补了潘高寿药厂固体制剂的空白。

4月13日，潘高寿药厂召开扁瓶贴签机的技术鉴定会议，解决了国内同类技术难题。

5月2日，潘高寿药厂舒胆胶囊技术鉴定会在广州宾馆举行，会议由卫生局主持。经临床验证，技术鉴定该药品对胆囊炎、胆囊炎合并结石、胆管炎、胆管炎合并结石以及胆道术后综合征等均有良好疗效。

5月3日，潘高寿药厂第一首厂歌《高寿之歌》集体创作问世，并参加了行业"厂歌大赛"获二等奖。

5月27日，潘高寿药厂在广州宾馆聚花厅召开热必清胶囊（后改称炎热清胶囊）鉴定会议。会议由广州市卫生局和广州医药总公司联合主持，邀请经销单位25个，广东电视台、信息时报、南方时报、医药报、中国新闻图片社广东省分社等传媒单位分别对会议进行了报道。

6月24日，潘高寿蛇胆川贝液、治咳川贝枇杷露经省卫生厅批准列为保密品种，保密期限为1年。

6月28日，潘高寿舒胆胶囊、肝友胶囊经省卫生厅批准列为保密品种，保密期限为1年。

1986年

2月25日，潘高寿蛇胆川贝液获广州市经委技术开发奖三等奖。

5月，潘高寿第一部《厂史》（1949—1985年）获登《广东医药工业志》，撰稿人为林沃亮，时任广东省委副书记、省长的叶选平为该书题字。

6月4日，"高寿"商标向工商行政管理局商标分局注册获批准。

8月27日，广州市科委将潘高寿药厂生产的舒胆胶囊、肝友胶囊列为广州市秘密级科技保密项目。

11月3日，潘高寿药厂向广州地区宋庆龄基金会捐款1万元并出席颁奖荣誉证书仪式。

1987年

2月2日，潘高寿药厂自行研制的120毫升蛇胆川贝枇杷膏获生产批文并正式投产。

7月22日，潘高寿药厂肝友胶囊获科技攻关三等奖。

8月24日，广州市副市长谢仕华同志到潘高寿药厂检查指导工作。

谢仕华（右二）向彭文协厂长询问蛇胆川贝液包装情况

百年潘高寿治咳之路

9 月，潘高寿药厂的蛇胆川贝液被广东省经委、广东省质量评审委员会评为广东省最佳工业产品奖并获第三届"羊城杯"质量奖。

10 月 31 日，广州市委领导胡楠卿同志到潘高寿药厂视察、指导工作。

12 月 4 日，广州市人大常委会木平等老同志到潘高寿药厂视察。

12 月 15 日，国家经委副主任、国家经委顾问范慕韩同志等一行 7 人到潘高寿药厂视察。

1988 年

1 月 7 日，国家医药管理局企业管理司副处长张淞沪到潘高寿药厂检查工作。

2 月 7 日，潘高寿药厂获"1987 年度广州市文明单位"称号。

3 月 1 日，潘高寿药厂作为全国 60 家热情支持体育事业的企业参加了在北京人民大会堂举行的颁奖大会。

3 月 22 日，潘高寿药厂被广州市公安局评为 1987 年度内保工作先进单位。

3 月 31 日，潘高寿药厂被评为 1988 年广州城乡结合办工业先进单位。

4 月 2 日，国家医药管理局副局长金同珍等到潘高寿药厂参观。

5 月 13 日，潘高寿药厂获广州市"双文明"先进集体称号。

5 月 20 日，"为了人民的健康，潘高寿杯摄影大奖赛"颁奖大会在北京民族饭店举行。

6 月 11 日，广州市妇联组织广州、香港妇女代表团一行

24 人来潘高寿药厂参观。

6 月 11 日，由潘高寿药厂独家赞助的"世界足球小姐"评选活动在广州迎宾馆举行。

6 月 13 日，潘高寿药厂被广州市经委推荐为省级节约能源企业。

8 月 14 日，潘高寿药厂向宋庆龄基金会赞助 1 万元以支持"贝贝杯"第六届全国足球赛。

8 月 26 日，潘高寿蛇胆川贝枇杷膏被评为 1988 年广东省优秀新产品。

9 月 8 日，卫生部副部长兼国家中医药管理局局长胡熙明一行 7 人来潘高寿药厂检查工作。

9 月 20 日，潘高寿蛇胆川贝枇杷膏获第四届羊城杯质量奖。

10 月 7 日，潘高寿药厂被评为广东省级先进企业。

10 月 28 日，潘高寿牌治咳川贝枇杷露荣获 1988 年"广东最佳工业产品"称号。

11 月 14 日，潘高寿药厂赞助的"广州南方高寿杯"钓鱼邀请赛开幕。

11 月 28 日，潘高寿益母草膏获生产批文，正式投入生产。

12 月 1 日，彭文协厂长被推荐为广州市工商联合会第九届会员代表大会代表。

12 月 23 日，潘高寿药厂独家赞助《足球报》主办的"高寿杯"足球专题辩论对抗赛在广州珠岛宾馆进行。

1989 年

1 月 10 日，国家药材总公司质量处吴希真处长一行到潘高寿药厂检查蛇胆川贝液创部优工作进展情况。

2月18日，潘高寿药厂番禺中药制剂车间落成。

2月22日，国家中医药管理局中医管理处陈利处长一行3人到潘高寿药厂检查工作。

5月9日，潘高寿药厂召开产品创优暨质量咨询会议，广州市政协副主席陈绮绮等参加了会议。

7月18日，潘高寿药厂作为支持广州市体育的先进企业出席了在天河体育中心新闻大厅举行的表彰大会。

8月12日，在广州市医药总公司礼堂召开原潘高寿药厂供销科人员黎礼东、黎秀屏、崔佐全受贿案宣判大会，他们分别判处有期徒刑15年、5年、4年。

8月26日，潘高寿药厂位于广州市大同路丛台里5～7号综合楼首期工程竣工验收。

8月29日，潘高寿药厂通过广东省节能企业复评，保留省级节能企业称号。

在潘高寿药厂与市政协诗书画室、共鸣杂志社
联合举办的诗书画展上，董事长彭文协与徐亮合影

9月11日，潘高寿药厂与广州市政协诗书画室、共鸣杂

志社在广州白天鹅宾馆联合举办庆祝人民政协成立四十周年中秋诗书画雅集，广东省和广州市有关负责同志刘田夫、杨应彬、张汉青、赖竹岩、欧初、罗培元、麦扬等，省文化艺术界人士关山月、陈残云、赖少其参加了聚会。

9月28日，潘高寿药厂 TQC 达标检查验收合格。

9月29日，潘高寿牌治咳川贝枇杷露经评选荣获第五届"羊城杯"质量奖。

10月31日，潘高寿药厂通过广东省先进企业复评。

11月21日，经广州市质量奖审定委员会审定，潘高寿药厂的鼻咽清毒剂、川贝枇杷膏获"1989年广州市优质产品"称号。

11月25日，潘高寿药厂蛇胆川贝枇杷膏和治咳川贝枇杷露荣获广东省优质产品奖。

12月19日，潘高寿药厂与香港德盛行实业有限公司合资经营"高寿药业（广州）有限公司"，该公司以生产经营蛇胆川贝液等中成药为主。合营期限为10年。

1990年

1月10日，国家中医药管理局负责人张洪魁同志、吴希真处长等一行6人来潘高寿药厂检查工作。

1月13日，国家中医药管理局企管处处长陈衍一行到潘高寿药厂检查工作。

1月31日，潘高寿蜜炼川贝枇杷膏获生产批文，正式投入生产。

2月26日，潘高寿药厂与广州市医药进出口公司、新加坡康华（私）有限公司合资经营的康寿药业有限公司正式合并签订合同。该公司经营中药合剂和中成药产品，合营期限为10年，地点设在广州市和平西路。

3月21日，卫生部药政管理局潘学田局长由广州市卫生局药政处吴铁军副处长陪同来潘高寿药厂指导工作。

广州市卫生局药政处吴铁军副处长（左二）参观潘高寿药厂生产车间

4月18日，潘高寿蛇胆川贝枇杷膏被评为上海1990年中国春夏市场最受欢迎商品金奔马奖。

4月18日，潘高寿药厂荣获广东省节约能源先进单位称号。

6月16日，广东省人民政府办公厅综合处的刘昆副处长、李力副处长一行18人来潘高寿药厂视察。

6月22日，国家医药总局来潘高寿药厂进行能源升国家二级工作预审。

6月26日，潘高寿药厂8个产品参加在北京举办的中国妇女儿童用品四十周年博览会。获铜质奖的有蛇胆川贝枇杷膏、蛇胆川贝液、川贝枇杷露、鼻咽清毒剂、保儿安冲剂，获优秀产品奖的有小儿止咳糖浆、维血康糖浆、维血康液。

7月31日，潘高寿药厂与广州市妇联在广州文化公园举办庆祝"八一"建军节军民联欢晚会。

8月9日，潘高寿药厂稳定蛇胆川贝枇杷膏装量QC小组荣获"1990年度广州市优秀质量管理小组"光荣称号。

8月16日，广州市档案局高衍局长一行6人来潘高寿药厂检查档案工作。

9月13日，潘高寿药厂出资协办在天河体育中心举行迎亚运前夜歌舞表演。

9月16日，潘高寿治咳川贝枇杷露、蛇胆川贝液、蛇胆川贝枇杷膏荣获中国中医药文化博览会"神农杯"银奖。

9月18日，潘高寿药厂独家赞助在花园酒店举行的"我是亚洲人"迎亚运系列活动——亚洲歌舞文艺晚会。

9月19日，潘高寿蛇胆川贝液、保儿安冲剂分获第六届"羊城杯"质量奖。

10月5日，广州中国民族民间艺术专业学校校长、著名歌唱家郭兰英来潘高寿药厂参观。

11月2日，广州市副市长谢仕华、广州市政协副主席陈绮绮、原广东省副省长罗范群、原广东省省长中顾委委员梁灵光、省政协副主席杨应彬、市顾委主任肖鸣等出席潘高寿药厂联合广州电视台在广东大厦举行"潘高寿药厂提前一年超额完成'七五'计划及蜜炼川贝枇杷膏新车间投产"新闻发布会。

11月4日，广州电视台《直播室客人》节目专访潘高寿药厂彭文协厂长并进行现场直播。

11月10日，潘高寿药厂财务会计工作升三级验收通过。

11月23日，潘高寿药厂赞助评选"第十一届亚运会女子十佳运动员"活动颁奖会在北京举行。

1991 年

1 月 29—30 日，潘高寿药厂企业文化艺术团与郭兰英艺术学校在广州蓓蕾剧院联合举行新年文艺晚会，广州市委市政府张汉青、赖竹岩、刘念祖等领导出席观看并接见全体演员。

4 月 18 日，潘高寿药厂荣获广东省先进档案管理企业。

5 月 2 日，潘高寿药厂捐款 5 万元支持在周恩来总理故乡淮安建立周恩来纪念馆。

5 月 3 日，黄伯强、林沃亮代表潘高寿药厂表演相声《民以食为天》获广州市环保专题文艺汇演二等奖。

5 月 14 日，潘高寿药厂向广州市残疾人福利基金捐款 2 万元。

5 月 14 日，广州市公费医疗委员批准潘高寿蛇胆川贝枇杷膏和蜜炼川贝枇杷膏纳入公费医疗用药。

5 月 16 日，潘高寿药厂与广州钓鱼协会联合举办"东峻杯"钓鱼邀请赛。

5 月 31 日，潘高寿保儿安冲剂经广东省经委、广东省儿童生活用品委员会组织的评审委员会评选为广东省 1989—1990 年度儿童用品优秀新产品。

6 月 13 日，潘高寿药厂文艺演出队随郭兰英艺术团赴武警广州支队慰问演出，受到支队领导的热情招待。

6 月 30 日，为庆祝中国共产党成立 70 周年，由潘高寿药厂与广州市体委长跑协会联合举办的"高寿杯"七一老干部长跑活动在中山纪念堂东侧举行。

6 月 30 日，潘高寿药厂与郭兰英艺术团联合组成慰问团到虎门沙角海军基地进行慰问演出。

7 月 1 日，潘高寿药厂企业文化艺术团第一期"艺员培训班"在中国民族民间艺术学校正式开学。

7月15日，韩国"亚洲歌剧团"一行18人到潘高寿药厂参观。

7月17日，广东省经委杨开茂主任一行4人到潘高寿药厂视察。

7月23日，由潘高寿药厂与广州市医药进出口公司、新加坡康华（私人）有限公司以及马来西亚医林（马）有限公司共同投资的广州康寿药业有限公司在厂接待室签订合同。

7月23日，潘高寿药厂与郭兰英艺术学校在广州上九路为支援灾区举行义卖活动，所得款项34.7万元全部捐赠华东及汕头灾区。

8月31日，潘高寿药厂桥牌队在1991年国际城市桥牌邀请赛中获混合双人赛第三名、女子团体第三名。

9月10日，潘高寿药厂长跑队赴杭州参加国际马拉松赛起跑仪式。

9月17日，广州市政府和女足世界杯赛广州赛区组委会在天河体育中心举行仪式，表彰为首届女足赛捐资单位。潘高寿药厂捐资40万元受到表彰，广州市黎子流市长、石安海副市长向潘高寿药厂颁发纪念匾。

9月28日，潘高寿药厂出资赞助广州市足球协会主办的"潘高寿杯"广州市小型足球锦标赛并参加了新闻发布会。

10月11日，由全国政协书画家、广州市政协诗书画家、人民政协报社、共鸣杂志社主办、潘高寿药厂协办的纪念辛亥革命80周年诗书画展在北京人民大会堂广东厅举行新闻发布会。

10月14日，在世界卫生组织和国家中医药管理局联合举办国际传统医药大会期间，由国家中医药局举办的传统医药科研成果和成就展览会上，潘高寿蛇胆川贝液荣获荣誉奖。

10月15日，纪念辛亥革命80周年诗书画展在北京市中国工艺美术馆举行开幕式，全国政协副主席程思远、赵朴初，以及著名画家启功、黎雄才等100人参加，彭文协厂长在开幕式上介绍了潘高寿药厂生产发展基本情况。晚上，王任重在家接见了广州市政协主席杨资元、共鸣杂志社关振东总编辑、潘高寿药厂彭文协厂长等，王任重同志为潘高寿药厂题词：止咳良药名扬中外。

10月16日，第七届"羊城杯"质量奖群众评选活动结果公布暨颁奖大会在广州市委礼堂召开，潘高寿蜜炼川贝枇杷膏、蛇胆川贝枇杷膏荣获1991年第七届"羊城杯"质量奖。

10月25日，由全国政协书画室、广州市政协诗书画室、人民政协报社、共鸣杂志社主办、潘高寿药厂协办的纪念辛亥革命80周年书画展开幕式在广州文化公园第七馆召开，广东省政协叶选平主席等参加了开幕式。

11月8日，在由国家科学技术委员会、广州市人民政府举办的第三届全国新技术新产品展销会上，潘高寿蜜炼川贝枇杷膏获金奖、保儿安获银奖。

11月13日，潘高寿药厂企业文化艺术团正式成立。

12月15—25日，潘高寿药厂企业文化艺术团与郭兰英艺术团赴山西太原等地工矿慰问演出，并进行产品及企业形象宣传，受到当地省市领导的亲切接见和热情接待。

1992 年

潘高寿药厂被广州市经委列为1992年增盈重点企业之一，全市属预算内国营工业企业实现利润1 000万元以上的企业有16户。

广州市医药总公司研究决定，潘高寿药厂调整为享受局处及待遇企业。

潘高寿药厂斥资在开平县月山镇桥头乡潘氏族人发源地投资兴建"潘高寿大道"。道路全场 1 300 米、宽 5 米，入口处设"桥头乡潘高寿大道"牌坊。

3 月 25 日，潘高寿蛇胆川贝液、鼻咽清毒剂、蛇胆川贝枇杷膏、治咳川贝枇杷露荣获中华医学会授予的信得过药品奖。

4 月，潘高寿药厂大同路丛台里综合大楼首期、二期工程全部竣工验收完毕。

5 月，潘高寿药厂资助由三多市人民政府、中华人民共和国园林业部、中国野生动物保护协会和广东省野生动物保护协会联合举办的大熊猫展览。

5 月 5 日，潘高寿治咳川贝枇杷露、枇杷膏产品在四川省成都市"广州、佛山名优产品展销会"被评为受欢迎产品。

5 月 23 日，潘高寿药厂企业文化艺术团与郭兰英艺术团在南方剧院联合举办"纪念毛泽东主席《在延安文艺座谈会上的讲话》发表 50 周年"文艺晚会，前广东省委书记、省人大常委会主任林若等领导出席观看。

6 月 23 日，潘高寿药厂企业文化艺术团与郭兰英艺术团到广州监狱进行帮教演出活动。

7 月 23 日，由潘高寿药厂与广州明兴制药厂、志正工业（泰国）有限公司三方合营的明泰（泰国）有限公司正式签署了合同和章程。

7 月 28 日，潘高寿药厂被广州市公关协会评为 1992 年广州市优秀公关单位。

8 月 28 日，由潘高寿药厂与广州医药进出口公司、新加坡康华（私人）有限公司和马来西亚医林（马）有限公司共同合资兴办的中外合资康寿药业有限公司隆重开业。潘高寿药厂占股份五成以上，彭文协厂长任该公司董事长兼总经理。公司成立后合资各方将利用各自的技术、设施、经营等有利条件发展和扩大中成药合剂、中成药制剂产品，提高产品质量，发展新产品，提高国际市场的竞争力，开拓国际市场。

9 月 18 日，潘高寿治咳川贝枇杷露荣获 1992 年第八届"羊城杯"商品质量奖荣誉称号。

9 月 21 日，广州市医药总公司以穗药发（1992）197 号文，同意潘高寿药厂与广州番禺市桥制药厂、广州市卫生服务公司合资经营广州潘高寿天然保健品公司，主要生产、销售各种类型天然保健品。1992 年 11 月 2 日，获取番禺工商行政管理局发给的营业执照。

11 月，"潘高寿"商标被广东省著名商标评审委员会评为"广州市著名商标"称号。

12 月 26 日，广州市股份制试点企业联审小组以穗改股字（1992）30 号文，同意将广州潘高寿药厂改组为广州潘高寿药业股份有限公司，以定向募集方式设立。

1993 年

2 月 22 日，召开了第一次股东大会，通过公司章程，选举产生第一届董事会成员和第一届监事会成员。

2 月 23 日，公司董事会召开第一次董事会会议，选举彭文协为董事长，李正祥为副董事长。彭文协兼任总经理。

3 月 1 日，"潘高寿牌"商标获广州市人民政府颁发的"广州市著名商标"称号。

3 月 18 日，潘高寿药业股份有限公司成立大会在广州白天鹅宾馆召开。

3月28日，潘高寿药业与拥有十多年业务合作友好关系网的中山小榄永南彩印厂合资兴办中山小榄永高彩印厂。该厂全面负责潘高寿药业的印刷业务并进一步扩大业务，有利于双方共同利益和进一步发展合作关系。

6月，潘高寿蜜炼川贝枇杷膏荣获广东省医药管理局颁发的1993年度广东省医药科技进步三等奖。

7月，潘高寿蜜炼川贝枇杷膏获广州市人民政府授予的广州市科学技术进步奖（三等奖）荣誉证书。

9月，潘高寿药业西围仓QC小组荣获广州市总工会、共青团委会科技协会、质量协会授予的"1993年广州市优秀质量管理小组"称号。

11月29日，潘高寿药业在北京人民大会堂举办"潘高寿杯"名人桥牌邀请赛。

在北京人民大会堂举行的"潘高寿杯"名人桥牌邀请赛

12月17日，举行由潘高寿药业、美国生达（亚洲）医药企业有限公司以及番禺市桥制药厂三方合资组建而成的潘高寿生达医药企业有限公司合同签字仪式。

1994 年

1月，潘高寿药业被广州市工商行政管理局授予"1993年度重合同守信用单位"称号。

6月，因支持广州地铁建设，潘高寿药业决定异地重建，着手筹备重建搬迁工作。

6月，潘高寿药业经广东省统计局评定进入1993年度广东省大中型工业企业综合经济效益排名200强行列。

9月，潘高寿药业综合档案室被广州市档案局评为广州市档案系统1991—1993年先进单位。

9月19日，潘高寿治咳川贝枇杷露、蜜炼川贝枇杷膏、蛇胆川贝液、炎热清胶囊、舒胆胶囊、鼻咽清毒剂、升血调元汤被卫生部列为国家二级中药保护品种。

11月25日，潘高寿药业位于番禺市东升工业区的新厂房举行奠基仪式。

12月，潘高寿药业在国务院发展研究中心、中国企业评价中心进行的500家最大工业企业评价排序中位于中国500家最佳经济效益工业企业医药制造业第27位。

12月，潘高寿治咳川贝枇杷露、蛇胆川贝枇杷膏、蜜炼川贝枇杷膏、蛇胆川贝液被名牌产品展示会授予"中国名牌产品"称号。

12月，潘高寿药业被中国明星企业暨名牌产品展示会组织委员会授予"中国明星企业"称号。

1995 年

4月，潘高寿药业试行新医疗制度改革。

6月，潘高寿药业经广东省统计局评定进入 1994 年度广东省大中型工业企业综合经济效益排名 200 强行列。

6月8日，潘高寿药业坐落在番禺东升工业区的新厂房——制剂大楼举行了第一期工程封顶仪式。广州市副市长刘锦湘以及市政府办公厅、市经委、市计委、市卫生局等部门领导参加了封顶仪式。

8月3日，潘高寿药业经上级批准开始实行全员劳动合同制改革。

10月，潘高寿药业被广州市人民政府授予"广州市专利工作先进企业"荣誉称号。

11月，潘高寿药业原位于广州和平西路 169 号的办公室，搬迁至广州光复中路 393 号。

12月，潘高寿蛇胆川贝枇杷膏被国家中医药管理局推荐为 1995 年中国中药名牌产品（有效期 3 年）。

12月，潘高寿药业被中华人民共和国国内贸易部授予"中华老字号"称号。

1996 年

1月，潘高寿药业被广州市工商行政管理局评为 1995 年度重合同守信用单位。

4月，潘高寿药业被广州市人民政府授予"广州市中医药卫生工作先进单位"的光荣称号。

4月2日，潘高寿药业董事长、总经理彭文协被广州市人事局、卫生局、医药管理局授予"广州市先进中医药行政管理工作者"称号。

7月4日，澳大利亚 TGA 官员大卫·巴克莱先生前来对潘高寿药业进行 GMP 实施情况验收审查。

10月，潘高寿药业搬迁后试产，一次成功。

12 月，潘高寿药业根据广州市体改委的工作布置，按中国《公司法》完成了公司的规范登记工作，修订了公司章程。

12 月 19 日，潘高寿药业获澳大利亚卫生部药品生产管理证。

1997 年

1 月，广州药业股份有限公司（简称"广州药业"）被国家证券委选为第四批 38 家境外上市预选企业之一，广州药业是广州医药集团有限公司通过资产重组，由集团公司属下 11 家企业组成，成立了 H 股上市筹备办公室。潘高寿药业作为广州药业成员之一，成立了以总经理为组长的筹备小组，参加筹备工作。

3 月 4 日，潘高寿药业新厂房二期工程进行竣工验收。

3 月 17 日，潘高寿药业研制的中药四类新药"杏苏止咳口服液"通过严格审评，正式获得新药证书及生产批件，标志着公司又一新药的诞生。

3 月 18 日，潘高寿药业在市桥新厂区举行落成庆典暨公司成立 4 周年庆典活动，任德权、林若、邬梦兆、姚蓉宾、刘念祖、车明纲等领导及著名表演艺术家郭兰英出席了庆典活动，刘锦湘副市长代表市政府感谢潘高寿人对地铁建设的支持。潘高寿药业新厂房按 GMP 标准建成 5 万多平方米的厂房，绿化面积达 32%，用一年半时间完成易地重建及搬迁，并且实现一次投产成功。

5 月，潘高寿药业董事长、总经理彭文协同志荣获广东省总工会授予的"五一劳动奖章"。

7 月，潘高寿药业荣获中共广州市委、广州市人民政府授予的"文明单位"称号。

9月，潘高寿蛇胆川贝液被广州市名牌产品认定推荐委员会确认为广州市名牌产品。

9月，潘高寿药业董事长、总经理彭文协同志被中共广东省委、省人民政府授予"省劳模"光荣称号。

12月，潘高寿蛇胆川贝枇杷膏被广东省经委、省名牌产品认定委员会确认为广东省名牌产品。

1998年

1月，"潘高寿"商标被广州市人民政府认定为广州市著名商标。

2月，"潘高寿"商标被广东省工商行政管理局认定为广东省著名商标。

5月6日，潘高寿药业三类新药"清热化湿口服液"获新药证书和生产批文。

5月30日，潘高寿药业被广州市银信咨询公司评定为AA级信用企业。

6月2日，潘高寿药业四类新药"风热咳嗽胶囊"获新药证书和生产批文。

7月28日，潘高寿药业杏苏止咳口服液被评为1998年度广东省重点新产品。

10月14日，潘高寿药业企业文化艺术团以小品《良辰》参加广州市企业文化节文艺汇演获节目铜奖。

11月，潘高寿药业产品治咳川贝枇杷露被广州市名牌产品认定推荐委员会推荐为"广州名牌产品"。

11月14日，潘高寿药业参加了广州市第三届企业文化活动节并获表演铜奖及队列形象比赛优胜奖。

1999年

1月12日，潘高寿小儿清热利肺口服液被国家药品监督管理局批准注册。

1月12日，潘高寿药业研制的小儿清热利肺口服液获国家药品监督管理局颁发的生产批文。

1月15日，玻利维亚议长乌戈·长瓦哈尔先生一行到潘高寿药业参观，进行国际友好交往活动。

4月4日，国防部外事办主任罗斌少将陪同45个国家驻华武官120多人到潘高寿药业参观访问。

6月16日，潘高寿药业召开1999年股东大会。大会听取、审议了第一届董事会工作报告、第一届监事会工作报告，并依据公司章程选举产生了第二届董事会和监事会。

6月24日，潘高寿蛇胆川贝枇杷露通过广东省名牌产品复检。

8月9日，潘高寿药业在位于广州市解放北路618～629号的府前大厦举行办公楼新址全面启用揭幕仪式。这是潘高寿药业自1995年为支持地铁建设搬迁后，购买物业的第一次尝试。

10月16日，潘高寿药业企业文化艺术团以男声表演唱《毛主席诗词联唱》参加广州市企业文化节文艺汇演暨迎澳门回归演出获节目银奖。

11月16日，潘高寿药业通过澳大利亚GMP认证复查。

11月27日，"潘高寿杯"政协好新闻评选活动颁奖仪式在北京政协礼堂举行，全国政协常务副主席任建新等参加了颁奖仪式。

2000年

2月14日，潘高寿蜜炼川贝枇杷膏被广州市经委认定为1999年度广州名牌产品。

4月24日，潘高寿药业终止与番禺维生制品厂合作经营的中药制剂车间。

5月15日，潘高寿药业首次对中层以上干部实行末位淘汰制。

6月14日，潘高寿药业推行厂务公开制度。

6月27日，潘高寿药业档案工作荣获"国家二级档案管理企业"称号，成为行业内第二家通过国家二级验收的中药企业。

9月1日，潘高寿药业制药废水处理工程被评为2000年度广东省环境保护优秀示范工程，并颁发匾牌和荣誉证书。

10月10日，第二十七届奥运会冠军、双金牌获得者熊倪与中国跳远队教练、男子三级跳远亚洲纪录保持者邹振先教练一行到潘高寿药业进行联谊活动。

2000年，潘高寿药业总经理吕银英向到访潘高寿药业的奥运冠军熊倪介绍公司产品

10月16日，潘高寿药业企业文化艺术团以小品《富而思进盼高寿》参加广州市企业文化节文艺汇演获节目银奖。

10 月 25 日，潘高寿药业通过广州市药品监督管理局对公司进行的关于药品生产企业许可证换发的现场检查验收。

11 月 22 日，由香港贸易发展局组织的香港中医药代表团一行 35 人到潘高寿药业参观。

2001 年

1 月 24 日，潘高寿药业购买广州市拓新卫生实业公司拥有广州市潘高寿天然保健品有限公司的 15% 股权。

3 月 25 日，潘高寿药业在广州市政府市府广场接受广州市政府颁发的广州市第一批"老字号"匾牌。

5 月 8 日，广州市潘高寿天然保健品公司的川贝枇杷糖被确认为中国保健食品协会唯一推荐润喉产品。

5 月 31 日，举行潘高寿蛇胆川贝枇杷系列产品营销合作签字仪式，开创了公司工商合作的先河。

7 月 9 日，潘高寿益肾养元合剂正式转为国家药品标准。

10 月 15 日，潘高寿药业企业文化艺术团以小品《药品与法》参加"九运之光"广州企业大型文艺汇演获节目铜奖。

10 月 22 日，潘高寿药业膏露车间新的治咳川贝枇杷露自动线试运行。

11 月 29 日，"潘高寿"商标获"广州市著名商标"称号。

12 月 13 日，潘高寿药业举行首次管理人员竞争上岗考试。

2002 年

9 月 1 日，潘高寿蛇胆川贝枇杷膏被评为 2002 年广东省名牌产品，潘高寿药业被评为广东省名牌产品生产企业。

10 月 7 日，潘高寿杏苏止咳口服液正式转为国家药品标准。

10月16日，潘高寿药业企业文化艺术团以小品《乐之缘》参加广州市企业文化节文艺汇演暨庆"十六大"文艺演出，获节目铜奖。

2003年

3月1日，潘高寿药业开始实行综合计算工时制，综合计算工时制是《劳动法》规定的3种劳动工时管理制度的其中之一，特别适合生产季节性较强的企业和员工。

3月11日，因口服液包装由玻璃瓶改为塑料瓶，潘高寿药业决定引进口服液塑料瓶灌装生产线，经过公开招标以及与中标公司——德国B+S公司的多次谈判，双方签订购货合同。

6月17日，潘高寿药业与广州汉方中药研究开发有限公司、拜迪生产医药有限公司及广州药材公司共同签署了经济技术合作协议，合力打造一个由中药生产企业、研发中心、销售企业及生物科技公司共同构建的多层次合作平台。合作的内容包括中药新药研发、呼吸道生物药的开发、中药GAP等多个方面。

9月1日，潘高寿蛇胆川贝枇杷露获"广东省名牌产品"称号。

10月26日，中药连锁药店高峰论坛在北京国际会议中心召开，潘高寿蛇胆川贝枇杷膏获"2002—2003年度（中成药）镇咳药店员推荐率最高产品"称号。

2004年

1月21日，潘高寿药业原中药三类新药"丹鳖胶囊"取得新药证书和生产批文。

3月18日，潘高寿小儿清热利肺口服液列为国家二级中药保护品种。

4 月 20 日，潘高寿天保公司与美国 Sunsweet 公司总代理香港东秀有限公司签订了西梅精华素合同意向书。

6 月 12 日，经过国家、省市药监部门多次复检，潘高寿药业正式取得 GMP 证书。

9 月 1 日，潘高寿药业荣获"广东省质量效益型先进企业"称号。

10 月 1 日，潘高寿药业对网络进行了重建，开发出一个对外的公司主网络，填补了公司网络建设的空白。

12 月 25 日，潘高寿药业通过了 GMP 现场检查。

2005 年

2 月 1 日，潘高寿药业评为"广东省食品医药行业科技质量工作先进单位"。

3 月 22 日，再次通过澳大利亚国家食物及药物管理局的 GMP 认证。

5 月 30 日，潘高寿药业和通化长白山药谷有限公司共建的平贝母 GAP 基地正式挂牌成立。

8 月 1 日，"潘高寿"被评为"广州市著名商标"。

9 月 1 日，广东省名牌产品推进委员会授予潘高寿蛇胆川贝液、蛇胆川贝枇杷膏"广东省名牌产品"的称号。

11 月 18 日，潘高寿药业在中央电视台招标会上夺取 2006 年中央电视台"医药第一标""广药第一标"。

2006 年

3 月 15 日，潘高寿药业荣获广州市消费者委员会、信息时报颁发的 2005 年度最受消费者推崇奖。

3 月 22 日，潘高寿药业在广州召开新闻发布会，著名影视明星刘蓓正式签约代言潘高寿蛇胆川贝液产品。

5 月 18 日，潘高寿药业资助从化城康村兴建水利灌溉设施并举行了工程动工仪式。

7月6日，"广州市慈善会潘高寿慈善门诊"冠名暨挂牌仪式在越秀区第一人民医院前广场举行，潘高寿药业现场向广州市慈善会捐赠了180万元的药品。

7月6日，16家"广州市慈善会潘高寿慈善门诊"在广州市内同时挂牌启动。

10月25日，潘高寿药业清远车间顺利通过药品GMP认证。

11月，潘高寿凉茶成功上市。

12月17日，"潘高寿营销野狼行动"被评为2006年度中国十大营销事件之一。

12月19日，潘高寿药业荣获中华人民共和国商务部颁发的"中华老字号"称号。

2007年

4月6日，德国图林根州耶拿市议员一行5人在广州市番禺区对外贸易经济合作局何锦华副科长等领导陪同下到潘高寿药业参观访问。

4月28日，企业报新闻工作者协会年会暨颁奖会在广州举行，潘高寿药业司报获得"好消息""好摄影""好专栏"等12个奖项。

6月12日，广东省教育厅组织的广东药学院国家教学水平教学实习基地预评估专家组来公司考察，对潘高寿药业作为广东药学院优质教学实习基地给予了肯定。

6月29日，由中共番禺区委、番禺区人民政府主办，番禺区委宣传部、番禺区文广局、番禺区慈善会承办的"番禺区2007年慈善文艺晚会"在番禺英东体育馆举行，魏大华董事长、总经理代表潘高寿药业上台向区慈善会捐资20万元。

第六章
企 业 未 来

21世纪是我国经济逐步融入全球一体化的时期，同时也是潘高寿药业凸显品牌优势、精心打造名牌企业的最佳时机。经过"十五"期间的市场调整，潘高寿药业已经驶入良性发展的轨道，为企业未来的发展打下了坚实的基础。取得GMP认证后，潘高寿药业更是迎来了快速发展的时期。

第一节　发展有战略　实百年基业

一、"十一五"战略规划

经过一番详细的历史回顾、市场调研、现状分析以及对未来的预测，潘高寿药业制定了"十一五"的企业发展战略规划：做大做强治咳药专业领域，兼顾妇科、儿科等药品市场，以支柱品种的市场拓展带动新品种，全力打造全国市场，把"潘高寿"打造成为全国著名品牌；同时，大力开发保健食品，构筑新的经济增长点。

二、走向世界，让潘高寿做足 500 年

面对全球经济一体化，潘高寿药业将不以老字号品牌固步自封，积极走向全国，迈向世界，努力整合国内外优质资源，创新求变，开拓进取。潘高寿服务于中国人民已有 100 多年，有 80 多年的产品出口历史，一直兢兢业业地服务于我国广大的同胞、华人华侨和世界人民。

潘高寿药业未来将继续以市场为导向，以提高经济效益为中心，以拓展市场发展空间和开发保健食品、饮料为主线，依靠科技创新和强化企业管理，结合企业的特点和自身优势，强化企业品牌意识，努力增强企业发展后劲，全力打造药品、保健食品多元发展的中国名牌企业和世界知名企业。

作为一个全国知名品牌，潘高寿药业虽然已有 100 多年的历史，但一点也不会"老态龙钟"。多年来，不断进行的产品创新、技术创新、管理创新、营销创新，给企业注入了新"营养"，给品牌注入了新活力，使潘高寿药业拥有充满

活力的团队、先进的科学技术、崭新的现代化设备、一流的制药工艺。

在潘高寿人的眼里，历经百年的潘高寿药业还很年轻，因为他们的目标不是 100 年、200 年，而是把企业至少做到 500 年。

第二节　内功强优势　优势蕴特色

一、人才优势：最大的优势

企业的竞争归根到底是人才的竞争。得人才者，企业才会得天下，企业就会兴旺发达、长盛不衰。人才优势是企业的特色优势，是企业的最大优势。

要更好地形成企业自身的人才优势，必须要形成一套员工的行为规范和价值观。"简洁、自信、微笑"是潘高寿药业每一位员工的行为规范，也是潘高寿人的行为价值观。

潘高寿药业未来将致力构筑人才高地，把人才优势打造成最大的优势，在竞争中勇立潮头。

二、执行力：基础核心竞争力

要把潘高寿药业的战略规划、决策转化成效益，完成预定目标的关键是团队的执行力。把执行力打造成潘高寿药业的基础核心竞争力，是一项系统工程，需要企业管理的不断优化，企业文化的不断建设与演进。

执行力是企业竞争力的核心之一。一个企业是一个组织、一个完整的肌体，企业的执行力也应该是一个系统、组织和团队的执行力。执行力是企业管理成败的关键。

要实现潘高寿药业未来的战略宏图和企业的宏伟目标，必须在员工中打造一流的企业执行力。一个执行力强的企业，必然有一支高素质的员工队伍，而具有高素质员工队伍的企业，必定是充满希望的企业。

只要潘高寿药业有好的管理模式、管理制度和好的带头人，就能充分调动全体员工的积极性，管理执行力就一定会得到最大的发挥，潘高寿药业就一定能创造更辉煌的未来。只有不断提高、强化潘高寿药业从上到下的每一个人的执行力，并且提高每一个单位、每一个部门的整体执行力，才能形成潘高寿药业强大的系统执行力。

要加强潘高寿药业的执行力，就要在组织设置、人员配备及操作流程方面有效地结合企业现状，把潘高寿药业的团队整合成为一个安全、有效、可控的整体，并在制度上减少管理漏洞，在目标上设定标准，在执行中加强监督，以此提高企业的执行力。潘高寿药业将通过沟通、协调、反馈等要素打造有效的企业执行力，从而进一步提高企业的基础核心竞争力。

三、科研力：可持续发展的核心竞争力

随着社会的发展、新技术的应用以及医药医疗水平的大幅度提高，人们消费用药也随之发生变化。以市场为导向，推动产品的更新换代，丰富和延伸产品线以及对现有产品的二次开发，成了企业未来竞争制胜的关键点，是企业未来可持续发展的重大举措。

科研力是保证潘高寿药业未来可持续发展的核心竞争力。企业如果不是建立在其商品品质和服务品质的基础上，企业品牌就不可能树立起来。优良的品质离不开企业的科研力，

没有科研力，企业就不能开发出高技术含量的商品，就不能降低商品成本，就不可能提高商品性能和改进商品外观，更加不能在竞争激烈的国内、国际市场上立足。

潘高寿药业将通过进一步完善科研平台，推动产学研发展、借力外脑、引进和培训高素质的科技人才等不断提升科研力，研发出更多适应社会发展、满足消费者需求的新产品，以确保潘高寿药业未来可持续发展的核心竞争力。

四、营销力：龙头核心竞争力

营销力是开拓市场、征服消费者的能力，是企业诸因素综合作用的结果，是最终把企业产品转化为价值的能力。如果把企业发展比作是一条巨龙的话，那么营销力是龙头，营销力和科研力紧密配合，进而带动龙身，则巨龙腾飞有望。

潘高寿药业未来的市场营销力求通过科学的运作谋求最佳经济效益，实现企业的发展目标。未来的竞争不仅是产品的竞争，更是营销渠道的竞争，拥有稳定高效的营销渠道是潘高寿药业提升竞争力的重要法宝。

潘高寿药业致力于打造中国止咳化痰药第一品牌，在过去短短的 3 年中，从南方市场一路北伐，东征西战。潘高寿药业成功打开全国市场，从广东的老字号做成全国的老字号，品牌价值达 4.65 亿元，品牌价值名列全国中华老字号第 28位。

如今，潘高寿药业已建立起基本覆盖全国城市的销售网络，但广大农村的市场潜力很大，还有待于进一步挖掘。未来 10 年，潘高寿药业将巨资投向全国市场，并努力开拓国外市场，进一步提升品牌的知名度和美誉度，全力打造全国第一健康品牌。

五、品牌力：最核心的竞争力

（一）把品牌力打造成潘高寿药业最核心的竞争力

品牌力运营就是企业以品牌为核心所做的一系列综合性策划工作，它是一个复杂的系统工程。随着市场竞争的日趋激烈，企业间的竞争越明显地表现为品牌的竞争，企业能否培育出自有的知名品牌，将直接决定一个企业在市场上的竞争力。因此，潘高寿药业要把品牌力打造成企业最核心的竞争力。

从市场竞争情况来看，国际经济的一体化进程在加快，国内企业将面临国际跨国公司的强大竞争。大量进口品牌的涌入，给国内企业造成强烈的冲击。品牌竞争的结果将是杂牌、弱势品牌逐步淡出市场。可以预计在不远的将来，中国市场将结束小品牌纷争的时代，形成少数强势品牌一统天下的局面。在这种情况下，为了自身的生存和发展，更好地应对跨国公司的挑战与竞争，树立品牌意识，打造强势品牌已成为中国企业的当务之急。

从企业竞争力来看，随着社会步入知识经济时代，技术的创新速度在不断加快，企业进入市场的技术门槛大大降低，竞争者大量涌现，消费者的选择余地进一步扩大，这就迫使企业不得不把竞争的重点放在塑造知名品牌、增强品牌优势上，以求在消费者心目中建立与众不同的突出地位与独特形象，形成企业的差异化竞争优势。因此加强对品牌的培育和运营，就成为企业的必然之举。

从消费者行为的角度来看，更加需要企业树立品牌意识。商品的多元化，使得消费者的选择日趋多样化，而此时品牌就成为消费者选择产品的价值标准。从某种程度上说，品牌已成为质量、可靠性的一种不言自明的保证。在产品的销售过程中，起决定性作用的已不再是产品本身，而是一个企业独特鲜明的品牌形象，是企业或产品给消费者的感觉。只有那些代表着高品质、高信誉的品牌，才能在消费者心目中长期占有一席之地。

所以，在未来的发展中，潘高寿药业将努力把品牌力打造成企业最核心的竞争力。

（二）致力打造潘高寿药业品牌力

潘高寿药业作为中华老字号，其品牌的建立已经有100多年，今日的品牌高度是过去一点一滴地积累、建设起来的。

做任何事情都需要一个积累的过程，而不是一步到位和立竿见影。做每一件事，都应该脚踏实地，一步一个脚印，而不能急功近利。打造名牌产品，打造知名企业，在国外是一个长期的工程。在美国，要树立知名品牌，每年的广告投放至少需要3 000万美元，至少需要3~5年的时间。

企业品牌运营离不开广告的宣传作用。潘高寿药业往后每年将不断投入资金加大广告力度，致力于品牌力的建设。据美国一项统计资料显示，在美国排在前20名的品牌，每个品牌平均每年广告投入费用为2~3亿美元，而一些顶尖公司如可口可乐，每年更是以5亿美元的广告投入来制造轰动效应。因为在这个竞争日益激烈的市场上，想保持并提高品牌的知名度和美誉度，时刻与消费者联系在一起，就离不开广告的有力宣传。有力的广告宣传，把企业的信息及时传达给消费者，使消费者对品牌有个完整、丰富的印象，也使消费者对品牌有一定的感情倾向，品牌在竞争中便会处于优势位置。品牌竞争不仅是实力的较量，也同样是广告宣传的较量。重视宣传，对于提高品牌美誉度与知名度，塑造良好的品牌形象和企业形象是必不可少的。

潘高寿药业在未来将继续做好创名牌工作，管理好品牌、发展好品牌、合理做好品牌延伸，致力打造好企业的品牌力。

第三节　创新盼高寿　老树发新枝

创新使企业有持久的生命力。企业名牌和品牌不是"终身制"，老名牌固然有深厚的技术、文化、管理成分，但必须经过各个时代的人不懈努力，并不断注入时代活力，与时俱进，才能代代相传、生生不息。

一、创新让潘高寿更高寿

（一）给老字号品牌注入新活力

老字号品牌是财富，是宝贵的资源、稀缺的资源，而不是负担。潘高寿药业将继续勇于创新，不断给企业注入新活力，推动百年品牌的快速发展。

（二）老字号品牌永葆长寿基因：维护＋创新＋扬长避短

在品牌的维护方面，潘高寿药业力求专业化的发展，希望通过专业化的发展来强化这个品牌。所以在很多的消费者心中，"潘高寿"这个品牌更多的是一个健康产业。

在维护品牌的同时，潘高寿药业将不断地创新品牌，去适应消费者需求的变化。

企业有其生命周期，老字号品牌有优势的一面，也有劣势的一面。潘高寿人扬长避短，更多的是去发挥它优势的一面：一方面将努力补足市场开发"短板"的一面，加强市场适应力，集中资源和品种开发市场，然后再集中区域做大、做强，力求市场巩固、发展、壮大；另一方面将进一步强化潘高寿药业的人才队伍建设，一切以人为本，打造人才高地，消除运行机制存在的一些弊病，确保企业不断发展。

二、五大创新体系

创新是多角度、全方位的，潘高寿药业将努力实行五大创新体系。

（一）科研创新

潘高寿药业将继续以市场为导向，加大科技创新力度，全力提高科研开发能力和水平，努力培养新的经济增长点和培育规模优势品种，并抓紧对现有的具有规模优势的品种进行二次开发，创立产品优势。

（二）营销创新

从计划经济时期的统购统销，到双轨制，到大客户营销，到打破以大客户包销为主的销售模式，再到轰动全国营销界的"野狼行动"，潘高寿药业的营销在不断创新，未来潘高寿药业将继续加大市场营销、广告和品牌宣传力度，不断培养新兴的消费群体、消费阶层，开拓更多的细分市场，努力进行营销创新，确保市场的竞争力。

（三）组织创新

潘高寿药业将根据环境条件的变化，打破不适应环境的组织结构，对组织目标加以变革，并对组织成员的责、权、利关系加以重新设置，形成新的组织结构和人际关系，使组织功能得到不断发展。

（四）管理创新

管理创新的目标是提高企业有限资源的配置效率。潘高寿药业将不断地进行管理创新，管理机构和管理手段视市场的变化相应做出迅速调整，保证做到管理上的高效、灵活、精简，进一步提升企业的竞争力。

（五）制度创新

制度创新是企业进行各种创新的前提条件，是调动员工积极性的关键。潘高寿药业将进一步建立和完善激励约束机制，充分调动员工的工作积极性和创造性。在人才资源上的创新，使得企业员工锐意进取，精益求精，不断补充新的知识；在员工观念上的创新，使潘高寿人具备忧患意识和超前意识，最终促进企业不断发展壮大。

第四节　产业再升级　展望500年

一、技术改造升级

自20世纪80年代，潘高寿药业就已开始致力于"治咳系列"产品的开发，现已基本上形成了用于治咳嗽不同症型、常见病症的治咳产品系列。"潘高寿"品牌已在一定程度上、一定的区域范围成为"治咳药"的著名品牌，成为"治咳药"的代名词。

潘高寿技术研发改造升级将做强做大治咳药专业领域，致力打造中药的呼吸道系统用药第一品牌，精心构建"健康、快乐、高寿"之潘高寿公众品牌形象。

1. 新药开发以呼吸道用药为主，妇科、儿科用药为辅，积极寻找具市场潜力的妇科、儿科新药项目，开拓更广泛的市场。

2. 对现有主导产品二次开发，扩大市场覆盖面，提高市场占有率。

3. 延伸、扩大适应证新产品，将对呼吸系统中常见病和疑难病用药作进一步的调查分析，有计划、有步骤地研发新产品，比如用于治疗鼻咽部炎症、肺炎、支气管哮喘、慢阻肺、矽肺、肺癌等的新产品。

4. 增加价廉物美的市场产品，进一步满足市场的需求，关注消费者的呼声。

5. 现有品种产业化转化技术攻关。

6. 重要原料研究。

7. 食品、保健品领域开发。以市场为导向，紧跟市场热点，研发更多优质的产品不断满足中国消费者的需求。

二、产品换代升级

在百年的发展历程中，潘高寿药业秉承精湛的传统制药工艺，辅以现代科学技术，研制生产出 6 大剂型、100 多个品种。

潘高寿药业未来将以市场为导向，以为消费者健康服务为己任，不断拓展产品线，合理的品牌延伸，与时俱进，推动产品升级换代，不断满足人们日益增长的消费需求。

三、质量管理升级

质量是企业的生命，未来潘高寿药业将加大投入，推动质量管理的发展、升级。

（一）质量目标

1. 综合质量指标。

指标名称	目标/%
产品质量等级品率	100
国家监督抽查合格率	100
质量退货率	0

2. 主要产品质量指标。

产品名称	指标名称	目标/%
蛇胆川贝枇杷膏	优等品率	100
治咳川贝枇杷露	一等品率	100
蛇胆川贝液	一等品率	100

（二）质量管理工作

1. 潘高寿药业提高产品质量的标准，对每个标准严格贯彻执行。

2. 潘高寿药业将积极推进名牌战略，创建更多的名牌产品。

企业要在激烈的市场竞争中立于不败之地，就必须创造名牌产品。名牌就是质量，就是效益，就是竞争力，就是生命力。名牌是企业的底蕴，是市场的先驱。创立名牌、拥有名牌，是企业构筑核心竞争力、实现可持续发展的关键。

"十五"期间，潘高寿蛇胆川贝枇杷膏、治咳川贝枇杷露、蛇胆川贝液相继被评为广东省名牌产品。未来潘高寿药业将继续推进名牌战略，创建更多的名牌产品。

3. 潘高寿药业加大对检测设备的资金投入，更新和添置检测设备，进一步提高质量管理检测水平。

（三）潘高寿药业进一步强化和深化 GMP 管理工作，推动质量管理的升级

四、企业信息化革新升级

企业信息化是企业利用 IT 技术达成经营管理目的的全过程管理活动。企业信息化涉及更多的是组织行为和业务模式的设计，未来潘高寿药业将进一步提升企业信息化的管理水平，创造和获取更大的竞争优势。

（一）ERP 系统应用深度推进

几年来 ERP 系统的应用，有效地提升了潘高寿药业的管理水平，推动了企业的发展。

潘高寿药业的 ERP 系统将紧密结合企业有效管理，将推进信息化与管理创新有机地结合起来。

（二）协同办公自动化（OA）系统平台

企业在激烈的市场竞争和日益注重沟通协作的管理环境趋势下，都不可避免地要求企业将更多的精力集中于整合各种资源并打造高效和协作的运作体系，而企业的办公自动化系统的实施将在其过程中扮演重要的角色。

随着潘高寿药业业务的迅猛发展，管理要求的不断提高，实施计算机网络化的办公，即办公自动化（OA）系统，将能进一步减轻繁重的日常办公事务，提高办公效率和准确率，以降低办公成本，让公司将更多的精力聚焦在主营业务和市场拓展上。同时，OA 系统的实施，将日常业务和管理中的文档和信息转化为知识，实现自动化的有效管理。这对于提高潘高寿药业整体素质和水平，创建学习和知识型的企业文化，提升公司的竞争能力具有重要的意义。

（三）销售终端管理集成信息系统

由于中国药业市场的行业特性，终端管理是企业销售行为中的一个重点，同时因为终端没有实际的票、货、款往来，所以也是一个难点。尤其是销售终端管理具有不同于其他行业的独特的销售模式，因此普通的财务或销售管理软件根本无法适应管理需求，与药业的终端销售的实际管理需求相去甚远，无法真正满足应用需要。绝大多数软件只能够处理有实际票、货、款往来的"商业销售"的业务操作，而制药企业与终端是没有直接的业务联系的。而且财务软件仍然没有突破"凭证和账表电子化"的传统思路，实现的还仅仅是一个"记账"的功能，只是注重订单、发票、进出货单、回款等具体业务流程的电子化和简单的数据统计。面对目前集约化销售行为中的多层面的管理问题，比如销售政策的具体量化、销售数据的全面分析、终端费用的核算、销售任务的动态考核、销售佣金的计算、销售分支机构的管理等，此类软件显得无能为力。

销售终端管理集成信息系统将有效解决这些问题，潘高寿药业将引入和推行实施此系统，将有效推动终端销售管理的发展，提高对市场的掌控力度，从而促进销售业绩的快速提升。

（四）客户关系管理（CRM）集成信息系统

客户就是企业的未来，让客户感到满意是企业成功的关键。一个可信赖、有效的客户关系管理解决方案，能够为管理人员提供最大化组织效率所需要的资源，帮助企业建立长期的客户关系，并赋予企业解决基本问题所需要的工具。集

百年潘高寿治咳之路

成了 CRM 管理思想和最新信息技术成果，帮助企业最终实现了以客户为中心的现代化管理模式，它具有以下特点：

1. 整合企业级工作流功能、数据挖掘的功能和充分实现知识管理的功能。

2. 实现跨部门跨地区的协同工作能力，更加紧密、迅速的客户反应能力。

3. 对销售跟踪行动和售后服务模块提供强大的预警功能。

4. 功能强劲的销售日历。

5. 整合的邮件系统功能。

6. 强大的无线协作功能，让信息无处不在。

7. 神奇的传真整合应用。

8. 集成的知识管理系统。

9. 强大的统计分析功能。

10. 严格的系统安全设置。

11. 可与公司的办公自动化系统全面集成。

潘高寿药业将推进 CRM 系统的建设，最大程序上优化好客户资源，管理好客户，提升厂商关系，互利互惠，促进双方的进一步合作与发展。

（五）GMP 体系管理信息系统

质量管理已成为企业竞争力的最重要指针，而 GMP 体系的建立为所有重视产品质量的制药企业所认知。建立一套 SOP 文件管理系统，落实文件审查、核准作业，严格管制文件发行与变更流程，是公司质量控制系统的基础。以往企业都是利用纸张的作业方式来存放、管理、审批、发布公司重要的程序文件及作业指导书等，这种作业方式必然存在许多的缺点。因此，GMP 体系管理信息系统应该具有以下特点：

1. 对文件生命周期的有效管理。

2. 版本的有效控制。

3. 全程实现电子审批、流程跟踪、状态监控。

4. 强有力的文件关联特性。

5. 强大的痕迹保留功能。

6. 全文检索功能，迅速找到所要找到的文件。

7. 灵活、强大的安全机制，保证系统的安全性。

8. 文件的审计、统计分析功能。

9. 支持多语言的自动切换。

10. 支持短信、PDA 的无限应用。

11. 提醒、邮件批复、信息推送。

12. 与办公自动化系统应用的无缝集成。

随着 GMP 体系管理以及企业管理水平的发展需求，潘高寿药业将实行 GMP 体系管理信息系统，促进 GMP 体系管理的信息化发展，推动企业管理的前进，提升企业的核心竞争力。

第五节　科学促发展　文化保传承

一、以人为本

企业发展能否持续，能否在激烈的市场竞争中始终立于不败，关键在于能否培养造就一支高素质的员工队伍。因此，人力资源配置是影响企业规划实施的重要因素。

广东省致力建设中医药文化大省、中医药强省，潘高寿药业作为源于广东的全国知名百年老字号中药企业，是岭南医药的杰出代表，是传承中医药文化的重要力量。潘高寿药业未来要可持续的科学发展，要光大中医药文化，必须以人为本，坚持"人才兴企，人才旺企，人才强企"的人才战略，着力把握发展规律、创新发展理念、转变发展方式、破解发展难题，提高发展质量和效益，实现又好又快发展。

（一）建立人才脱颖而出健康机制

潘高寿药业将致力于培养识大体、善管理的优秀员工队伍，根据不同发展时期对人才的需求，有预见性地及早研究，真正把培养和使用好人才作为企业兴旺发达的大事来抓，通过加大工作力度，推进人事制度改革的进一步深化，逐步形成使人才能脱颖而出的健康机制。

（二）引进人才，建高端核心骨干队伍

作为全国优秀中医药企业的潘高寿药业坚持以人为本。生产组织、人力资源、资金营运、市场策划、战略管理、采购供应、技术开发等部门，将引进高素质、高技能、专业化程度较高的人才（如职业经理人等），建立高端的核心骨干队伍，以突破传统固有的思维模式束缚，促进企业管理体系的健全和完善。并通过强化培训，优化核心队伍的知识、技能、年龄、素质等结构，提升核心队伍的创新意识、创新能力、执行能力、管理能力。

根据企业发展的实际需要，潘高寿药业积极做好：

1. 以提高设备先进系数、机械化、自动化程度为依托，逐步压缩非关键性工作岗位，后勤服务岗位逐步向社会化方向转移。

2. 以调整经营策略为依托，加速营销队伍建设。

随着营销改革的深入推进，市场的不断加速拓展，实现销售目标的基础是拥有一支高素质、战斗力旺盛的营销队伍。潘高寿药业未来将进一步加快营销队伍建设，队伍将扩充至

2 000 人。对这支队伍将精心培育和勤于操练，而严格的管理、系统的培训和实战的检验则是不断提升这支队伍战斗力的具体方略。

为此，潘高寿药业将专门成立专业职能部门加强对营销人员的培训和监督检查，同时在营销队伍中引入良好的吸纳和淘汰机制，通过加强对营销队伍的实时监控和管理来动态掌握营销人员的状况，保障营销队伍的素质和活力。

在培训方面，潘高寿药业将在每年安排多次大型的培训会，召集全国各区域人员参加，内容以公司营销政策、工作思路、方案制度为主，提高工作的高效性和执行力。同时，对经理以上人员实行动态培训制度，根据培训需求进行针对性培养。

3. 在继续强化技术、工艺、质量、研发、生产管理等部门外，潘高寿药业将加大市场、企划、财务、设备、生产设备维护等部门市场营销、市场策划、生产管理、企业管理、资金营运、战略管理、机电维修工程等人才引进与配置。

4. 优化以生产岗位为主体的员工队伍年龄、性别、知识、技能等结构，提高人员素质，确保一线生产岗位人员素质符合 GMP 等管理规范的发展要求。

二、光大中医药文化

中华民族有着 5 000 年源远流长的历史，在从不曾间断的文化长河中蕴藏着浩瀚精深、灿若繁星的文化遗产，这些文化遗产是中华民族精神、情感的载体。除了有形的物质文化遗产，还拥有数量庞大、价值无可估量、存在于广大人民群众之中、无形的非物质文化遗产。中医药文化是博大精深的中华传统文化的重要组成部分。

岭南地区是中医药发源地之一，拥有自己独特的中药文化。广东中医药文化积淀深厚，有着悠久的历史和广泛的社会基础。100多年来，潘高寿人始终坚持"积功累德，济人济世"的经营理念，引领岭南中医药文化的发展，并不断地把它发扬光大。

（一）潘高寿中药文化入选国家非物质文化遗产

2007年，潘高寿凉茶（72号秘方及其专用术语）入选了国家非物质文化遗产，这标志着以"潘高寿"为代表的岭南中药文化获得了国家的认可和法律的保护，更坚定了潘高寿药业把中医药文化传承发扬的决心。

"潘高寿中药文化"这一灿烂的非物质文化遗产具有代表性、杰出性，它扎根于中医药文化传统，世代相传，具有鲜明的"潘高寿"特色，见证着中华民族文化传统的独特价值，维系和传承着优秀的中医药文化。

（二）潘高寿药业巨资投入，光大中医药文化

入选了国家级非物质文化遗产，就要承担起保护、传承与发扬的重任。自1890年创建以来，潘高寿药业经过世代制药人的保护和弘扬，如今已经成为岭南中药文化的杰出代表和佼佼者。在被认定为国家级非物质文化遗产后，潘高寿药业已明确且做好了规划将巨资投入，鼎力打造南药特色，传承、发展、光大中医药文化。

1. 潘高寿中药文化遗产主要保护内容：

（1）作为一个文化有机体的潘高寿中药文化的整体保护。作为岭南城市的记忆和历史文化载体之一，潘高寿药业包含着极具价值的非物质文化遗产，如特有品牌、传统工艺和配方、独特商业文化和人文气息等。因此，要尽可能地全面把握潘高寿药业的历史文化发展脉络，对潘高寿药业在广

州高第街、豆栏上街、杉木栏路、大同路、和平西路等地的厂址及其相关物件，都要尽可能地保护。

潘高寿药业150多名党员干部到发源地开平市月山镇桥头乡萃龙村寻根问宗，找寻历史的足迹，挖掘更多潘高寿药业历史资料

（2）保护传统中药文化的生存空间，保护民众对传统中药的接受意识，这一点在以西医西药为主要评判坐标体系的今天尤为重要。因此以保护促发展、用传播促保护，显得非常重要。

（3）保护药材的生长环境，保证药材的质量。"药材好，药才好。"只有坚持以质量保证的药材入药，产品的质量、疗效才会得以保证，潘高寿药业一直以来"真材实料"的诚信度与品牌形象才得以长期的发扬与传承。

2. 潘高寿药业中药文化遗产主要保护措施：

（1）潘高寿药业拟投入千万巨资，全面保护与发展潘高寿药业中药文化。广州市政府以及广药集团也将大力给予支持。

（2）密切产、学、研合作。中山大学、广州中医药大学以及科研机构将为潘高寿药业中药文化的保护与发展，提供大力支持与帮助。

（3）潘高寿药业进一步调查和保护企业内身怀绝技、熟悉传统中药炮制技艺的老艺工，收集、整理、研究以川贝枇杷露为主的传统治咳中药炮制技术，培养传统中药炮制技艺后继人才以及引进和培养企业发展所需要的各方面人才。

（4）建立专门的潘高寿中药文化大观园，通过展览与再现等方式，展示潘高寿药业深厚的中药文化底蕴。

（5）与地方联合建立南药生产基地，从根本上保证药材质量。

（6）在传统的治咳药物研发的基础上，潘高寿药业将积极开发和推广凉茶等产品，通过更广泛的产品营销与市场活动，促进中药文化的传播、传承与保护。

（7）传统医药在全国拥有巨大的影响力，依靠社会上的各界力量，广泛传播中药文化，如举办中药展览、中药寻根等活动，为传承与发展潘高寿药业的中药文化提供支持。

（8）国家级非物质文化遗产的美誉给了潘高寿药业一个全新的平台，未来潘高寿药业的发展将紧密结合这个平台，不仅要继续坚持真材实料，还会将原有的市场、产品、品牌和管理策略全面升级，将潘高寿药业打造成能适应现代消费者需求、适应市场竞争的强有力品牌，保证潘高寿药业的中药文化遗产保护可持续发展，以光大潘高寿药业的传统中药文化。

第七章
品 牌 故 事

潘高寿药业自19世纪90年代问世至今已125年，其间经历了晚清光绪、中华民国、中华人民共和国几个历史时代。在潘高寿药业100多年发展的历史上，发生过许多曲折离奇的事情及典故，尽管历经兵燹战火、天灾人祸，特别是1959年的那场无情大火以及"文化大革命"10年浩劫。一些事件的实情已经难以考证，但是多年来一直秉承着"积功累德、良药济世"宗旨的潘高寿药业在人们心目中留下了难以磨灭的印象，"潘高寿"的故事通过历年历代老百姓的口耳相传，伴随着潘高寿药业的成长、壮大和发展而流传至今，成为"潘高寿"品牌的历史佐证。

第一节　百年字号潘高寿　源自潘氏高寿人

清光绪十六年（1890年），广东开平人氏潘百世、潘应世兄弟在广州高第街开设了一间专营蜡丸名为"长春洞"的药铺。"长春洞"前店卖药，后场制丸，雇有10余个工人进行作坊式生产。1920年前后，潘氏兄弟先后去世，药铺由潘百世之子潘逸流、潘应世之子潘楚持共同经营。没多久，两人相继转营他业，药铺由潘百世的四子潘郁生出任司理。

潘高寿药业创始人潘百世（右），川贝枇杷露创制人潘郁生（左）

不久，广州起义爆发，接着又发生"商团叛乱"，药铺毁于战火。潘氏改在西关十三行豆栏上街设店。

辛亥革命后，西医对传统中医药的冲击日强，"长春洞"生意一落千丈。潘郁生决意另辟路径，创制新药。他注意到广州气候炎热多雨，且天气乍暖乍寒，人们容易患伤风咳嗽，而市面销售的枇杷露多是独味单方，治咳疗效不十分显著，于是他将具有润肺镇咳作用的川贝母和有祛痰作用的桔梗等药材与枇杷叶一起熬炼，还在药液中加入香料和糖浆，同时吸取了西药制剂方法，加进苯甲酸等作防腐剂，使之耐久存放。新药制成后，定名为"潘高寿川贝枇杷露"。由于疗效显著，很快便成为家喻户晓的治咳药。

抗日战争时期广州沦陷，潘氏族人为了躲避战乱，潘郁生父子分别到香港、韶关等地继续经营。抗战胜利后，因族人无力集资复业，于是潘郁生独资经营，以潘高寿药行取代长春洞，并由于原来经营的蜡丸品种在市面上同类产品竞争激烈，潘郁生便逐步放弃祖业经营的蜡丸，专营川贝枇杷露，又在杉木栏路开新店铺以扩大生产。1948—1949年，潘高寿药行发展到鼎盛时期，潘郁生除在香港设厂外，还在台湾、澳门设点经营。不过，潘高寿药行一直采用传统方式生产：煮药是铁锅木柴、土炉明火，像民间煲凉茶一样。浓缩药液和煮糖也是用明火煎熬，木棍搅拌。由于怕配方泄露，所以调配药液往往是老板亲自动手，或者叫自己的亲戚配药，这样就限制了生产的发展。直到公私合营前，潘高寿药行仍是作坊式生产，雇工亦不到30人。

新中国成立前，潘郁生去了新加坡，潘郁生的大儿子潘祖馥在广州经营，潘祖芗在香港继续经营。此后，广州的潘高寿药行于1956年实行公私合营，与生产止咳枇杷露的大同成药社、生产白萝仙咳水的中华成药社合并，组成"公私合营潘高寿联合制药厂"。生产以各合并厂原有的止咳糖浆为主，将川贝枇杷露作为主体产品，保持了原"潘高寿"的传统特色。

1959年10月，刚刚走上社会主义道路，步入发展正轨却被一把大火毁为平地的潘高寿药厂在大同路同安里重新艰苦创业。1960年底恢复了传统产品"川贝枇杷露"的生产。

1964年，潘高寿药厂划入广州市化工局属下的中药总厂。"文革"期间，曾改为"广州中药七厂"且一度仿照部队的建制命名为"中药七连"，车间、班组分别为排、班设置，直到1981年才恢复"广州潘高寿药厂"之名。1993年，潘高寿药厂转制为广州潘高寿药业股份有限公司。

始创于1890年的潘高寿药业，至今已有百余年历史了，它以创制川贝枇杷露驰名广东、香港、澳门，并一直以治咳药闻名至今。目前的潘高寿药业，集"中华老字号""广州老字号""广东省著名商标""广州市著名商标"于一身，是岭南传统医药老字号的代表，并集中体现了南药文化的创新精神。

早在1937年，在潘郁生创制川贝枇杷露约10年之际，由于市场上出现假冒产品，潘郁生毅然变卖所有房产，将获得的资财用来改良产品包装。新包装以父亲潘百世的真像和自己的画像为商标，并特意在自己的像旁注明潘四俶创制（潘郁生又名潘四俶），使人容易辨认。他又发起一系列的宣传攻势：在报纸、电台做广告宣传，还经常发表奇文怪论；

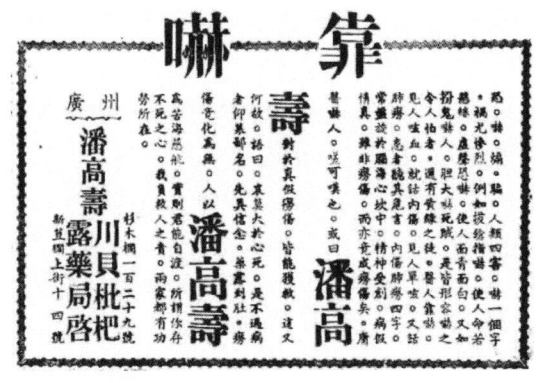

潘高寿药行早年的"奇文"广告之一

拍摄宣传川贝枇杷露的电影广告,作为"画头"在各电影院放映;用薄铁片制作精美的"川贝枇杷露"宣传画片,钉在广州市各条马路的每一根电灯杆上;派员工带产品到各线轮船、火车上宣传,在炎热的夏天派人在广州市的长堤、太平南路一带交通要道摆摊设档,老板还亲自出马,免费向过往的劳苦大众提供川贝枇杷露冲饮,既让广大街坊群众受益,又能收到良好的宣传效果。因此潘高寿川贝枇杷露声名鹊起,几年间便成为家喻户晓的治咳药,行销广东、香港、澳门以及台湾等地。所以业界中有人说,"潘高寿"是重视知识产权的老字号商业文化代表。

这就是"潘高寿"的由来与历史传承。

第二节 劝人莫冒潘高寿 留些善果子孙收

新中国成立前,由于潘高寿川贝枇杷露畅销,不少药铺、药行也纷纷仿制生产,在商业化社会的香港更是如此。为此,潘郁生曾在香港与诚济堂打了一场官司。事情的起因是诚济堂药行在推出川贝枇杷露的同时,在香港的各大报纸上刊登川贝枇杷露广告。潘郁生一向认为川贝枇杷露是自己独家首先创制,别人无权仿制,现在居然有人仿效生产,而且还大做广告、广为宣传,便十分气愤,于是以"一二三四五六七,忠孝仁爱礼义廉"为题,在报章上撰文讽喻诚济堂"忘八"(王八)和"无耻",喻指其川贝枇杷露是冒牌货。诚济堂药行的人见到文章后,仗着他们早有准备:诚济堂药行的川贝枇杷露在香港政府中注册备了案,于是就到法院状告潘郁生,故此法院判潘郁生以影射他人冒牌而败诉。

香港潘高寿川贝枇杷

露包装商标局部对联

感受到了由于没有着意"专利"及"知识产权"的意识而吃了亏的切肤之痛,于是潘郁生就想出了一个主意:在川贝枇杷露每一瓶的外包装盒上除了印上潘高寿的创始人及作为川贝枇杷露创制人——自己画像之外,还在两边以对联的形式印有"劝人莫冒潘高寿,留些善果子孙收"的字句以警醒世人。此举确实收到了一定的效果,自始仿冒潘高寿川贝枇杷露的事件就大大减少了。直到21世纪的今天,在香港及境外行销的潘高寿川贝枇杷露仍然沿用这个包装。

潘高寿人较早关注知识产权的有关问题,正是缘由于此。

第三节　恶联巧对显功力　川贝枇杷口碑传

辛亥革命及"五四"运动前后,随着西方思想及科技、文化的不断传入,西医、西药也逐渐为人们所接受。20世纪30年代,德国某厂出品名为"赫利西佛"的止咳药也随之进入了中国市场。经过一段时间的推销、经营,在华南一带拥有了相当广的市场。但是,由于潘高寿川贝枇杷露疗效确切,而且价廉物美,口碑甚好,销量极佳。德国某厂在华南的代理商看在眼里，急在心上。

为了扩大"赫利西佛"止咳药在广东地区的影响，与潘高寿川贝枇杷露争占市场份额，德国某厂在华南的代理商便不惜投入重金开展宣传攻势，除了不断推出广告外，又煞费苦心地将潘高寿著名产品川贝枇杷露的主要成分川贝、枇杷的谐音串拼为联，在报纸上刊登所谓征联启事，上联曰："穿背琵琶，焉能弹高调"，矛头直指潘高寿川贝枇杷露。

面对"洋品牌"的挑战，潘高寿人也不甘示弱，很快就做出了反应。司理潘郁生不惜斥资，以高额稿酬聘请高手，在同一报章针锋相对，投稿应征，针锋相对地对出下联："黑脷史弗，那得有良心"。同是用品牌名称的谐音应对——"黑脷史弗"（"脷"是粤语"舌头"之意，"史弗"与粤语中的"屁股"相谐）征联一经刊出，读者哄然。人们都认为对出的下联诙谐幽默，揶揄之中透着睿智。"洋品牌"恶意征联的挑衅行为弄巧反拙，一时在坊间中被传为笑柄，品牌形象在广大市民心目中大打折扣。

德国某厂的恶意挑衅，不但丝毫没有损伤"潘高寿"的企业形象以及品牌形象，反而让它更加深入人心。从此以后，潘高寿川贝枇杷露的销量有增无减，赢得了更多用户的信赖和拥戴。

第四节　支持中医药界发通电
迫使国民党政府废提案

1929 年间，南京国民党政府开始了所谓的"改革"。这个时候，西学东渐，西医向中医的挑战日渐严重，中、西医药界之间的论战日趋激烈，但这种论战仅仅还是属于争鸣的范畴。

然而，国民党政府中有留洋背景的专家委员刻意把中医中药说成是"异端""巫术"，将贫穷落后的旧中国医药卫生事业的不发达原因归咎于中医中药，鼓吹全盘西化，要逐渐消灭中医中药。

1929年2月，国民党政府的中央卫生委员会在南京召开第一次会议。会上，在留洋派占主流的国民党政府领导班子的授意及时任行政院院长的汪精卫支持下，通过了有留洋背景的余云岫等人提出的"废止旧医以扫除医事卫生之障碍案"，并提出了6项消灭中医中药的所谓具体办法。

1931年初，国民党政府的卫生会议居然通过了《关于废止中医药提案》。此案一出，激起了中医中药界空前大团结、大觉醒，人们群情激愤，在全国掀起了一场声势浩大的"反废止"风潮。广州中医药界在3月19日举行集会响应，向国民党政府发出抗议通电，并提议3月17日为"中医药界大团结纪念日"。最终，国民党政府被迫撤销了此项提案。

潘高寿药行和广州市的许多中药界同行都积极投入了这场声势浩大的活动，为确立中医中药的合法地位，弘扬中医中药事业做出了贡献。

第五节　潘高寿官司惊动周总理
　　　　中成药出口统一"羊城牌"

20世纪50年代中叶，潘高寿药行和全国各地的民族工商业一起进行了社会主义改造，与广州大同成药社和中华成药社合并组成"公私合营潘高寿联合制药厂"，正式告别了作坊式生产的时代。

走上了社会主义道路的潘高寿药厂焕发了青春，显现出勃勃的生机。不久，公私合营后的潘高寿药厂生产蒸蒸日上，止咳川贝枇杷露等名牌产品销路不断扩大，除了国内销售之外，还通过有关外贸部门的协调出口到港澳和东南亚等地。产品商标仍然沿用一直在国内使用的"潘高寿牌"。

由于当年历史和政治的原因，潘高寿药厂在香港的后人一时未能理解和接受大陆的政策和运作，向港英政府法院递交了诉状，以他们在香港有关当局已经注册了"潘高寿"商标为由，起诉内地有关部门侵犯了"潘高寿"商标权以及在港家族的权益，提出了要求大陆方面停止在港澳地区使用"潘高寿"商标等一系列要求。

20世纪50年代还是西方及外国势力对中国实行封锁的冷战时期。事情发生在当年英国管制下的殖民地香港，港英当局在宗主国授意下，有意利用事件扩大事态，以引起"国际争端"。事件引起了周总理的关注和重视，日理万机的周总理亲自过问这个事件，并就事件做出了具体的指示。

根据周总理的指示精神，有关方面巧妙地避免与港英当局的正面冲突，另一方面又照顾了民族资本在港的利益。因为周总理在指示中特别提到，像潘高寿药行这样的民族资本在当时香港这个殖民地性质的资本主义社会中生存也不容易，应适当给予照顾。自始，有关方面统一了以"羊城牌"作为广药中成药出口的注册商标。在解决了广药中成药出口商标问题的同时，也顺利地平息了这桩轰动一时的潘高寿官司事件。

在周总理身边工作整整40年的原总理办公室主任、中共中央统战部副部长童小鹏对潘高寿药业十分关心，童老离休后定居漳州，他对潘高寿药业的系列产品赞誉有加。童老向潘高寿药业的工作人员谈起当年周总理对海外侨胞和港澳同胞关爱之情仍然记忆犹新，如数家珍。

原总理办公室主任、中共中央统战部副部长童小鹏向
潘高寿药业工作人员介绍周总理生前的工作情况

第六节　逢春枯木遭霜打　大火无情人有情

新中国成立前，由于我国民族资本主义经济备受外国资本和官僚资本的排挤和打压，潘高寿药行业务上虽然有了一定的发展，然而这种发展是相当艰难而缓慢的。除了上述的原因之外，落后的生产工艺、有限的生产规模和保守的生产方式也一直限制着企业的发展。直至新中国成立初期，私营的潘高寿药行、大同成药社和中华成药社等中药和成药制药企业，实际上都只是手工业作坊式的生产工场，其中不少还是欠债大于资产、苦苦支撑的资不抵债企业。

新中国成立以后，合理的社会制度和安定的社会环境，让各行各业都得到了休养生息，一些惨淡经营的小企业有如枯木逢春，焕发了勃勃生机。从1953年起，国家的经济建设实行了第一个5年计划。当年，根据过渡时期总路线的政策

岭南
中医药
文库

规定，国家开始对农业、手工业和资本主义工商业进行有系统的社会主义改造（"三大改造"）。到了 1956 年，全国形成了"三大改造"高潮，基本上完成了生产资料私有制的社会主义改造任务。在这个历史大潮中，潘高寿药行也跟上了历史的步伐，走上了社会主义道路。

　　1956 年 2 月 1 日，是潘高寿药行发展史上一个里程碑式的日子：由政府有关部门代表国家注入公股，以潘高寿药行为基点单位，与位于十八铺生产止咳枇杷露、止痛散、济众水的大同成药社和位于抗日中路（即现今和平中路）生产白罗仙牌止咳水、丹杜莲皮肤水的中华成药社合并，成立了"公私合营潘高寿联合制药厂"，当日挂牌营业。全部职工从原来潘高寿药行的不足 50 人增至 90 人，生产的品种以各合营单位原有的酊水糖浆为主，将川贝枇杷露列为主体产品，仍然保持了潘高寿药行的传统特色。

潘高寿人参加公私合营庆祝活动

公私合营以后，由于有了国家对企业的投资，潘高寿药厂的企业规模扩大了，生产得到了迅速的发展。酊水糖浆的产量由公私合营前的 7.9 万公升增长为 13.4 万公升；工业总产值由 39 万元增长为 72 万元，增幅达 85%。

但是，那时工厂的规模仍然很小，生产工艺仍然落后，员工的工作条件比较艰苦。中药提取用的是铁锅木柴、土炉明火，一如民间熬中药和煲凉茶；浓缩药液和融煮糖浆也是明火煮沸、木棍搅拌；包装全过程从折仿单、打盒、罐装、入盒直至装箱全部手工操作；运输用的也是人挑肩扛……各方面条件都很艰苦，人们的物质生活水平也十分低下，无论从哪一方面说都无法和今天的潘高寿药业同日而语。然而，那个年代潘高寿人的精神面貌是饱满的，精神生活是充实的，紧张的生产劳动之余，工友们还积极地参与各种社会公益活动：扫除文盲、组织文娱组、排话剧、唱粤曲、参加劳卫制体育锻炼等。人们在当时物质生活虽不丰裕，但相对安定、和谐的社会环境中努力地工作，憧憬着美好的未来。

就在潘高寿药厂走上了社会主义的康庄大道，企业得以顺利发展，以全新的姿态步入了"大跃进"年代的重要时刻，却发生了一场意想不到的变故。

1959 年 10 月 23 日，这是潘高寿药厂历史上一个刻骨铭心的日子。这天深夜，潘高寿药厂位于杉木栏路的主要生产场地由于邻近的一家木屐工厂发生火灾，火势蔓延，时值初秋北风乍起，风助火势火借风威，无情的大火迅速吞噬着基本上全是砖木结构的潘高寿药厂厂房。住在工厂附近的工友黎礼冬、蔡惠珍、邹兆祥、郑应昆等闻讯赶到现场，奋力参加扑救。无奈火情实在凶猛，虽然消防队和参加扑救的群众合力扑救，厂房最终还是成了一片废墟。翌日清晨，住在近郊芳村的原巧明火柴厂分流，调到潘高寿药厂的钟少美等一班大姐回厂开工，看到已经是一片狼藉的颓垣败瓦，面对火灾现场，她们禁不住失声痛哭，她们痛心的是自己赖以谋生的工厂遭到如此的不幸，痛心国家财产遭到如此损失。

刚刚走向了社会主义康庄大道的潘高寿药厂有如"逢春枯木遭霜打"。

无情的大火毁掉了厂房设施，也激起了工友们重建工厂、挽回损失的决心。刚成立的厂党支部及时召开了紧急党员会议和全场职工大会，党支部书记杨细向大家发出了："化悲痛为力量，为挽回损失、重建工厂而奋斗！"的号召。干部、职工自觉组织和行动起来，一方面认真清理火灾现场，将还没有被完全损毁的机器设备和用具拣出来，清洗整理，将虽然被消防水淋湿但未被污染的装配品、包装材料小心清拣，理顺晒干后重新包装捆扎，为重建工厂和重新投产做好准备；另一方面多方争取上级部门及社会各方面的关注和支持，群策群力，发动职工充分利用自己的社会关系和公共资源，多方联系项目，为了保障受灾后职工的经济收入和基本生活开展生产自救，正是"大火无情人有情"。

经过一段时间的努力，农林药厂向潘高寿药厂伸出了友谊的援助之手：腾出了场地，请受灾停工的工友去包装他们厂生产的当时畅销产品"肥猪菜"，让工友们有工可开，一定程度上缓解了潘高寿部分职工的燃眉之急。与此同时，另一部分原来从事制药和技术的同志，得到了有关方面的支持、配合和帮助，在黄沙附近物色了一块新中国成立初期被国民党飞机空袭广州（史称"三三轰炸"）时炸毁的几百幢楼房中部分未重建的废墟（后经有关部门协调与产权人通过一系列产权、业权置换整合建成潘高寿药厂大楼建筑群）作为临时的生产场地。当时，该地盘坑坑洼洼，杂草丛生。工友们自己动手平整土地，拔除荒草，用竹竿、沥青纸搭起简易工棚，摆开了缸缸罐罐，因陋就简加工生产杀虫农药滴滴涕（DDT）。所用的"设备"，除了从火灾现场中清拣出来的旧锅旧罐之外，便是瓦盆瓦钵。

在潘高寿药厂党支部的领导下，职工们忘我劳动，不计报酬，为挽回损失而夜以继日地奋力工作，生产自救计划顺利地进行。经过 1 年多艰苦的生产过渡时期，重新积累了一定的资金和生产资料，建起了简易的厂房，逐渐开始恢复了中药制剂的生产，并创制了一些新产品。对肺病有很好疗效的"铁破汤"就是这个时期问世的。潘高寿药厂终于走出了火灾的阴影，重现生机！

第七节　真材实料潘高寿　绿茵场上展风采

为了加强兄弟厂家的联系、增进友谊、切磋球艺、共同提高，1995 年春，潘高寿药厂、中药一厂和羊城药厂（现王老吉药厂）联合发起了举办"中药杯"足球锦标赛的倡议，得到了医药总公司工会的赞同和支持，并得到了 7 家中药制药企业和药材公司的积极响应，一致同意联合举办每年一届的足球锦标赛，赛事的名称就冠名为"中药杯"。

在广药集团工会的支持、指导和协调下，经过 2 个多月的筹备，第一届"中药杯"于当年金秋 10 月在洪德球场开锣。运动员进场式，身穿"柏仙奴"冬训服、精神抖擞的潘高寿足球队以整齐的步伐操步进场时全场瞩目，响起了热烈的掌声。在接下来几天的比赛中，潘高寿足球队的球员都有不俗的表现：杯赛以四胜一平一负居于亚军；10 号队员刘均

20 世纪 80 年代的潘高寿足球队雄姿

祺以赛事最高进球数获最佳射手奖；潘高寿足球队在赛事中表现出严明的纪律和良好的体育风格及精神面貌，得到了大赛组委会和全体运动员的认可和好评，被评为首届"中药杯"的"精神文明队"，这个光荣称号一直保持了近 10 年之久。接下来的几届比赛，潘高寿足球队一直保持亚军的地位。

当年"中药杯"足球赛的章程规定，参赛的运动员必须是本企业的职工，但有个别球队为了取得名次，聘请一些专业的球员加入比赛，甚至连当年的"国脚"吴育华、黄德宝都被邀加盟。整个圈子都知道，8 支球队之中只有潘高寿足球队坚守规章没有请"外援"，每届的亚军都是实至名归，都说潘高寿足球队和他们的产品一样地道，"真材实料潘高寿"名不虚传！

通过这个在广州市工业系统和医药行业颇有影响的业余体育活动的重大赛事，"潘高寿"也就成了企业文化工作的另一个品牌。

第八节 "枇杷膏"京城巧亮相
康克清妙言"攀高寿"

在纪念"宋庆龄基金会"成立 10 周年的大会上，时任潘高寿药厂企业文化艺术团荣誉团长兼艺术顾问的著名歌唱家、表演艺术家郭兰英向基金会主席、朱德总司令夫人康克清介绍潘高寿药厂及其系列产品。康克清接过郭兰英递上的"潘高寿牌"蛇胆川贝液和蛇胆川贝枇杷膏，用手抬了抬眼镜，仔细地看清楚包装盒上的商标，一字一句地对郭兰英说："'潘高寿'，这名字起得好呀！"紧接着，她又风趣地说："'潘高寿'就是'盼高寿'。谁不盼高寿啊？哎！我们都来'攀'高寿吧！"在场的人们都为 80 岁高龄的康克清幽默的谐音比喻和敏捷的反应所折服，不约而同地鼓掌、喝彩。从此以后，康克清巧说"盼高寿""潘高寿""攀高寿"的故事便在许多人和许多场合流传开来。

妙言"攀高寿"的康克清和郭兰英亲切拥抱

2000 年 11 月，广州市委宣传部、市企业文化协会、市总工会联合举办"广州市企业文化节'企业职工文艺汇演'"时，潘高寿企业文化艺术团将这个故事的具体情节编入了独幕话剧（小品）《致富思源盼高寿》的剧情，参加展演获得银奖，并在"潘高寿 110 周年"庆典活动上作汇报演出。至今，许多员工还记忆犹新。

第九节　德高望重程思远　欣然命笔留墨宝

　　程思远是著名的无党派爱国民主人士、杰出的社会活动家、中国共产党的亲密朋友。程思远曾任第六届全国人大常委会委员、全国人大外事委员会副主任委员，第八、第九届全国人大常委会副委员长，第五、第六届全国政协常委、副秘书长，第七届全国政协副主席兼提案委员会主任。他一生见证了辛亥革命、北伐战争、国共合作、抗日战争、新中国

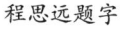

程思远题字　　　　程思远在为潘高寿药厂题字

成立、"文化大革命"、改革开放、香港回归、新世纪的到来……几乎100年的历史，他把一生都给了民族和国家，而对家事很少顾及。

1989年冬，程思远到深圳考察偶感风寒，咳嗽不止，最后服用了潘高寿蜜炼川贝枇杷膏才止住了咳嗽。以后，程思远每遇咳嗽或者喉咙不适，就一定要找潘高寿药厂的蜜炼川贝枇杷膏。1991年10月，时任潘高寿药业股份有限公司董事长、总经理的彭文协到北京公干，专程到程思远寓所拜访时，程思远仍然对此产品念念不忘，欣然命笔写下了对潘高寿蜜炼川贝枇杷膏疗效的真切感受。

第十节 一代宗师愈顽疾 启功情系潘高寿

潘高寿药业在"中华老字号"之中排名第28位，在"广东老字号"中名列第二，品牌价值高达4.65亿元。潘高寿药业创始于1890年，是全国唯一的一家"治咳老字号"，迄今已有125年的治咳化痰历史，被公认为"治咳元老""治咳专家"和"治咳权威"。标本兼治的"潘高寿"系列产品，在首都北京有口皆碑，几乎成了治咳药物的代名词。

1992年春，著名书法家、全国政协常务、北京师范大学教授启功偶染风寒，咳嗽不止，在医生和专家的指导下，试服了潘高寿蛇胆川贝枇杷膏，竟然不咳不喘、心平气顺。是年初冬，启功因出席一个学术活动南莅广州时，为了表达谢意，专门挥毫为潘高寿药厂题诗一首："积功累德潘高寿，妙药灵丹济人世；保得艺林书画手，三冬写编岭南春。"

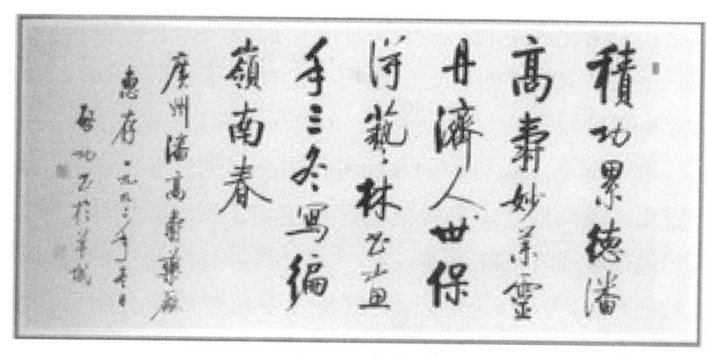

启功为潘高寿药厂题词

之后不久，潘高寿药业领导得知启功在北京气管炎病再度发作之后，立即派专人前往探视，并送上潘高寿药业的产品蛇胆川贝枇杷膏和蛇胆川贝液。启功病愈之后为表谢意，再次欣然命笔，为潘高寿药业题词："灵丹妙药潘高寿，医我多年气管炎。政协书林承奉献，寿人寿世寿常添。"

潘高寿药业董事长彭文协（左）、工会主席刘小兰（右）与著名学者启功合影

第十一节　艺术家结缘潘高寿
郭兰英欣然当团长

著名艺术家郭兰英担任潘高寿企业文化艺术团名誉团长

1990年秋，潘高寿药厂彭文协厂长收到一封广州市技监局转来的一封信。这是全国人大代表、著名歌唱家郭兰英服用过潘高寿药厂生产的蛇胆川贝枇杷膏和川贝枇杷露，治好了她因感冒引起的支气管炎后，有感于潘高寿药厂的药品疗效确切而写给广州市技监局的赞扬和感谢信。

郭兰英1982年告别舞台后为了培养民族声乐人才，曾到中国音乐学院任教。1986年，在国家教委、广东省委和广州市政府的支持下，郭兰英南下番禺创办了郭兰英艺术学校（当时是中国民族民间艺术专业学校）任校长。长期在北京工作和生活的郭兰英来到广州以后，由于一时未能适应南方炎热多雨，且天气乍暖乍寒的气候，所以经常感冒咳嗽。在医生的推介下，郭兰英先后服用了潘高寿川贝枇杷露和蛇胆川贝枇杷膏，结果不但治好了她的气管炎，而且影响她发声的咽炎也不知不觉地痊愈了。因此，郭兰英将这个情况写信告诉了广州市技监局，并通过他们向潘高寿药厂表达谢意。收到广州市技监局转来的信，潘高寿药厂彭文协厂长喜不自禁：郭兰英是一位誉满国内外的著名歌唱家，又是全国人大代表，她对潘高寿药厂产品的高度评价无疑是极具公信力的，产品得到知名艺术家的如此青睐和肯定，是对企业莫大鼓励和鞭策。于是，在接到来信的第二天，彭文协亲自带领了厂办公室、工会的一班人马来到番禺飞鹅岭的郭兰英住处拜访致谢。令人想不到的是，这次会面，郭兰英和潘高寿药厂就结下了不解之缘。

当郭兰英听到随行的工会干部介绍潘高寿药厂开展文艺、体育活动情况，知道潘高寿药厂也有许多爱好文艺、喜欢唱歌、跳舞和摆弄乐器的职工时显得十分高兴，随即表示愿意为潘高寿药厂的文艺爱好者和积极分子提供较为规范的专业培训，为企业培养一支活跃企业文化、宣传企业形象的业余文艺骨干队伍。

不久，郭兰英校长亲自策划了在"七一"中国共产党成立70周年带领艺校师生组成艺术团赴虎门沙角海军基地慰问演出的活动，并通过选拔，在潘高寿药厂物色了一批文艺骨干随团参加演出和联欢活动。这次活动之后，郭兰英校长和彭文协厂长及潘高寿药厂党委、工会商量，利用工厂大维修期间，抽出曾参加随团演出的文艺骨干30人，分成声乐、器乐、舞蹈和美术4个专业作短期专业培训，并在短期专业培训之后制定定期业余训练制度。通过大半年培训，一支可吹会弹、能歌善舞、有10多个基本固定保留节目的文艺队伍组建成型。有见及此，潘高寿药厂党、政、工同艺校方面商量，决定组建潘高寿药厂企业文化艺术团。

1991年11月潘高寿药厂企业文化艺术团正式成立，郭兰英亲任名誉团长兼艺术指导。同年12月与郭兰英艺术团联合赴山西太原等地慰问演出并作企业形象及产品展示,受到当地省市领导的亲切接见和热情招待。自此以后,潘高寿药厂企业文化艺术团在企业文化及精神文明建设、企业产品营销、社会公益事业等方面发挥了积极和重大的作用,并在行业乃至社会上都有着很大的影响。

第十二节 从艺六十载洗铅华
关键时刻幸有良药

1994年10月,中华人民共和国文化部办公厅、广播电影电视部办公厅和陕西省人民政府办公厅联合在北京举办为纪念郭兰英从艺六十周年的系列活动,活动包括举行大型文艺演出、召开郭兰英歌唱表演艺术研讨会、编辑出版郭兰英金曲唱片和大型纪念册等。

主题为《我的祖国》大型文艺演出是系列活动的重头戏,演员阵容强大,马玉涛、邓玉华、于淑珍、彭丽媛、万山红等一大批代表着国家歌唱界顶尖水平的演员加盟演出,10月24日、25日连演两场。李瑞环、宋任穷、任建新、高占祥、孙家正等领导出席观看。演出开始前,郭兰英夫妇在贵宾厅接待出席的中央首长和贵宾,由于连续两晚演出以及筹备等事务连日劳累加上感冒未清,郭兰英不经意咳了几声,而且声音有点沙哑,引起了在场的刘少奇夫人王光美和任弼时夫人陈琮英的关注。王光美拥着郭兰英说:"兰英,我们要听你唱《我的祖国》呀!"戴着红军时代军帽的陈琮英关切地问:"小郭,能行吗?"郭兰英接过工作人员递过的一瓶潘高寿蛇胆川贝枇杷膏,抿了几口,胸有成竹地说:"有这个，没问题!"郭兰英的丈夫万兆元紧接着向在场的首长们介绍潘高寿药厂生产的药品的质量和疗效，他向陈琮英说："潘高寿药厂的产品疗效确切，请首长放心!"

万兆元（前左）向陈琮英（前右）介绍潘高寿药厂生产的药品的质量和疗效

第十三节　名相之后为佐证
60 年前"高寿人"

陆国墀是中国古代史上著名人物、南宋最后一位宰相陆秀夫的后裔。陆国墀1930 年出生于广东番禺化龙镇县，17岁时就在广州一药行做杂工。据他的回忆，当年他在该药行卖药，除了在店面站柜台之外，不时还要挑担沿街叫卖，这是当年商品销售的一种常见的形式。新中国成立前夕，他所销售的药品中，

陆秀夫真人像

潘高寿川贝枇杷露就是主要品种之一。他每天挑着货担大街小巷吆喝："止咳嗽，最灵潘高寿！""枇杷露，止咳的确好！"

嗣后他先后辗转到福建省医药公司，1955年厦门医药站成立的时候，他又被调到厦门医药站当业务员。从此，陆国墀一直在厦门医药站工作，直到1991年退休。由于陆老先生终身未娶，退休之时仍然独身一人，厦门医药站为这位名相之后做好了生活上的妥善安排，专门安排了宿舍，并保持了他退休前的工资、福利待遇，让他安享晚年。然而陆老先生主动请缨，每天还是坚持回原单位上班。

陆国墀是20世纪80年代潘高寿药厂开始实行产品自销后第一个主动上门联系业务的省外商业客户代表。当年从计划经济走向市场经济，企业产品以销定产，销售要靠企业自行开展。陆国墀作为厦门医药站的业务代表，凭着他对潘高寿药厂的熟悉和感情，几经周折，亲自找到广州市和平路169号，和潘高寿药厂签订了第一份工商供货合同。2000年潘高寿110周年庆典，陆国墀还亲自撰联致贺。他风趣地说："在某种意义上说，我早在60年前就可以说是潘高寿药厂的人了！"

陆秀夫的事迹见于《宋史》：1279年春，元军攻破临安后，南宋大臣陆秀夫、张世杰、文天祥等拥立8岁的卫王赵昺做皇帝，改年号祥兴。元军分兵追杀南宋军，南宋军南北受敌，陈文龙在兴化抗元失利，陆秀夫护幼帝退到广东，暂居到广东新会县南80里海中的小岛崖山。仗着这里地势险要，仍然可以固守、顽强抵抗。当时官、民、兵尚有20多万人，广东的人民也纷纷响应。元政府派蒙古军和已降的汉军分路进兵，南宋军队继续与元军周旋。1279年2月，宋与元军在崖山决战失利，陆秀夫眼见南宋祚终，大势已去，但誓死不愿做元军俘虏，毅然背着小皇帝赵昺纵身跳海殉国，陆秀夫时年仅44岁。

香港的"宋王台"古迹就是当地百姓在当年为纪念这个事件而建造的遗迹。

第十四节　老字号产品有信誉
润喉糖喜进中南海

2006年6月7日傍晚，在北京出席一个学术论坛活动后，正在当地深入市场考察终端市场工作的潘高寿药业魏大华总经理接到北京区域经理的报告："我公司天然保健品的铁盒装无糖型川贝枇杷糖受到中央首长的高度评价，中南海有关方面特别委派通过北京宣内药品公司直接向我公司采购该产品。"

由于生产规模以及运输方式等问题，当时北京市场该产品存货数量有限，而采购方有很严格的品质、数量和时间的要求。接到报告的魏大华总经理当即亲自打电话给公司有关方面布置："要以最快的方式将产品空运到北京，一定要确保中央首长的及时服用。"

已经在下班回家途中的公司产品营销中心综合部业务人员接到指令，马上折返公司，迅速按照北京方面电传合同要求的品种、规格、质量和数量做好了开票发货的准备，并通过特殊的关系途径联系好了运送方式。就这样，有关业务人员特事特办，打破了业务常规，开创了一个企业经营销售工作单笔业务用时最短的纪录。6月8日上午10时前，潘高寿药业驻京办事处与北京宣内药品公司的工作人员将潘高寿川贝枇杷糖送达目的地。

潘高寿药业业务人员办理业务的高效、诚信和服务态度获得了中南海方面和北京宣内药品公司的一致好评。魏大华总经理表扬了有关工作人员敬业的工作精神和办事效率。北京销售区的全体业务工作人员更加坚定了信心，鼓舞了士气，决心为了潘高寿药业的产品在北京地区的销售服务工作更上一个台阶而努力奋斗。

第十五节　唐国强光临英雄会　　刘蓓也来"攀高寿"

2006 年 11 月 11 日，"2007 年潘高寿药业全国战略客户英雄会"现场上宾客如云，来自全国各地的医药商业客户欢聚一堂，共商新一年工、商之间的共赢发展大计。

著名电影演员、影视表演艺术家唐国强、刘蓓来到"英雄会"现场，本来已经热闹非凡的会场更是再掀高潮，两位艺术家即时就成为大会的焦点以及到会代表们热捧的对象。到会的北方代表中有人惊呼："'毛主席'来了！"人们争相请两位艺术家合影和签名留念。

曾在《三国演义》中饰演诸葛亮、《长征》中饰演毛泽东、《雍正王朝》中饰演雍正皇帝的著名表演艺术家唐国强在看到工作人员向魏大华总经理呈上刊名为《野狼战报》的营销工作月刊时十分感兴趣，拿起一本饶有兴致地看了起来，不时还向魏大华总经理及刊物的主编询问有关内容，唐国强对这份声震业界的"掌控营销——野狼行动"取得了很好效果的企业内部刊物赞誉有加，阅后欣然提笔在扉页上题词：精诚团结，拼搏开拓——书赠《野狼战报》。

著名演员刘蓓也对《野狼战报》颇感兴趣，阅读之后，在刊物的封三题道："祝《野狼战报》潘！高！寿！攀！高！

寿!"当刘蓓从主编良戈那里得知当年朱总司令夫人康克清曾经妙语谐说"攀高寿",而现在艺术家也谐题"攀高寿",两者有异曲同工之妙时,刘蓓高兴得拍掌大笑:"太好了!太好了!就是'盼高寿'嘛,我也要来'攀高寿'!"

唐国强参加2006年潘高寿药业全国战略客户英雄会现场

刘蓓为《野狼战报》题词

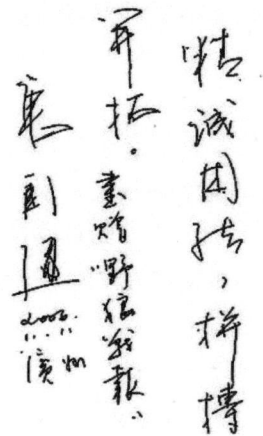

唐国强为《野狼战报》题词

刘蓓参加2006年潘高寿药业全国战略客户英雄会现场

310

附录一：历任领导

一、长春洞药铺（1890 年至 20 世纪 20 年代）

潘应世，男，生于清咸丰丙辰年（1856 年）二月二十日，终于民国八年己未年（1920 年 10 月 16 日）九月初五日，广州开平县月山镇桥头乡人。自小被贩卖到美国当华工。因感到国势衰弱，立志以医药报国，于 1890 年回国，与兄潘百世在广州南关高第街开设药铺，进行作坊式生产经营，店号"长春洞"。苦心经营 30 年，于 20 世纪 20 年代辞世。

潘百世，男，生卒年份不详，广州开平县月山镇桥头乡人，潘应世兄长。精于方术，素通医理，于 1890 年与弟潘应世开设药铺"长春洞"。共同经营 30 年，于 20 世纪 20 年代辞世。

二、长春洞药铺、潘高寿药行（20 世纪 20 年代至 1949 年）

潘楚持，男，生卒年份不详，广州开平县月山镇桥头乡人，潘百世之子。于潘百世、潘应世辞世后接管长春洞药铺，不久转营他业。

潘逸流，男，生卒年份不详，广州开平县月山镇桥头乡人，潘应世五子。于潘百世、潘应世辞世后接管长春洞药铺，不久转营他业。

潘郁生，男，生卒年份不详，广州开平县月山镇桥头乡人，潘应世四子，人称潘四傲。自少从事成药推销，颇通市道，善于经营，1927 年出任长春洞药铺司理。于 1929 年成功创制潘高寿川贝枇杷露，并竖起"潘高寿药行"招牌。抗日期间，到香港继续经营潘高寿川贝枇杷露。新中国成立前，离开广州到了新加坡。

三、私营潘高寿药厂（1949—1956 年）

潘祖馥，男，生卒年份不详，广州开平县月山镇桥头乡人，潘郁生之子。于 20 世纪 20 年代末，协助父亲潘郁生经营潘高寿药行，后到韶关创立潘高寿药行。新中国成立后，留在广州继续经营潘高寿药行，直到潘高寿药行实行公私合营前，离开广州到了香港。

潘祖芗，男，生卒年份不详，广州开平县月山镇桥头乡人，潘郁生之子。于 20 世纪 20 年代末，协助父亲潘郁生经营潘高寿药行，后到韶关创立潘高寿药行。新中国成立后，到香港开办潘高寿药行。

四、公私合营广州潘高寿联合制药厂（1956 年 2 月至 1966 年 7 月）

区煜光，男，生于 1924 年，潘郁生夫人之侄子。1956 年 2 月至 1956 年 12 月，担任公私合营广州潘高寿联合制药厂厂长。

杨细，男，1957 年 11 月至 1966 年 7 月，担任中共公私合营广州潘高寿联合制药厂支部委员会书记。

杨细肖像

郭銮，男，1962 年 1 月至 1966 年 12 月，担任中共公私合营广州潘高寿联合制药厂支部委员会副书记。

区祥宗，男，生于 1923 年，潘郁生夫人之侄子。1959 年 3 月至 1961 年 6 月，担任公私合营广州潘高寿联合制药厂厂长。

区祥宗肖像

黎铭炎，男，1961 年 9 月至 1966 年 6 月，担任公私合营广州潘高寿联合制药厂厂长。

五、广州中药七厂（1966 年 7 月至 1968 年 8 月）

姚瑞棠，男，1966 年 12 月至 1971 年 4 月，担任中共广州中药七厂支部委员会书记。

姚瑞棠肖像

凌启辑，男，1966 年 12 月至 1968 年 8 月，担任中共广州中药七厂支部委员会副书记。

区祥宗，男，生于 1923 年，潘郁生夫人之侄子。1966 年 7 月至 1968 年 8 月，担任广州中药七厂厂长。

郭銮，男，1966年12月至1968年8月，担任广州中药七厂副厂长。

刘建文，男，1966年8月至1966年12月，担任广州中药七厂厂长。

梁兆科，男，1966年8月至1968年8月，担任广州中药七厂副厂长。

梁兆科肖像

六、广州中药七厂革命委员会（1968年8月至1979年1月）

姚瑞棠，男，1968年9月至1979年1月，担任中共广州中药七厂支部委员会书记、革命委员会主任。

凌启辑，男，1968年9月至1979年1月，担任中共广州中药七厂支部委员会副书记。

区祥宗，男，生于1923年，潘郁生夫人之侄子。1968年9月至1979年1月，担任广州中药七厂革命委员会副主任。

郭銮，男，1968年9月至1979年1月，担任广州中药七厂革命委员会副主任。

梁兆科，男，1968年9月至1979年1月，担任广州中药七厂革命委员会副主任。

郑新强，男，1973年3月至1979年1月，担任广州中药七厂革命委员会副主任。

潘丽琼，女，1976年12月至1979年1月，担任广州中药七厂革命委员会副主任。

郑新强肖像

百年潘高寿治咳之路

七、广州中药七厂（1979年1月至1981年10月）

姚瑞棠，男，1979年1月至1983年6月，担任中共广州中药七厂支部委员会书记。

郑新强，男，1979年1月至1979年3月，担任中共广州中药七厂支部委员会副书记。

梁兆科，男，1979年1月至1981年6月，担任中共广州中药七厂支部委员会副书记。

区祥宗，男，生于1923年，潘郁生夫人之侄子。1979年1月至1983年6月，担任广州中药七厂厂长。

梁广智，男，1979年6月至1987年1月，担任广州中药七厂副厂长。

梁广智肖像

黄锦泮，男，1980年3月至1981年10月，担任广州中药七厂副厂长。

黄锦泮肖像

林昌焕，男，1981年6月至1983年6月，担任广州中药七厂副厂长。

林昌焕肖像

潘丽琼，女，1979 年 1 月至 1980 年 3 月，担任广州中药七厂副厂长。

潘丽琼肖像

郭銮，男，1979 年 1 月至 1979 年 12 月，担任广州中药七厂副厂长。

八、广州潘高寿药厂（1981 年 9 月至 1992 年 2 月）

姚瑞棠，男，1981 年 6 月至 1983 年 6 月，担任中共广州潘高寿药厂支部委员会书记。

彭文协，男，1981 年 6 月至 1983 年 6 月，担任中共广州潘高寿药厂支部委员会副书记。1983 年 6 月至 1992 年 2 月，担任广州潘高寿药厂厂长。

彭文协肖像

梁兆科，男，1981 年 6 月至 1991 年 11 月，担任中共广州潘高寿药厂支部委员会副书记。1991 年 11 月至 1996 年 1 月 8 日，担任中共广州潘高寿第一届党委会委员。

杜少芬，女，1981 年 1 月至 1992 年 2 月，担任广州潘高寿药厂副厂长。

杜少芬肖像

冯如汉，男，1983年6月至1992年2月，担任广州潘高寿药厂副厂长。

冯如汉肖像

李正祥，男，1991年1月至1992年2月，担任广州潘高寿药厂副厂长。

李正祥肖像

九、广州潘高寿药业股份有限公司（1993年3月至2007年6月）

彭文协，男，1993年6月至1996年12月，担任广州潘高寿药业股份有限公司董事长、总经理。

杜少芬，女，1993年2月至1998年10月，担任广州潘高寿药业股份有限公司副总经理。

刘小兰，女，1993年2月至2000年3月，担任广州潘高寿药业股份有限公司副总经理。

刘小兰肖像

李正祥，男，1993 年 2 月至 2001 年，担任广州潘高寿药业股份有限公司副总经理。

莫国强，男，1993 年 2 月至 2006 年 5 月，担任广州潘高寿药业股份有限公司副总经理。

莫国强肖像

廖景光，男，1996 年 1 月至 2001 年 4 月，担任中共广州潘高寿药业股份有限公司党委会书记。1996 年 5 月至 1997 年，担任广州潘高寿药业股份有限公司副董事长、副总经理。1997 年 5 月至 2000 年 3 月，担任广州潘高寿药业股份有限公司董事长、总经理。2000 年 3 月至 2001 年 4 月，担任广州潘高寿药业股份有限公司董事长。

廖景光肖像

吕银英，女，2000 年 3 月至 2001 年 4 月，担任广州潘高寿药业股份有限公司总经理。

吕银英肖像

刘润发，男，1998 年 11 月至 2000 年 3 月，2001 年 4 月至 2007 年 12 月，担任中共广州潘高寿药业股份有限公司党委会书记。2001 年 4 月至 2004 年 3 月，担任广州潘高寿药业股份有限公司董事长。

刘润发肖像

黎德成，男，1999年12月至2001年4月，担任广州潘高寿药业股份有限公司副董事长、副总经理。2001年4月至2004年3月，担任广州潘高寿药业股份有限公司副董事长、总经理。

黎德成肖像

黄伯强，男，2000年9月至2007年6月，担任广州潘高寿药业股份有限公司工会主席。

黄伯强肖像

胡燕，女，2001年8月至2007年6月，担任广州潘高寿药业股份有限公司副总经理。

胡燕肖像

冯耀文，男，2002年10月至2007年6月，担任广州潘高寿药业股份有限公司副总经理。

冯耀文肖像

梁志平，男，2002年3月至2007年6月，担任广州潘高寿药业股份有限公司纪委书记。

梁志平肖像

魏大华，男，2004年3月至2007年6月，担任广州潘高寿药业股份有限公司董事长、总经理。

魏大华肖像

附录二：企业标志

　　企业标志承载着企业的无形资产，是企业综合信息传递的媒介。潘高寿药业的企业标志包括商标、企业名称专用标志、司旗、司歌，它们涵盖着潘高寿药业的整体实力、企业精神、完善的管理机制、优质的产品和服务。随着企业的成长，潘高寿药业的企业标志已深深地留在人们心中。

一、商标

　　潘高寿药业的商标以"潘高寿"三字道劲的书法体作为主体，以具有健康、活力象征的红色为主色。整个商标糅合了传统风格和现代意识，展现了潘高寿厚重的历史文化底蕴以及锐意创新的现代经营理念。

潘高寿商标

二、企业名称专用标志

潘高寿药业为广药集团下属上市公司广州药业股份有限公司的骨干企业之一，潘高寿药业的企业名称专用标志由广州药业商标、潘高寿商标以及企业全称组成。

三、司旗

潘高寿药业的司旗由广州药业商标、潘高寿药业全称组成。

潘高寿药业司旗

四、司歌

潘高寿药业司歌名为《高寿之歌》，创作于1986年2月。当时各级党、政及宣传部门为了加强"两个文明"建设，大力提倡企业文化，"写厂歌，唱厂歌"成为风尚。潘高寿药厂工会、政工办联合发动全厂职工开展"征集歌词，创作厂歌"的活动。在上交的几十件作品中，最终选定《高寿之歌》为潘高寿药厂厂歌。1987年5月，《高寿之歌》参加广州市医药总公司"厂歌大赛"获二等奖。

1993年3月，随着企业改制成潘高寿药业股份有限公司，厂歌歌词内容稍经修改，又被确定为"司歌"。此后司歌在广药集团展销会上经配器后由军乐队演编成铜管乐曲，作为大会升旗音乐。

高寿之歌

旭亮 词
绍侬 曲

美丽的南国都市 有一个为人民造福的地方，

百年的历史名扬四海，质量和信誉更使她美名传。

啊！健康是人类的希望，啊！高寿是人们的理想，

瓶瓶新药献给人类，献给人类，滴滴琼浆寄托着我们的愿望，

为实现人民高寿百岁的愿望，为实现国富民强理想，

我们高寿的职工，愿干他百岁，愿干他百岁！

百岁，百岁！

潘高寿药业司歌